体育教学与文化融合

吴江　著

北京
冶金工业出版社
2015

内 容 提 要

本书是作者在多年体育教学与体育文化内涵的研究基础上撰写的。全书以论述体育教学和文化融合为逻辑主线，内容涵盖现代学习观下的体育教学理念模式、21世纪国外主要教学流派及其对我国体育教学的影响、体育教学改革的文化动力作用机制和实证研究、高校体育文化建设与传播等方面。本书的特点是在论述体育教学与文化基本理论的基础上，提出促进体育教学与文化融合的具体方法。目的是在树立学生正确的人生态度和价值观以及促进其身心全面、协调、健康发展的同时，着力摆脱陈旧的教学模式对学生身体素质的束缚，提升高校学生的体育文化素养。

本书可作为广大体育教师的教学用书，也可供体育专业学生和体育爱好者参考。

图书在版编目(CIP)数据

体育教学与文化融合/吴江著．—北京：冶金工业出版社，2015．8

ISBN 978-7-5024-6999-3

Ⅰ．①体…　Ⅱ．①吴…　Ⅲ．①体育教学—教学研究—高等学校　Ⅳ．①G807．4

中国版本图书馆 CIP 数据核字(2015) 第 191384 号

出 版 人　谭学余
地　　址　北京市东城区嵩祝院北巷 39 号　邮编　100009　电话　(010)64027926
网　　址　www. cnmip. com. cn　电子信箱　yjcbs@ cnmip. com. cn
责任编辑　杜婷婷　美术编辑　彭子赫　版式设计　孙跃红
责任校对　卿文春　责任印制　牛晓波
ISBN 978-7-5024-6999-3
冶金工业出版社出版发行；各地新华书店经销；北京百善印刷厂印刷
2015 年 8 月第 1 版，2015 年 8 月第 1 次印刷
169mm×239mm；14 印张；301 千字；216 页
56.00 元

冶金工业出版社　投稿电话　(010)64027932　投稿信箱　tougao@cnmip. com. cn
冶金工业出版社营销中心　电话　(010)64044283　传真　(010)64027893
冶金书店　地址　北京市东四西大街 46 号(100010)　电话　(010)65289081(兼传真)
冶金工业出版社天猫旗舰店　yjgycbs. tmall. com

前　言

体育教学是学校教育的重要组成部分之一，目的在于培养具有健康体魄与创新精神的德、智、体全面发展的合格人才。面对新世纪教育的今天，培养能创新、有思想、能协作、会生存的全面型人才，是课程教育改革发展的需要，也是体育教育事业发展的需要。目前在素质教育发展的新阶段，“为了一切学生，为了学生的一切，一切为了学生”以及以学生发展为本的新理念给体育教师提出了新的要求。为此，教师在教学中必须解放思想，转变观念；尊重学生的主体地位，把学生的利益放在第一位；大胆尝试体育教学改革，及时摒弃不适应现代教学理念的传统思想与教学方式；有效地激发学生参加体育锻炼的积极性，同时提高体育课堂教学效果，促进学生身体素质的全面提高。

体育教学是学校体育教育实施过程中的主要体现，是整个教育体系中开设年限最长、影响巨大并占据重要地位的课程之一，也是实现学校体育教学目标的基本途径。体育教学是由课程目标、课程内容、课程实施和课程评价等要素构成的有机整体，并贯穿于整个教育过程中，具有连续、整体、全面的特性，是体育与文化融合传承的有效载体。

体育教学改革不仅有利于学生个性的发展，激发学生参加体育运动的积极性和主动性，培养大多数学生的体育兴趣爱好，促进全体学生身体素质的全面发展，而且解决了以往的体育教学方式呆板、约束过多、效果评价重定量轻定性、偏重少数体育尖子的比赛成绩等问题。但是现阶段体育教学培养的人才还不能满足社会的要求，究其原因就是没有将体育教学与体育文化相互融合起来，体育教学缺乏体育文化理念。因此，实现体育教学与文化的融合是构建现代教学体系的必然要求，也是培养社会实用型体育人才的主要手段。

从新中国成立至今，我国高校进行了多次教学改革，取得了一定的成绩。作者所任职的浙江工业职业技术学院不但在教学模式与内容上尝试着进行改革，还在教学方式方法运用的有效性与教学效果评价等方面进行了探讨，解决了一些传统体育教学方式中普遍存在的突出问题。

作者在从事体育教学工作实践的近三十年间，专注于体育教学管理、体育文化、体育与健康等方面的相关研究，先后承担过多项省、厅级课题，发表十余篇学术论文，编著多本教材。现将多年体育教学实践与理论研究的心得体会汇总整理，并付诸出版。

本书通过分析体育教学与体育文化的内涵，论述体育教学和体育文化之间的关系，进而提出促进体育教学与体育文化融合的具体方法。目的是在提高和锻炼学生身体素质的同时，着力摆脱陈旧的教学模式对学生身体素质的束缚，提升高校学生的体育文化素养，在体育教学中培养学生正确的情感、态度和价值观，促进其身心全面、协调、健康发展。

本书参考和引用了有关文献，谨向这些文献的作者致以真诚的谢意。

由于作者水平所限，书中不足之处，敬请各位专家和读者批评指正。

吴　江

2015 年 4 月

目　录

第一章

体育教学概述

第一节 体育教学概念

在当代学校系统内，体育教学是一个尽人皆知的术语，目前的定义有很多种。对这个术语的理解，全国体育学院通用教材上已有明确定义。然而，体育教学究竟是怎样的一种教学活动或教育过程，却众说纷纭，存在歧义，概念理解上的问题，一直在体育教学的许多环节中有所表现，而且每当一种新的教学思想被提出或引入，体育教学的概念都会承受一番特别审视。

《体育概论》一书认为体育教学是体育教师按照国家教学大纲和院校教学计划为标准，以培养学生终身体育锻炼意识、传授体育技巧、知识和培养学生思想道德的教育行为。体育教学的指导思想主要是指全面发展和健康。以诚信教育和综合育人为主，是以为社会培养全面、适应性强、高素质、精技能人才为主的综合性教育体系。在目前的体育教学中，教学目标是以增强学生体质、提高学生身体健康水平、培养学生正确的人生观、价值观为主的教学方式，同时还要及时地了解和掌握有关体育技巧、熟悉有关营养知识和技能，以培养学生的终身锻炼意识。这种教学方法的应用不仅为学生学校学习生活打下坚实的理论基础，而且有效地培养了学生终身体育锻炼意识，陶冶学生情操，培养学生个性化发展意识。

体育教学以传授体育技术、技能为主要内容，其根本目的在于增强学生体质。体育教学以机体参与活动和教学组织的多样化为其特征，以对学生品德、心理品质培养的特殊作用，显示其鲜明的教育功能。体育教学也是一种教学，它首先要遵循教学的一般原理；其次它在许多环节上又不能拘泥于一般教学的规则，因为体育教学有体育的特点。体育教学，在内容方面是以运动技术为主；在形式方面以身体练习为主；在方法方面是以示范操练为主；在负荷方面是以生理负荷为主；在组织方面是以分组单练为主；在场所方面是以运动场（馆）为主的。

所有这些均与一般文化课教学不同，体育教学的特点便由此构成。在诸多特点中，首要的一点是内容。体育教学的内容主要是运动技术即操作性知识的一类，由于操作性知识与认知性知识在表现形态上的基本差异，而导致了知识传习活动的一系列重要分歧。由于体育教学是进行操作性知识传习的活动，它要求师生双方尤其学生一方必须做相当数量的身体练习；又由于运动技术的传习不是说说听听看看想想即可奏效的事，所以教师必得亲自示范以施教，而学生务须好自操练以领悟。同时由于身体在操练过程中的体能消耗显著大于认知性知识的传习过程，所以生理负荷问题便被提到体育教学的基本要素层次上来。由于同一年龄群体的生理负荷承受能力的个体差异通常是很大的，所以，对生理负荷因素比较突出的身体操练活动不宜整齐划一严加限制，而以分小组互助、单人自练为佳，还由于身体操练需要较大的空间，所以，体育课要在运动场（馆）展开。

综上认清了体育教学特点，我们对体育教学进行重新定义，体育教学顺理成章地应是知识的传习活动，尽管它所传习的是特殊的知识即运动技术。这种传习活动不能由一般教师来主导，它要由具备相应运动技术水平的体育教师来承担。这种传习活动也不以特殊学生为对象，所谓特殊学生如体育专业学生及职业运动员，他们是专项深造或竞技训练的特殊人群。只有普通学生才是这种传习活动的受众群体。他们必须按部就班地从简单的运动技术学起，在学校体育课上完成这样一份学业。体育教师，普通学生，这是体育教学概念的一对种差。根据概念种属的确认，我们将体育教学定义为，在体育教师和普通学生之间展开的运动技术传习活动。

第二节 体育教学性质

一、体育教学的学科性质

体育教学究竟是一门理论性学科还是一门应用性学科呢？本节在考察现代教学论在这方面的研究成果以及体育教学理论研究和发展的基础上，根据现代教学论的思维观和方法论，以及体育教学论知识体系组成和功能特点，对体育教学论的学科性质初步给予这样一个界定：体育教学论是集理论性和应用性于一体的综合性学科。前者说明体育教学论是研究体育教学现象和特征、本质和规律等基本问题，不断提高体育教学基础理论的科学性和系统性，含有理论性学科的特征。后者说明体育教学论研究的基本理论要运用体育教学实践，从而指导和服务于教学实践，含有应用性学科的特征。因此，具有综合性学科的特征。体育教学论从多位的考察来看，它还蕴含着艺术性。因为体育教学在传授人类优秀的体育文化成果的过程中，既有体育基本知识、技术技能、基本的理论和方法体系传授，也含有心理学、生理学、体育保健、体育思想、行为和意识等方面的教育。除此之外，体育教学论不但要研究体育教学过程中的口语、形体语言，美的欣赏和创造，美的体验和创新等，还要研究人体活动过程中身心负荷调节控制，人与人之间思想和情感的交流等。体育教学论要研究、分析和解决这些复杂的体育教学问题，本身蕴含着科学性、灵活性、艺术性和创造性。因此，体育教学论具有集科学性、应用性、艺术性于一体的综合性学科特征。

二、体育教学的特性

体育教学是教学的一种，它要遵循教学的一般原理，我们首先归纳下体育教学与一般教学的共同点。第一，归属学校教育，具有学校教育的一般性质，面向全体学生；第二，教师和学生是两大基本要素；第三，有目的、有计划、有大纲、有组织、有常规的知识传习；第四，完全可以寓教于学；第五，以普通授课班为教学的基本单位。体育教学虽然也是一种教学，但它在许多环节上又不能拘泥于一般教学的规则，因为体育教学有体育的特点。

（1）体育教学论的综合性。虽然体育教学论是以体育教学的基本理论体系组成，但其形成与发展过程中也受许多相关学科基础理论的支撑，显现出跨学科的特征。这一特征反映出体育教学论自身丰富的内涵，也反映出了它是由多学科支撑的综合性特点。在这里特别强调一点，体育教学论发展是受其他相关学科基础理论支撑，但绝不是说它从其他学科中寻找现成答案，而要说明它从其他相关学科研究成果中汲取营养，充实和丰富自身的内涵，奠定其坚实的理论基础，提高其基础理论研究水平，以便更好地服务于实践。所以，体育教学论的发展依赖于其他相关学科基础理论的支撑，成为它发展自身理论的基础，这是体育教学论发展的基本特征，也是现代学科发展的普遍性特征。

（2）体育教学论的实践性。体育教学论的实践性，是指它起源于体育教学实践，终于体育教学实践；它来自实践，又服务于实践。由此，体育教学实践是体育教学论产生和发展的基础，体育教学实践给理论提供了丰富的内涵，理论也给实践提供了依据和方法论上的指导。所以，体育教学的发展是以体育教学实践为源泉，是符合马克思唯物主义思维观和方法论的基本要求。

（3）体育教学论的传递性和发展性。体育教学论的发展，是在继承前辈体育教学经验积淀基础上，对现实体育教学理论与实践问题经过加工和提炼，逐渐形成了本学科系统的理论体系，并成为一门独立的学科。从体育教学论形成、发展和功能特点来考察，它本身就承担着传递人类优秀体育课程教育文化的理论与方法的功能，具有传递性。体育教学论不断研究体育课程教育文化传递过程的本身，就是对原有体育课程教育文化成果的进一步归纳总结、提炼、升华和创新的过程，也是体育教学基础理论不断充实、发展和创新的过程，这个过程本身就客观地反映出体育教学论的传递性与发展性彼此联系和相互依存的辩证关系。

第三节 体育教学特点

体育教学是在体育教师和学生的共同参与下，采取符合体育教学任务的方法，指导、激励学生积极主动学习体育和卫生保健知识，掌握运动技术、技能和锻炼方法，增强学生体质，培养良好的思想品德的一个有组织、有计划的教育过程。体育教学是学生的认识活动，具有学生认识活动的一般特征。由于体育这门学科技术性强，体育教学又有它自身的特点，认识和掌握这些特点，才能遵循认识的一般规律和体育教学的特殊规律，严密组织教学，提高教学质量。体育教学具有以下特点：

（1）体育教学以传授体育技术、技能为主要内容，其根本目的在于增强学生体质。学生学习体育这门课程，最终目的是为了锻炼身体，建设祖国。锻炼身体的主要手段是各种各样的运动项目。这就决定了体育这门课程的主要内容是体育的技术。经过反复实践而转化为技能，掌握锻炼方法，同时，要学习体育科学知识，以指导身体锻炼。就体育技术和知识而言，教学内容中，体育技术的比重要大大超过体育的理论知识。把体育课程与其他文化课程的教学内容作比较，其他文化课程的教学内容是以各门课程的文化知识为主，学生掌握这些文化知识，将来用于生产实践和社会实践。而体育课是技术教学，主要是用于身体实践。两种课程的比较，就鲜明地体现出体育教学内容的特点。

（2）体育教学以机体参与活动和教学组织的多样化为其特征，而文化课教学主要是通过思维活动去掌握科学知识，体育课教学也要通过思维活动，但学生还要在机体活动过程中，通过肌肉感觉，把信息传递到中枢，经过分析、综合，去达到对体育技术、技能的理性认识。没有机体的参与，是不可能掌握体育技术教学内容的。机体在参与活动的过程中，经过反复的条件刺激，建立起条件反射，掌握体育技术。这个过程既是学习体育技术的过程，同时又是增强体质，提高学生健康水平的过程。体育教学是在活动过程中进行的，青少年身体、心理都处在发育、成长过程，精力充沛，求知欲旺盛，活泼好动，而且一个几十人的班集体，男女生性格各异，素质水平、活动能力各有差异，还有环境的干扰和场地、设施等制约，这许多因素就决定了体育教学组织的复杂性和组织形式的多样性。体育教学要运用教育学、社会学、生理学、心理学、伦理学等多学科知识，去精心组织一节体育课教学，使体育教学过程符合教学规律的要求。

（3）体育教学以对学生品德、心理品质培养的特殊作用显示其鲜明的教育功能。体育运动有它自身的特点，体育的竞赛性可以培养学生具备当代社会的竞争精神。体育的规则可以培养学生诚实、守纪律的品质。运动要克服自身生理负荷和器械、环境、自然条件的困难，可以培养学生刻苦耐劳、勇于拼搏的意志。体育活动具有群体特征，可以加强人际交往，增进学生之间的友谊和团结，培养集体主义、爱国主义精神。当代社会需要年轻一代具备的品质，是许多学科所难以做到的，体育运动自身的特点对学生品德和意志品质的培养具有特殊的作用。在跨世纪的人才培养中，体育教学显示了其鲜明的教育功能。当今世界正面临着一场新技术革命。这次技术革命，既给各国提供了发展的机会，也迫使各国面临严峻的挑战。从某种意义上说，发达国家和发展中国家都处在同一起跑线上，对当今的中国来说，是一个与发达国家缩小差距的极好机会。科技的进步，关键是人才，人才的关键是教育。提高人口的素质，提高中华民族的整体素质，才能在这场新技术革命的挑战中取得主动。体育是提高人口素质的一个重要手段，在增强体质的同时，还担负了思想素质培养的重要使命。体育教师在从事体育教学的时候，要站在实现社会主义现代化的高度，把体育教学与整个国家的政治、经济改革联系起来，体育教学才不会迷失方向。体育教师对体育教学的特点认识越深刻，就越能发挥体育在人才培养中的特殊功效，提高体育教学质量，为提高中华民族的素质，在社会主义现代化人才培养的光荣使命中，做出更多更大的贡献。

第四节　体育教学结构

我国以往的学校体育教学目标一般可概括为四个方面：传递体育基础文化、促进学生身体的发展、培育良好的思想道德意识、促进学生个性的发展。体育教学是一个具有严密结构的整体，与其他理论教学一样，也是由教师、学生、教材、教法等一系列基本要素构成，其结构上大致分为教学准备、教学实施和效果评价与反馈三个基本程序阶段。但我们必须认识到：体育教学在许多方面都具有自身的特殊性，尤其是它的身体运动性的特点更使之在结构和要素方面独具特色。衡量学校体育中体育教学的结构设置是否合理，主要看其是否有利于体育教学的目标的实现。

体育教学结构从一般意义上讲是由准备、实施和评价三个基本阶段组成的，和一般理论课教学没有区别。但运动实践是其主要传授内容，在体育教学中占据很大比重，使得体育教学有别于一般教学。

一、体育教学的结构要素

体育教学的结构是指组成或影响教学活动的各种要素及其相互间的关系，其结构要素包括教师、学生、教材、教法等一系列基本要素。静态地看，体育教学由三大要素组成：即参与者、施加因素和媒介因素。

（1）参与者。体育教学的参与者包括教师和学生，其中教师是教学的外部主导，在教学过程中担负着计划、组织、传授、管理、监督、调控等项职能。教师的敬业精神、业务水平和组织能力等素质在很大程度上决定着教学质量的高低。学生是教师施教的对象，也是体育教学的主体。学生在教学活动中不是简单、被动地接受教育，必须充分调动其智力和非智力因素，积极主动地参与学习，才可能取得效果。所以，从广泛意义上讲，学生的状况是体育教学的主要制约和调控因素之一：学生在教学过程中既是一个群体，有着众多的共性；同时由于种种因素的影响，学生之间又存在着个体差异。学生对教学的能动参与是决定教学质量好坏的重要条件。体育教师的职责之一就是要针对学生的特点，努力调动学生的积极性，以取得学生的信任和配合。

（2）施加因素。体育教学的任务、内容、大纲、计划等要素体现了社会对学生的要求，均属外部施加因素，也是连接教与学的纽带。教学任务、教学内容和大纲计划等对教学过程起着规定作用，是体育教学的依据。体育教学的任务和内容具有显性价值和隐性价值，教学过程中应认真处理好两类价值的关系，促使学生身心同步、协调地发展。

（3）媒介因素。体育教学是在一定的时间和空间中有序地传递信息的过程。信息的传递必须借助一定的媒介，这就是组织教法、场地器材、环境设备等。高质量、现代化的媒介条件是提高体育教学质量的重要保证，其中场地器材和环境设备是物质条件，组织教法是根据教学任务串联学生、教材和物质媒介的纽带，起着调控教学的作用。媒介因素应具备针对性、抗干扰性、安全性、实用性、可控性等特征。

体育教学的三大要素在实际教学过程中是动态结合、变化多端的，其中教师的主导作用是最为重要的。体育教师应当切实掌握教学艺术，调动起学生的积极性，调控好各种要素，高质量地完成体育教学的各项任务。

二、体育教学结构应遵循的一般规律

（1）体育教学过程必须遵循认知一般规律。体育教学过程是一个学生对体育技术、知识、机能的学习掌握过程，其间学生的心理状态伴随着身体的运动，也呈现出与一般教学相类似的心理变化过程，符合一般认知心理学规律。因此，根据学生在运动过程中注意、情绪、意志等心理因素的变化情况，可以将体育教学过程简化为：集中注意—引起动机—激发情绪—磨炼意志。诸如此类的划分还有许多，可见体育教学是一个多阶段、多节奏的教学过程。

（2）体育教学过程必须遵循人体运动机能变化规律。体育教学过程必然进行大量的身体运动，从而使人体承载一定的运动负荷。运动生理学的研究表明：人体从相对安静状态到运动状态，身体器官系统的活动能力总是要经历一个逐步提高的上升阶段，然后在一段时间里维持较高的水平，最后因器官、系统的疲劳而出现的运动机能降低阶段，人体中止运动，进入恢复阶段，在安静或相对状态其机能水平经历一个逐步上升的过程。因而，体育运动实践课教学一般分为三个阶段：即准备阶段—基本阶段—结束阶段。

（3）体育教学过程必须遵循运动技能形成规律。根据运动生理学相关理论研究，认为技术学习过程一般为三个阶段，即泛化阶段、分化阶段和自动化阶段。相对应地，运动技术、技能学习的过程也分为：粗略认识动作阶段—改进提高动作阶段—巩固熟练运用阶段（自动化阶段）。

三、影响并决定体育教学结构要素的理论基础

（1）体育教学的基本规律。所谓“规律”，是指事物间的内在必然联系，这种联系不断重复出现，在一定条件下经常性地发挥作用，并决定事物必然向着某种趋向发展。体育教学过程中各要素之间及其与外部环境之间的本质的必然联系，正是体育教学应当遵循的规律。首先，体育教学作为教学的一种，必然要遵循教学的普遍规律。这些规律，《教育学》中均有论述，一般有：学生身心发展规律、学生学习的认识规律、教师主导作用规律、传授知识与发展智力相统一规律、教学的教育性规律等。其次，由于体育教学具有自身的特殊性，因而更重要的是必须按体育教学过程的特殊规律进行教学，才能科学、合理地完成体育教学的任务。

（2）学生身心发展规律。教学的对象是学生，而学生的身心发展具有一定的规律性，对教学有着重大的制约作用。任何教学都必须适应学生身心发展的客观规律，既要有一定的超前性，也要避免“拔苗助长”，无视学生的接受能力。对于体育教学而言，较为特殊的是，要比其他教学更加关注学生身体发展的一些客观规律，诸如学生身体形态、生理机能、身体素质等方面的发展规律。

（3）运动技能形成规律。体育教学必须向学生传授运动技术和技能。运动技能在本质上是人的一种后天学习获得的条件反射，生理学和心理学的研究表明，这种条件反射的形成一般从感知开始，经过模仿、反复强化，最终成为相对稳固的神经联系。运动技能的形成有三个必不可少的前提条件：即感知、亲身体验和强化内化。从教学角度看，一般分成三个阶段：即粗略认识动作阶段、改进提高动作阶段和巩固熟练运用动作阶段。

（4）人体生理机能活动变化规律。体育教学要组织学生反复进行身体练习，而学生在练习过程中生理机能会发生相应的变化，这种变化往往有一定的规律。体育课程与教学改革是在批判、继承传统教学的基础上进行的。传统的“三段

式”体育教学结构具有存在的合理性，因此，在以后体育教学改革中我们应该理性地分析利弊，吸取有益成分，改革不当之处，使体育课堂教学目标清晰、任务明确、效果突出，使体育课程改革焕发生机和活力。

第五节 体育教学功能

学校体育教学功能是指学校体育以其自身的特点作用于学生和社会所能产生的良好影响和效益。学校体育如果不具备自身固有的特点，就不可能产生任何功能。但是，如果学校体育功能不能被人们和社会所接受、所利用，则它的功能也不能得到发挥并产生效益。千百年来，学校体育之所以能得到不断发展，而且越来越受到人们的重视，正是人们对学校体育功能的认识和利用的结果。随着社会的发展和人们对学校体育功能认识的进一步深入和提高，学校体育的功能将会越来越多地被发现和发挥，更好地为人类的物质文明和精神文明建设作贡献。

学校体育教学的功能是多方面的，但其主要功能为以下几个方面：

（1）改造经验。人类生活需要多方面的经验，经验的发展和充实代表生活能力的提高。而人的经验绝不仅限于读、写、说、算。就品格经验而言，不懂得公平竞争、不服从法规制度、不信守诺言、不具备合作习惯等社会品质的人，无疑将被社会群体所排斥。就动作经验而言，简单的如坐立行走、举手投足；复杂的如对距离、速度、时间的判断，趋吉避凶应付突发事件的能力以及提高工作效率所必需的神经肌肉协调和维持有机体的正常功能而应有的操作等，种种动作经验，只有在实践中才能予以培养；就情绪经验而言，文明社会不允许个人不良情绪以野蛮的原始方式予以发泄，以保证社会的秩序和安宁。所有上述品性和经验是一个合格公民所应必备的素质，而体育乃是对人类进行综合性生活教育的一种有效途径，它可以使个人在心智、情绪、动作经验、行为品性等多方面，在以身体活动为中介的体育实践活动中得到发展。

（2）发展适应能力。当今社会竞争日趋激烈，只有“适者”才能“生存”。而学校体育教学正是帮助个体适应其生活环境的一种影响或训练。虽然对于不同的人需要有不同的适应能力，但在今天的社会里，个人的适应能力应该是全面的，它包括身体的（即生理的）、心理的、社会的，缺其一就无法获得真正的幸福。那么作为“以人为本，充分尊重学生兴趣、爱好”的体育教育活动，就是对学生的适应能力的培养与提高。

（3）改变行为。体育活动所引起的经验改造和适应能力发展，可以进一步引起行为的变化。在体育活动中，凡是合乎社会要求的行为，因被社会的认可和接受而日益加强，反之就要受到阻止。这就可以使每个人的行为趋于向符合社会道德准则和行为规范的要求。体育活动可以培养个体的机智、勇敢的行为，并使这些行为达到一种崇高的境界——机智而不投机取巧，勇猛而非施暴斗狠。

（4）健身娱乐。学校体育的一个重要目标是教会人们去合理、有效地利用、保护和促进身体发展，它是一种利用身体而又去完善身体的过程。人体的发展遵循着“用进废退”的生物学规律，合理而科学的身体锻炼是保障人体发挥其极限效能的有效途径。身体锻炼引起神经肌肉的活动，而神经肌肉的有效活动，既可以保证人体的运动系统和其他有关生理系统的良好功能，又会引起多重益性反应。健康快乐的一生，除了身体锻炼以外，还需要发自内心的热衷于身体娱乐活动的兴趣和情绪。现代社会在时间、财力和营养方面，为人类的身体娱乐活动提供越来越优裕的条件。现代社会的人类不能缺少运动与娱乐，如同原始社会的人类需要饮水和食物一样，都是必不可少的。以身体活动为主要媒介的身体娱乐较其他的娱乐方式更具有“多重功效”，适度的身体娱乐活动，既健身，又悦心，是真正意义上的发展身心健康。

（5）培养竞争意识。人类的生活如同在竞技场上的比赛，大到与自然竞争，小到与对手竞争，无一不是在竞争中不断地寻求完善自我和超越自我的生活。参与竞争的人，必须创造条件充实自己。所谓条件，就是由竞争意识所支配的合理行为。无论观赛还是参赛，运动场无疑为人们在生活中即将发生的竞争提供了极佳的预演场所。因为运动场本身就存在于客观的现实社会，它是大社会当中的一个特殊的小社会，即是社会的一个缩影。依据迁移（事物之间的相互影响就叫迁移）原则，人们在运动场上所养成的良好品性和行为变化，可以迁移到日常行为模式之中而成为受社会认同接纳的因素。与运动场上必有胜负一样，其他社会生活当中也有得意之时和失意之处。光荣的胜者当然值得敬佩，但好的输家同样受人尊敬。胜不骄、败不馁，奋发向上，顽强拼搏等绝不应该仅仅是运动员所独有的品质，社会上的每个成员都应具备。从公平竞争的角度而言，运动场是培养人们具有合理竞争意识的最佳场所。现代奥林匹克运动的创始人皮埃尔·德·顾拜旦是一位教育家而不是竞技家，他曾以极大的热情在法国宣传和提倡英国的竞技体育制度。作为现代奥林匹克运动的奠基人，他通过奥林匹克运动，把体育与文化教育融为一体。在《奥林匹克宪章》中有这样一段话：“奥林匹克主义是将身、心和精神方面的各种品质均衡地结合起来，并使之提高的一种人生哲学。奥林匹克主义所要开创的人生道路是以奋斗中所体验到的乐趣、优秀榜样的教育作用和对一般伦理基本原则的尊重为基础的。”可见，奥林匹克运动能够发展到今天并对不同国度的人们产生如此重大的影响，关键在于它对于人类具有重大的教育作用。学校体育通过运用竞技运动中的某些内容和因素，通过以夺取桂冠为手段，而最终达到教育人类不断地完善和超越自我的目的，它的意义远远超过夺取金牌。

学校体育除具备上述主要功能外，还包括传递人类文化等功能。

第六节　体育教学规律

任何事物要想得到长期的发展，其规律研究十分关键。体育教学也是一样，要想真正了解体育教学的作用，就必须要从相关规律入手进行研究。在大学体育教学中，主要的规律又分为社会制约性规律，教与学辩证统一规律，教育、教养与发展统一规律，学生身心发展规律四种。

（1）社会制约性规律。制约体育教学的因素有很多，如社会物质、社会需要、文化条件、社会教育内容以及社会教育目标等。在学校教育中，体育教学占据着十分重要的地位，不仅有助于增强学生的体质，培养学生良好的体育锻炼习惯，还有助于实现学习教育的最终目标。

（2）教与学辩证统一的规律。教学是一种教师充分发挥自身的指导、引导、组织以及评价等多种作用，高效地组织教学活动使学生学习系统的体育知识，并使学生将所学的知识应用于实践当中，实现提高学生学以致用目的的手段。但是由于整个教学模式都由教和学两个不同的成分组成，这个时候学生是教学的主体，而一味地强调教师的教，那么学生的学习必然得不到重视，无法调动学生学习积极性和主动性，这种教学方法的应用也必然存在一定的局限性。因此在教学中要充分发挥教师的主导作用和学生的主体作用，并将两者之间的关系紧密结合，协调统一，从而提高教学质量。

（3）教育、教养与发展统一的规律。在体育教学中，教师应充分认识到学生起着至关重要的作用，充分考虑学生的知识水平、技能高低等因素，加强学生的思想品德教育，使学生的个性得到充分发展，并陶冶学生的道德情操，提高学生的意志品质。要知道体育教学是一个系统教学，其教学过程也是学生的发展和学习过程，因此在教学中必须要重视学生体力、智力以及素质的发展情况，只有让学生掌握了正确、科学的学习方法，从自学、自评的方面去评价学习效果，才能够有效地提高学习动力，为整个教学工作开展打下良好基础，为学生终身体育锻炼意识的形成提供动力依据。

（4）学生身心发展规律。体育教学是体育教学活动的一部分，它同其他教学方式相同，教学对象都是以学生为主体的，都是以学生身心健康为目的的，因此，在教学中必须要重视学生自身特点。在教学体制中，要从教学目标、教学内容、教学组织形式、教学方法等途径进行改进，从学生的年龄、性别以及发展状况入手，从而达到因材施教的教学目的，也只有这样才能促进学生身心全面发展。

第七节 体育教学原则

在教学活动过程中，人们制定的教学原则，都是在充分研究和揭示教学规律的基础上，对教学实施提出的基本要求和指导原理。教师运用教学规律，是通过执行教学原则来体现的。恩格斯指出："原则不是研究的出发点，而是它的最终结果。"因此，只有在教学实践中，充分研究现代体育教学规律的基础上，结合其他有关学科揭示出来的有关体育教学的科研成果，冲破一些传统观念的束缚，才能引申出一套完整的指导体育教学的原则体系。在我国，由于对体育教学的规律性未能得到深入的研究，因此，体育教学原则主要是根据实践经验提出来的，出现了体育教学原则与体育教学规律脱节的现象，原则之间缺乏必然的逻辑联系。例如："自觉积极性原则"，强调了学生的主体作用，但体现不出教师的主导作用，及教与学之间相互依从的辩证关系；"直观性原则"虽然强调了感性认识在体育教学中的重要作用，但随着人类对体育科学的不断认识，传统的传授体育技能的方式是不适应现代迅速发展的体育科学的形势的。因此，我们为了克服以往的不足，对传统的体育教学原则进行改革和完善，拟定了新的体育教学原则。

（1）体育教学的准备性原则。教学效果的好坏是与教师和学生对教学的准备状态及客观提供的条件有关。美国教育心理学家桑代克对此曾做了专门的研究，提出了著名的学习"准备律"（邱瑞珍等编著，《教育心理学》第158～162页）或"为教学创造必要的条件的原则"（巴班斯基，《论教学过程最优化》第223页）。体育教学一般是在体育场馆中进行的，比其他教学的准备要求更高、更严密，教师对学生的了解，对教学大纲、教材、教法的准备，场地、器材、教具的准备，卫生条件的准备和为教学创造必要的条件，以及学生做好上体育课的心理准备和物质准备等，都是体育教学前所必须准备好的。它为教学创造了条件，反映了体育教学过程对教学准备和进行教学条件的依从性规律的要求。体育教学的准备应包括课前的准备与课时的准备两部分：课前的准备是指：1）教师的准备。包括教师心理、生理素质的准备，业务素质的准备和着装的准备；2）教案的准备。根据学生的情况（素质、体育基础、性别、体能）、场地设备、器材等情况来选择教材，钻研教材，设计最佳教学方案；3）教学条件的准备。检查教学场地、器材、环境等。课时的准备是指：1）心理准备：教师对课时任务和内容教材的宣布，动员完成任务的要求，调节适度的兴趣性，使学生做好学习的心理准备；2）生理准备：做好课时所学内容和身体练习前的必要的各种身体机能活动性准备。

（2）体育教学的教养、发展、教育的目的性原则。这一原则是以体育教学时社会制约性、学生身心发展的规律以及教学的教养、发展和教育统一的规律为依据提出的。其作用在于指导教师全面、正确地规划体育教学发展和教育的任务，并使之具体化，确定体育教学的目的任务、内容等。我国体育教学是配合其他自然科学和社会科学对学生进行有目的、有计划的教学过程，在这一过程中，必须按照党的教育方针，培养具有共产主义思想品德，掌握科学知识体魄健壮的全面发展的社会主义建设人才，这就客观地规定了体育教学必须贯彻执行发展身体、增强体质、掌握与提高体育的基本知识、技术、技能、培养学生科学锻炼身体的能力和养成自觉锻炼的习惯，并根据体育教学的目的、任务，结合各校的特点（小学、中学、职业、技工、实验、中等专业等学校，高等院校中的理工、农医、师范、民族院校及成人高校等）的差异，修订教学大纲，编写教学计划，选择适合本校学生实际情况的教材内容，设计教学方案，并在实施教学方案过程中不断加以检正、修改、补充、完善。这一原则既可指导教学方案的设计、教学方案的实施与教学效果的检查，同时又可成为检查和评价教学效果的主要标准。它是教学过程的主要调节器，这与原来只提“身体全面发展原则”相比，显然具有较高的概括性和科学性。

（3）体育教学的适量和循序渐进性原则。这一原则是以教学的社会制约性、学生身心发展的规律为主要的依据。主要指导选择和安排体育教学内容和教材的质量、分量、难度和运动负荷的大小。以体育教学内容和教材的整体上来看，它必须反映当代体育科学技术和有关的科学发展水平，要随着相应的科学发展而不断更新，增强其科学性。教材内容的安排选择要全面多样，选定必须通过科学研究证实的无可争议的教材，组织教法的运用必须具有适量性，必须适合学生的年龄特征和实际发展水平及接受能力，包括心理负荷和生理负荷。现代科学证明，人体是在大脑统一调节下的有机整体，人体的各个部位，各个器官系统的机能，各种身体素质和基本活动能力之间，都是互相联系、互相制约的。某一方面的发展，会影响其他方面的发展，如果处理调节得好，就能相互促进、共同提高，使学生身体得到均衡发展，体态匀称优美，各器官系统机能活动协调；若处理调节不当，则会造成学生畸形发展，损害学生的健康成长。因此在选编体育教材和设计教学方案时，要按照不同年龄、年级学生的生理、心理特点，循序渐进地科学安排体育教材的深度和广度。教材本质的系统和教材之间的横向联系，是具有一定的逻辑关系，使学生依据科学的逻辑关系，由浅入深的适度地去掌握有关的知识、技能，并有针对性地锻炼身体、锻炼意志，发展学生的能力，促进身心健康。现代体育教学理论对于运动生理负荷的合理性给予了很大的注意，这是必要的，但必须把合理安排生理、心理的负荷与有效地掌握科学锻炼身体的知识、技能和方法，这样才能有效地逐步培养学生科学锻炼身体的能力。

(4) 体育教学的直观性、启发性和活动性原则。这一原则是以学生身心发展的制约性，教学认识规律的制约性和动作技能形成规律制约性以及教学任务、内容、方法相互依从性等教学规律为依据的，它是对教学方法的基本要求。在选择和运用教学方法时不仅应当考虑各校的性质和特点及教学任务、教学内容的不同，而且要考虑学生掌握知识、技能的有效性和个别差异性以及时间和客观条件的可能性，要把实践证明行之有效的各种教学方法和手段配合起来应用。直观的方法和手段在体育教学中具有特别重要的意义是根据学生对事物的认识规律提出来的，要使学生掌握体育知识、技术和技能总是从对体育知识、技术、技能建立感性认识开始的，也就是“从生动的直观到抽象的思维”。而学生的思维发展无疑也是从具体到抽象的。在体育教学中主要是通过教师指导，学生自觉积极地从事各种身体练习来完成一定的教学任务的。学生在身体练习过程中，首先必须综合地运用各种有关的感觉器官来感知动作的外部形象以及时空的关系。教师利用动作示范，教具模型的演示、电影、电视、录像等手段，主要是给学生一个鲜明、准确的动作形象和模型，结合教师对所学知识要领的讲解以及完成课时任务的提示、要求，启发学生的思维活动过程开发学生智力，对所学的对象进行对照、比较、分析、综合、抽象、概括，掌握技术动作的规律性，进而结合身体活动练习，通过触觉、肌肉的本体感知动作的要领，肌肉用力的程度和方法，验证和体会讲解动作要领的准确性，以及逐步深入了解动作中各技术环节的内在联系，从而建立完整和正确的动作形象和概念。进而经过反复练习形成动作技能，培养锻炼的能力。“学生在模仿时，若能一面模仿，一面自我说明其动作或技能，则学习能获益更大。”因此在运用教学方法时应当把直观法与语言法，兴趣启发教学法有机地结合起来。教学启发性是衡量教学方法价值的一条重要标准和重要的指导思想。各种具体的教学方法的指导思想不同，采用的手段各异。但在体育教学实践中，我们体会到教师精练、准确、生动的讲解与正确优美的示范，并在学生模仿练习中加以适度的启发学生思维，要比机械模仿练习，完全录用注入式的教法获得的教学效果要好得多，这在中学高年级和大学生的体育教学中尤为突出。在体育教学过程中，最重要的是要注意教学的活动性。所谓教学的活动性是指教和学处于积极的活动状态。现代教学论把活动看作是发展学生身心健康的重要因素。“学生个性的发展与他们本身运用这一切活动（感知、实践操作、表达、思维）有关”，这对体育教学来说尤其重要。根据上述的教学的直观性、启发性和活动性原则，在体育教学中，应当把历史上形成的语言法、直观法、练习法、游戏法、比赛法、预防法和纠正错误法、兴趣教学法以及发现教学法、自主教学法中有益的部分和身体锻炼有机地结合起来运用。

(5) 体育教学的合理组织和因材施教的原则。这一原则是对体育教学组织形式的基本要求。体育教学组织形式是由教学任务、教学内容、教学手段和设备条件、时间以及教学对象的年龄特征、性别特点、原有基础和身体差异决定的。在现代的体育教学中，有按行政班级上课制，也有按单元项目分班上课制等。不论何种组织形式，由于其上课一般要在操场上进行，或使用有关器材进行身体练习，就要受到一定场地、器材等客观条件的限制，以及在练习中有的项目需要保护帮助及性别差异、体质差异等，这就需要在教学班级中把全班的教学分组练习和个别指导的教学形式合理地结合起来运用。这里特别需要注意的是严密课的结构和恰当地运用课的类型，对时间和空间的充分利用，做到既有集中施教，又有分散练习，既有学生的相互帮助，又有教师的个别指导和学生个人创造性的活动。教学的合理组织是以学生切实受益为前提条件，学生受益大为合理，受益小或相反的不合理。这要通过教学效果的反馈信息获悉。所以，在选择和运用教学组织形式上要充分考虑到学生的年龄、性别、原有基础和体质以及时空等客观条件，因地因时、因人因材施教，才能收到预期的教学效果，完成体育教学的任务。

（6）教师主导下的学生自觉积极性原则。这一原则是以体育教学过程中教与学双边活动的特点，依据教师的教和学生的学相互依从、相互促进的教学规律提出来的。它是指在体育教学过程中，在教师的主导下，学生形成正确的学习动机，把认真完全学习任务变成自觉的行动。它的实际在于发挥体育教学中教与学两个方面的作用，教师起主导作用，它不仅表现在对教学方案的执行上，而且表现在对教学过程的调节和控制上。学生的学习自觉性不是自发的协它取决于教师的指导、传授、调节和控制。反过来，学生有了学习和练习的自觉积极性又能主动地自我调节和控制，并与教师的调节和控制协调一致，只有这样才能保证预定的教学方案，得以实现。体育教学绝不等同于一般的身体锻炼，因为体育教学是有目的、有计划的教育过程。在这一过程中教师始终要按照社会和集体的意愿来要求。学生该学习哪些体育知识，怎么科学锻炼身体，诱导学生形成正确的学习动机，而学生又是在教师的指导、启发下，把社会的需要和个体的需要有机结合起来，把教师的要求变成自己的学习的自觉积极性，从而认真地学习和自觉锻炼，主动地去完成教学任务。

（7）教学的巩固性和实效性原则。这一原则是依据动力定型的生理及教学培养学生的能力的指导思想提出来的。体育教学的目的在于使学生牢固地掌握体育的知识、技术、技能，不断地发展学生的身心健康水平，培养学生科学锻炼身体的方法与养成终身锻炼的习惯。由于学生在接受体育知识、技术时存在着生理和心理上的冷化、分化和动力定型的三个阶段，所以对所学的体育知识、技术要通过一定的练习手段来加以巩固、提高，才能达到掌握和应用，同时学生有机体的机能是不断地适应变化的，在学习和掌握体育的知识和技能时，大脑皮层的暂时性神经联系也是在不断巩固和定型。因此，体育教学要采用一定的手段来巩固和提高所学时知识，在每次课或每一单元教学中，要适度安排学生有足够的练习次数和时间，这样，随着体育教学的不断深入，有助于学生对体育知识纵深的不断了解，有助于体育知识、技能的良好掌握。而教学的实效性，是指体育教学必须适合学生的实际，使学生所学知识得到应用，收到实际性效应。这就要求教师在教学全过程中，及时地对教学的各个环节和各种成分进行检查和评价，利用教学的反馈信息和不断地与预先的教学目标、任务（包括教养—发展—教育）对照，并且分析时间、精力和各种因素使用的合理性（即定量分析，如计时、规定课的密度、运动负荷量、达标、评估等），使教学过程的各个环节与各个成分之间的联系有机结合，促成整个体育教学处于最佳状态，使学生既能掌握体育知识，并能在自己的锻炼中加以应用。

总之，教学原则是由研究教学规律得出来的，它一经形成，就成为指导教学过程的调节器。一套系统完整的教学原则对教学过程的各个成分和教学全程的各个环节，包括从教学准备开始直到教学结果都起指导、调节和控制作用。如果我们都能这样去认识体育教学的原则将有利于我们对体育教学的改革，能够以适宜的创造性来设计和实施体育教学，检查和评定教学效果。

第八节　体育教学原理

体育教学内容以运动项目为主体，因此我们在设计体育教学内容时，必须使源于广义进化的运动兴趣与情感体验融入运动项目教学原理之中，使教学原理不但能够科学解释体育学习活动中学习者的不懈追求，而且能够解释运动技能学习中个体本能生物价值观与社会文化价值观的相互融合。图 1-1 为体育教学原理示意图。

一、兴趣爱好—情感体验—习惯形成—终身体育观念链式循环原理

巴甫洛夫经典条件反射理论以刺激—反应之间的联系规律揭示了体育教学原理的微观生理学机制，马克思认识—实践之间的关系为体育教学原理提供了哲学认识论基础。这些理论虽使体育教学实践有了理论遵循，但却很少提及人类非智力因素对学习活动的影响。

现代心理学关于非智力因素的研究证明，人类兴趣爱好与情感对于学习具有极其重要的影响，体育教学原理如不能解释兴趣爱好与情感体验在教学实践中的客观规律显然存在缺憾。与早年我国体育教学的政治价值取向相比，21 世纪的体育教学更加注重“以人为本和健康第一”的理念，体育教学的人文关怀被提升到构建和谐社会的高度，因此构建更加关注兴趣情感的、能体现“以人为本”

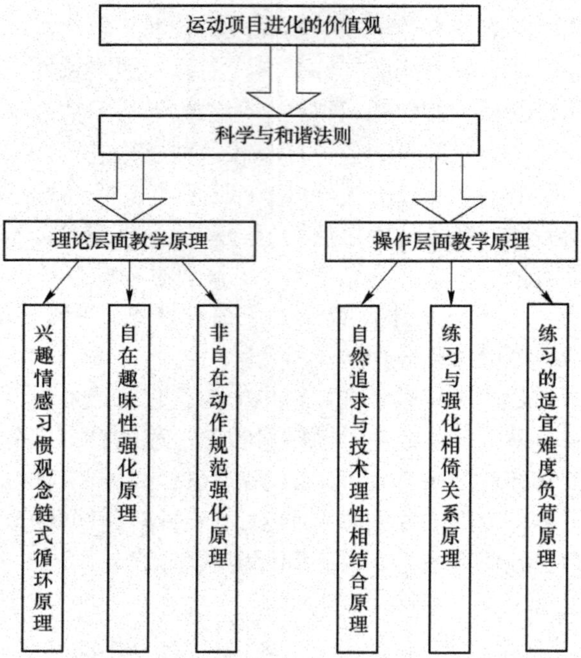

图 1-1 体育教学原理示意图

的体育教学原理具有积极的意义。

智力心理学把兴趣看作是一种对智力活动有重要影响的非智力因素，是人力求认识、探究某种事物或从事某种活动的心理倾向，它与需要相关联，总是伴随着良好的情感体验。兴趣与爱好具有相同的含义，只是兴趣并非总是产生行动，而兴趣升华到爱好阶段则必然付诸行动。就体育教学而言，兴趣应该涵盖爱好，这样更能体现体育教学以身体活动为主要手段的特点。在体育教学活动中，学生的兴趣爱好主要来自身体练习中积极的情感体验，当情感体验建立起来，就会不断地强化身体练习的行为，持续的练习行为在感官愉悦与成就感的不断激励下，就会形成良好的体育锻炼习惯。随着学习的不断深入，运动技能和相关理论知识的掌握将在认知水平上加深学习行为，学生对体育运动的认识在观念上得到升华，由此正确的体育观念得以形成。上述过程可形象地比作由兴趣到观念的“一条链”，体育教学使这条“链”循环运行，当一个身体练习内容达到相当的高度以后，“链”的起点就自然地向新的高度跃迁，开始下一个往复。这个过程表明体育运动技能的学习具有自组织的特性，链式循环中始终伴随着与学习活动相关要素之间的非线性相互作用，“链”的运行标志着运动技能的学习由近平衡态向远离平衡态的演化，跃迁则表明运动技能的学习在创造中向新的平衡态自组织进化。

鉴于上述分析，体育教学应以学生对教学内容的兴趣爱好为基础，以对教学内容的情感体验为手段，以体育习惯和观念的形成为目标，随学习进程不断提升由兴趣到观念之间各环节的层次水平，在各环节的链式循环中达成学习目标。这是本研究尝试构建的体育教学原理之一。

（1）兴趣爱好——终身体育观念链式循环原理的特点。体育习惯与终身体育观念是当前体育教学所致力追求的目标，兴趣爱好与情感体验是习惯与观念形成的前提，从原理的作用来看，兴趣爱好——体育观念链式循环原理是一个宏观的体育教学理念，它区别于其他教学原理，属于软结构自我表述的范畴，对体育教学过程具有目标定向和理念化指导的作用。

（2）兴趣爱好——终身体育观念链式循环原理对体育教学的影响。兴趣爱好与情感体验是运动项目系统进化中价值观的主要方面，人类体育运动实践行为以价值观为指导，兴趣爱好与情感体验是价值观于体育实践中的具体表现。人在体育运动中追求运动快乐与获得运动快乐都是在进化中形成的特性，运动能带来机体上的强壮与快感，运动成就能带来心理上的满足，总之体育运动带给人以幸福感。幸福感是人类进化中的恒常追求。从原理的内涵意义来看，兴趣爱好——体育观念链式循环原理从总体上把握体育教学过程，它更加关注的是体育教学中非智力因素对学习活动的影响，强调了体育教学中学生主体的感受，使教学活动变得更加生动活泼，这与机械还原论的教学原理有显著区别，符合系统整体论科学观，是广义进化理论在体育教学实践中运用的桥梁和纽带。

二、运动项目“自在的趣味性强化”原理

前述运动项目系统进化中积淀的科学与和谐原理对运动技能的学习有着重大影响，没有运动项目的科学与和谐就不会有专门运动技能的形成。这是由于科学与和谐原理中蕴含着由项目进化所形成的“自在的趣味性强化”作用。运动项目对运动者的多种功能大部分是通过“自在的趣味性”强化作用实现的。任何运动项目都存在“自在的趣味性”强化作用事件。所谓“自在”是指以运动项目为内容的身体练习中，存在着由项目进化形成和完善的、能够使练习者产生兴奋和快感的事件。这些事件是运动项目所固有的，不以教师、教练员和运动者的主观意志而存在，是竞技方式、竞技结果的必然性反映。例如：学生学习投篮时，凡投中都会获得一种欣喜感；跳高时，每次成功都伴随着成就感和兴奋；练习网球、乒乓球时，准确地把球击中对方场区可以提高练习的兴奋性。在教学实践中常常可以见到如下情形，凡见过篮球的学生，拿起球来总是先去投篮，即使是一个非常拙劣的动作，只要投中了，也能带来极大的快慰。这说明初学者普遍追求操作目标的实现，同时它告诉我们所谓自在的趣味性强化作用事件就是那些

与操作目的、操作结果相关联的由项目本身作用于练习者，并使练习者产生兴奋作用的事件。没有这些强化作用事件，运动技能和练习将失去本身的魅力，更不可能有运动技能的主动形成外调积极性。在体育教学中自主积极性的建立可导致学生长久的活动兴趣与爱好，而依靠外调积极性而开展的学习，则学习活动很难持久，任务一经完成就会立即丢掉。我们常常看到这样的现象，一个体育课得分很高的学生，考试结束以后并不坚持体育活动，在这种现象的背后确实存在着值得我们认真反思的东西。在体育运动项目教学中强调自主积极性的建立，是贯彻以人为本、尊重学生个性发展教学观念的必然产物。在以人为本教学观的主导下，体育教学的目标是面向未来生活，这就要求教学过程要把培养学生对运动项目的兴趣爱好放在第一位。通过教学过程的设计，增加学生练习兴趣和积极的情感体验，提高练习的主观能动作用，才能达到提高教学效益的目的。

准确地把握作业练习中的自在趣味性强化点，对其发生进行有效的控制，通过对自在趣味性强化作用的控制和调整来完成不同阶段的教学任务。体育教学实践中利用自在的趣味性强化作用提高教学效益的事例很多，比如在跳高的教学中增加踏板、以皮筋或绳子替代标准横杆、篮球投篮技术教学中采用近距离练习以提高命中率等，都是提高自在趣味性强化作用发生概率的有效方法。

三、运动项目教学的“非自在动作规范强化”原理

运动技能教学中还存在着与自在趣味性强化作用相对应的、由教师或教练员按照运动技术文化规范人为设置的“非自在动作规范强化”作用事件。例如：教师对学生练习中动作的评价、同学的叫好、技术测验的分数等。非自在动作规范强化作用的存在是体育运动教学的社会文化价值观所使然，因为运动技能教学中教师要求的东西往往是人们在大量体育实践中逐渐认识到的正确方法和要领，属于人类体育实践中总结出来的经验知识。比如正确的投篮方法、正确的滑冰姿势、正确的跳高技术等。这些所谓的“正确”技术对应着社会文化价值观，是运动技术进化的产物，同时也是价值评价体系。它常常与初学者的习惯运动方式相悖，需要初学者通过努力克服原有习惯，并按照符合教学经验规范内的社会文化价值要求和“正确”方法来操作。就通常意义来看，一旦在社会文化价值观主导下的练习取得成效，练习者就会获得更丰厚的长期回报，他的成绩会更高、更好，会远远超过原有习惯所能达到的成绩。体育教学中的这种现象，正说明运动的生物本能与文化规范两种价值观的近期矛盾和长期统一。以进化的观点分析，社会文化价值观要么与生物价值观保持一致，要么逐步被选择所淘汰。这与前述“囚徒困境”中个体生物价值观与社会文化道德价值观在近时间尺度虽存在矛盾，但在长时间尺度最终统一的道理相同。

运动技术教学中教师对学生的动作规范化要求，在学生认真练习后如不能获

得较高的成功率和愉悦的心理体验，就会遭到学生的抛弃。学生在教师的指导下，经过规范化的刻苦练习克服本能习惯动作，使规范动作与原有习惯动作之间的冲突得以化解，尽管这个过程需要意志的努力，但最终将获得更大的收益。在体育教学中，符合社会文化价值要求的运动技术方法往往需要艰苦的练习才能学会。为此必须使学生树立正确的学习动机，教师必须在技术规范化要求的同时充分考虑学生的运动愉悦体验，使教学在师生合作的基础上真正互动起来，教学才能实现最大的效益。

四、自然追求与技术理性相结合原理

体育教学中自在的趣味性强化与非自在动作规范强化原理只有合理地整合起来，才能更好地发挥作用，这种整合就是自然追求与技术理性的有机结合。人类在进化过程中形成了诸如“趋利避害”等生物学本能，这些本能在高度文明化的现代社会表现为人对幸福快乐的恒常追求。前述体育教学中“自在的趣味性”强化作用是依据人对幸福快乐的恒常追求提出的，因此对运动快乐和运动愉悦体验的追求可视为体育教学与体育活动中人的本能行为。在体育教学人对幸福快乐感受的自然追求有许多方面：第一是人追求成就感受；第二是人追求运动带来的精神快乐；第三是人追求运动带来的感官快感；第四是人追求与其他人的交往。这四种追求可归纳为人的体育运动社会生物学需要。人在运动中的恒常自然追求，寓于体育教学之中表现为技术理性。所谓技术理性是指人类通过多年运动实践中总结出来的理性化技术方法，说它理性是指经过研究探索而形成的，不是主观随意的。在体育教学中，通过技术理性的学习与提高使人的自然追求更好地得到满足。例如：学习打篮球时，初学者往往注重投篮命中，命中能使其产生成就感，进而带来精神上的愉悦感受，这是典型的自然追求。而技术理性则是教师所偏爱的技术规格与规范。篮球教学中通过教师的传授与学生积极的练习，学生掌握了更加合理的投篮技术，采用新学的技术能够获得更高的命中率，这就是自然追求与技术理性的结合。自然追求与技术理性相结合作为教学原理，就是要阐明“自在的趣味性”强化与“非自在的动作规范”强化在体育教学中有机结合的必要性，它的提出可以解释体育教学中作业练习与教法设计的基本规律，这对于体育教学原理的完善有重要意义。作为体育教师和教练员，应该遵循“自在的趣味性强化”与“非自在的运动规范强化”作用的规律，使自然追求与技术理性有机结合。对运动技能学习过程来说，两种强化作用都是重要的。没有自在的趣味性强化，学习的兴趣难以建立，练习不会产生激情；没有非自在的技术规范强化，练习可能陷入盲目，形成的动作技能必然缺乏正确性。因此，必须合理地利用这两种强化作用。在技能形成的初期，为了掌握符合技术理性要求的技术方法，防止学生盲目地按照原有习惯练习，要以非自在的动作规范强化为主，加大教师对初学者指导的分量，适当地控制自在的趣味性强化作用的发生。在学生对所学技能建立起初步的认知并有了一定的控制能力之后，就要加强自在趣味性强化作用对练习的影响，让努力按照教学要求（符合技术理性要求）的练习获得更多的成功回报。

五、练习与强化的“相倚关系”原理

依据运动项目进化的科学与和谐法则与运动技能教学的两种强化作用原理，我们可以根据练习与强化作用之间的关系，推导出一种全新的设计运动技能身体练习的教学原理。在运动技能教学中，凡练习者主观进行了符合规范动作要求的练习操作，就应该给予相应的强化。凡学生的主观操作是按照教师的要求进行的，就应该成功或有着最大的成功率（见图 1-2）。

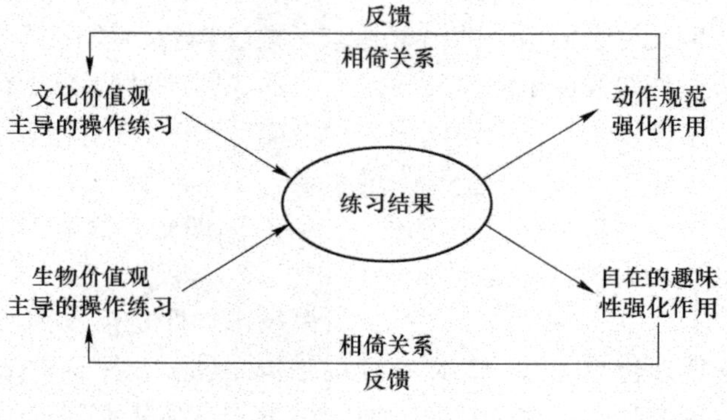

图 1-2 练习与强化“相倚关系”教学原理示意图

依据这一原理设计练习，可以将两种强化作用合理地融合于作业练习之中，使成功的体验和肯定性强化在学生努力按照教师要求的练习后随之发生，使失败的体验和否定性强化在学生偏离教师要求的练习后随之发生，形成必须做出正确的技术动作，才能出现满意效果的“相倚关系”。有人设想以相倚性原理为依据，制作一套智能化投篮练习装置，装置本身具有对投篮动作进行识别的功能，当识别认为动作符合要求时，球篮直径变大；当识别认为动作错误时，球篮直径变小，由此制造出满足操作与强化之间具有相倚关系的投篮练习机器。尽管这个设想目前还没有实现，但设计的思想是非常有创意的，相信一旦完成设计，解决了制作的技术问题，使设想成为现实以后，一定会大幅度提高投篮教学与训练的效益。

六、练习的“适宜难度负荷”原理

前述教学原理的分析，除解决逻辑上的严密性和理论上的系统性之外，都涉及如何在实践中广泛运用的问题。从理论的研究得知，控制自在的趣味性强化作用发生概率、建立操作与强化的相倚关系等都是对作业练习难度的控制和调整，因此贯彻这些理论必须从研究作业练习的难度入手。在体育教学中，作业练习的安排除了要考虑练习组织形式之外，最重要的还是练习难度的合理简化，换句话说，就是合理安排练习的难度负荷，通过对练习难度负荷的调整来贯彻上述各项体育教学原理。

（1）运动技能难度负荷的概念。运动项目内涵要素之间存在着源于进化的科学与和谐关系，这是运动项目科学性的主要标志。在科学与和谐关系中，项目为运动者创造了相应的运动难度。无论是正式比赛还是课堂上的练习，动作的难度对运动者来说都是等待他努力克服的负荷。因此，我们把练习中作业的复杂性及其对练习者的作用称为“运动技能难度负荷”。所谓“运动技能难度负荷”是练习或竞赛表演形式和内容施加于练习者的，练习者为习得该技能而练习时必须克服的综合负荷。运动技能难度负荷通常包括神经生理负荷和认知心理负荷两个部分。神经生理负荷是指神经肌肉等运动器官完成练习时的工作强度、用力的大小、动作的速度等；认知心理负荷是指由项目科学性决定的自在趣味性强化作用机遇的大小、动作误差的允许度、接受和处理新信息的数量以及注意分配的广度等。

（2）运动技能难度负荷的构成要素。在常规体育教学理论中，负荷是指身体练习的强度、密度和练习的量，这种负荷的概念通常不包括心理方面的负荷。本研究认为，运动技能难度负荷不单是生理的，而是生理和心理综合在一起的负荷。常规生理负荷已是稳定的知识，没有讨论的必要，讨论以难度为核心的负荷，更符合体育教学的要求，这样的认识符合整体论的科学观。为了研究运动技能难度负荷，我们尝试借助“运动技能学（Motorlearning）”的理论来分析难度负荷的构成要素，建立分析和控制难度负荷的方法。

第二章

现代学习观下的体育教学理念模式

第一节　教学设计的理论思考

众所周知，教学设计理论自从20世纪80年代中期引进国内以来，其理论研究就一直处于引介和消化国外研究成果的状态。国内体育教学设计的相关研究也是伴随着教学设计的研究而逐步发展起来的。但目前来看，国内学者对于体育教学设计理论还缺乏本土化的研究，在指导具体的教学实践方面尚没有发挥出其理论优越性。这是因为“当前的教学设计理论本身存在着诸如逻辑起点错位、解释力不够、只提供教学设计的流程、难以解决具体的教学问题等多种缺陷”。同时，由于体育教学设计的理论体系不明确，也给体育教师带来了“体育教学设计就是备课形式的改变”的困惑。对于体育教学设计理论，作为教学一线的体育教师更关心的是其能否提供解决具体教学问题的分析思路和具体操作方法，也就是针对具体的教学问题能否提供更具体、更有效的教学策略。

体育教学设计是一项系统设计体育教学过程的教学技术，它揭示了体育教学设计的规律，并运用这些规律来指导体育教学实践，提出设计体育教学的实际建议，包括工作步骤和具体方法，以便广大体育教师和体育教学设计人员使用。

一、体育教学设计的含义

（一）什么是体育教学

体育教学包括体育科学理论知识的教学和体育运动技术、技能的实践课教学，并且以后一种教学为主。体育教学作为一个教育过程，同其他学科的教学有相同之处，即都是教与学的双边活动，都是在教师的指导下，有目的、有计划、有组织地实现教育、教养、发展任务的过程，但体育实践课教学又有自己的特点：以身体活动为主要手段来传授和掌握知识、技术、技能。体育教学是教与学的统一活动，是学生在教师有目的、有计划、有组织的指导下，积极主动地学习体育、卫生保健知识和基本技术、技能，锻炼身体，增强体质，促进健康，发展运动能力，培养思想品德的教育过程。

（二）体育教学设计的概念

体育教学是体育教师引起、维持、促进学生体育学习的所有行为方式。体育教师的主要行为包括教师的示范、对话与指导，辅助行为包括激发动机、期望效应、课堂交流和课堂管理等；体育教师通过这些行为活动，在课堂上有计划、有组织、有目的地使学生获得体育知识、技能、形成道德品质和世界观，发展智力和个性。为了提高体育教学的质量，在实施教学前，体育教师要对教学行为进行周密的思考和安排，考虑教什么、如何教、要达到什么要求等，也就是先必须对体育教学活动进行设计。体育教学设计是指以运动人体科学的基础理论、体育心理学、体育教学论以及学习理论、传播理论、教学媒体论等相关的理论与技术为基础，运用系统方法分析体育教学问题，确定体育教学目标，设计解决体育教学问题的策略方案、试行方案、评价试行结果和修改方案的系统化计划过程。它不是力求发现客观存在的尚不为人知的体育教学规律，而是运用已知的体育教学规律去创造性地解决问题。现代教育技术意义上的体育教学设计本质上是一个分析体育教学问题，构建解决方案，并对该方案进行预试、评价和修改，为体育教学最优化创造条件的过程；形式上是一套进行系统化计划的具体工作步骤和程序；实际成果是经过验证的各个层次的体育教学系统实施方案，包括体育教学目标、教学计划、教学大纲、教学进度、教学方案和为实现一定教学目标所需的整套（印刷的或视听的）教材、学习指导、测试题、教师用书等，以及对所有体育教学活动和教学过程中所需的辅助工作做出具体说明的教学实施计划。

二、体育教学设计的主要作用

体育教学设计是研究系统设计体育教学过程的一门应用科学，其任务是揭示体育教学设计工作的规律，并运用这些规律来指导体育教学实践。这意味着体育教学设计有两个主要的作用：

（1）发展体育教学设计的基本原理，揭示体育教学设计过程中所依赖的基本规律以及设计过程本身应该遵循的规律。

（2）系统提出关于体育教学设计的实际建议，包括工作步骤和具体做法，以便广大教师和体育教学设计人员使用。

三、体育教学设计的意义

体育教学设计既是体育教学中的一个重要环节，也是一项复杂的体育教学技术。学习体育教学设计具有十分重要的意义。

（1）有利于体育教学工作的科学化。体育教学设计将体育教学活动建立在系统方法的科学基础之上，使体育教学手段、过程成为可复制、可传授的技术和程序。只要懂得相关的理论，掌握科学的方法，一般教师都可较迅速地实际操作。因此，学习和运用体育教学设计的理论与技术，是促使体育教学工作科学化的有效途径。

（2）有利于体育教学理论与体育教学实践的结合。长期以来，体育教学研究偏重于理论上的描述和完善，脱离体育教学实际，在这种情况下，被称之为“桥梁学科”的体育教学设计学起到了沟通体育教学理论与体育教学实践的作用。一方面，通过体育教学设计，可以把已有的体育教学理论和研究成果运用于实际的体育教学中，指导体育教学工作的进行；另一方面，也可以把在一线工作的广大体育教师的教学经验升华为教学科学，充实和完善体育教学理论，这样就把体育教学理论与体育教学实践紧密地结合起来。

（3）有利于科学思维习惯和能力的培养。体育教学设计是系统地解决体育教学问题的过程，它提出的一整套确定、分析、解决教学问题的理论和方法也可用于其他领域和其他性质的问题情境中，具有一定的迁移性。通过体育教学设计原理与方法的学习、运用，可以培养科学思维的习惯，提高人们科学地分析问题、解决问题的能力。它不仅仅服务于体育课堂教学实践，也能运用在课程设置和教学计划的制定、专业培养方案的设计、学科的建设，甚至更广泛的其他领域之中。

（4）有利于加速青年教师的培养。体育教学既是一门科学也是一门艺术。虽然体育教学的艺术很难通过教学来传授，但科学的教学理论和方法则是可以习得的。体育教学设计为师资队伍的培养提供了一条有效的途径，教师通过学习可以迅速掌握体育教学的基本原理与方法，并在实际运用中不断熟练和提高，最终成为一名体育教学专家。

（5）有利于体育媒体教材的开发和质量的提高。近年来，随着财政投入的增加、通讯技术的飞速发展，体育现代教育技术与设施也在不断开拓、建设和发展，各级各类学校的电教器材有了较大的增长。通过学习和掌握体育教学设计的理论与方法，可以帮助教师有效地使用现代化教学媒体，编制相应的媒体教材，在提高体育教学质量、普及各级体育教育和职业培训等各方面发挥积极作用。

四、体育教学设计的理论基础

体育教学设计是教学设计的一个分支，或者说是它的一个特例。适用于教学设计的一般理论也同样适用于体育教学设计，但体育教学设计又有自己的特殊性，它还要依据体育教学的指导思想、体育专业基础理论来指导体育教学设计的实际工作。体育教学设计是一个应用和决策的领域，它需要用许多基础理论作为制定决策的依据。与体育教学设计相关的基础理论很多，它建立在一般系统理论、传播理论、学习理论、教学理论和媒体理论基础之上，运用体育专业基础理论来解决体育教学中一系列具体问题。

五、体育教学设计的一般程序

（1）制定体育教学目标。确定通过教学活动，要求学生掌握哪些运动技能和体育健康知识、在身心健康方面达到什么状态、形成怎样的体育态度和认识、培养与发展哪些能力等，应该用具体的、可观察、可测量的术语精确表述学习目标。

（2）选择体育教学内容。认真研究《体育与健康课程标准》，结合学校体育工作实际选择适合本水平和本校实际的体育教学内容，设计出学期教学工作计划、单元教学工作计划、教案等体育教学指导性工作文案。

（3）进行体育教学任务分析。即确定学生从现有水平到达到教学目标所需获得的能力和子能力及其层次关系。

（4）选择教学策略。包括教学的组织形式、方法手段、场地器材、电教媒体、活动步骤等方面的选择与设计。

（5）体育教学场地设计。体育教学是在一定的场地条件下进行的，不同的体育教学内容与教材，需要不同的体育场地器材；同一内容的体育教学、不同的场地设计也会收到不同的教学效果。

（6）开展教学评价。了解教学目标的达成状态，并为修正教学系统设计提供实际依据。

第二节　行为强化

强化作为心理学的一个术语是指对有机体（包括人和动物）的某种行为，通过给以一定的刺激（如肯定与否定、奖赏或者惩罚）促使这个行为增强或者减弱、激发或者压抑的心理过程。强化的作用和目的，就在于通过各种手段和方法的刺激作用，一方面激发人的积极因素，保持和发扬其积极的行为；另一方面使人的消极因素变为积极因素，使其消极的行为转变为积极的行为。在体育教学中教师必须通过各种强化方式调控教学过程，纠正不当的体育行为，使教学按预定的方案顺利进行。

一、行为强化的类型

（1）正强化：对于某种行为给予令人喜欢（愉快、满意）的刺激，从而产生使这种行为得到巩固和加强，以至有重复出现的可能性的作用，称为正强化。

在体育教学中，当教师发现了学生的积极的体育行为时，如果及时以精神或物质的激励来肯定，以奖赏、赞扬、使他人承认其成果等手段予以强化，就会使学生感到激励与鼓舞，从而加大以后这种行为反应发生的频率。

（2）负强化：对于某种行为给予令人不喜欢（不愉快、不满意）的刺激，从而产生使其改变或消除这种行为的作用，称为负强化。体育教学中纠正错误动作的方法大多采用负强化的形式，以否认、批评、限制等手段来减弱和消除错误动作，还经常通过负强化来纠正学生课堂上其他错误的行为。

二、体育教学中行为强化的原则

（1）目标明确原则。在贯彻学校健康与体育的大目标的前提下，要把目标分为每个人的不同时期的具体目标。体育教学要改变以统一标准、统一模式评判学生的旧有模式。对不同的学生，从体育行为方式、运动成绩、运动方式等方面都要有不同的目标。要将总目标层层分解，使每个学生、班级都明确自己的目标任务，根据完成情况给予正强化或负强化，使学生预先明确哪些是应提倡、会受到鼓励的，哪些是不可的，哪些是无所谓的。

（2）渐进法原则。所谓渐进法，就是根据人的认识规律，把一个大的复杂的行为过程，分解成许多小的阶段逐渐来完成。渐进法的目标是为了建立信心，调动学生的积极性。虽然最后要求的目标可能是很复杂、很困难、很遥远的，但分阶段后学生就会充满信心地去完成每一阶段的目标。这也就是体育教学中的循序渐进原则。

（3）体育行为反馈原则。反馈就是人们知道自己行为活动的结果如何。教师要知道体育教学中目的任务是否完成，学生对教学安排是否满意。学生要知道通过健康与体育课自己有哪些收获，有哪些进步与不足。学生每次课如果都能知道自己的学习结果，从而针对问题分析原因并及时改进，就能达到修正的目的。教学中要及时通过表情、言语、动作、体态等反馈信息使师生的信息交流通畅，以使体育教学更贴近学生的实际情况，及时对不理想的教学状态进行纠偏。

（4）以正强化为主原则。一般说来“正强化”与“负强化”要结合使用，但由于人人都有“尊重的需要”，因此体育教学中的行为强化应尽量多采用“正强化”，以表扬、奖励为主，尽量少用公开的批评。体育教学的主要目的之一是鼓励学生积极锻炼，树立终身体育的观念，要让学生在体育课中感受到乐趣。过多的批评和惩罚无疑对学生的体育观念和兴趣起抑制作用。

（5）适度、多样原则。度就是事物的数量界限，适度就是在施行奖励或惩罚等行为强化因素时要恰如其分、合情合理。通常情况下，从量的方面掌握，正强化要多一些。从范围上看，表扬的范围要大，批评的范围要小。无论正强化还是负强化都要适度。过于频繁、过高或过低的强化强度往往会使学生或对强化的感受阈值提高，或者产生逆反心理，从而降低强化效果。体育教学中运用行为强化的手段很多，要综合运用，常变常新。

三、体育教学中行为强化的方式

（1）连续强化方式。所谓连续强化就是指每次发生的体育行为都要给予强化。例如对学生的每一次练习情况都给以表扬或批评。

（2）间隔强化方式。间隔强化也叫非连续强化，即不是每次发生的体育行为都受到强化。一般有四种形式：1）固定间隔强化方式。就是经过固定的一段时间以后才给予强化。最常见的例子是定期的体育考核、表奖等。2）固定比率强化方式。就是在所希望的一定数量的积极行为发生后才给予强化，例如运动成绩达到一定的水平，提高的幅度达到一定的要求，体育行为达到一定的频度时予以强化。3）可变间隔强化方式。这是根据经过的时间给予强化，但时间的长短围绕着某一基本时间而变动。例如成功教学法中，学习效果好、提高成绩幅度大的学生要及时转到高水平组，但转组实际上是以一定的练习时间或练习次数为依据的。4）可变比率强化方式。这是指每次强化并不全是按照一定的时间间隔，也不计算练习的次数。例如对教学中学习、练习认真努力并且成绩好的学生有时隔几次课表奖一次，有时隔几周表奖一次。

四、体育教学中行为强化的途径

（1）视觉强化。以视觉途径使学生感受到的强化都是视觉强化。例如体育教师鲜明有力的出场、规范标准的示范动作、优雅的风度气质，以目光和表情、手势及其他体态语言向学生传递鼓励或抑阻的信息，设置色彩鲜明、醒目的标志物、标志线鼓励或限制学生的体育行为等。

（2）听觉强化。以听觉途径使学生感受到的强化为听觉强化。例如教师的表扬与批评，指令性语言、教育性语言、提示性语言，选取节奏感强、富有强烈感染力的音乐伴奏，运用口笛、掌声、口号等提高学习与锻炼的积极性与活跃课堂秩序等。

（3）适宜的教学环境、气氛强化。例如创设欢快而有秩序的课堂气氛，以个人行为与集体荣辱相关联、通过团队间竞争的形式提高团队凝聚力，从而激发练习积极性，以规范的课堂常规使学生对体育课产生积极参与、遵章守纪的习惯，以美观、安全、清洁、新颖的场地器材配置激发学生的学习积极性等，这种强化虽是无形的，但却是非常有效的，又往往是容易被忽视的。

五、正强化在体育教学中的作用

（1）对学生体育行为的激发作用。看重别人的夸奖和表扬，争强好胜和荣誉感特别强，这种心理在学生时期最为突出。体育教师的表扬或鼓励不但对学生某一次课的体育行为有影响，甚至会对其终身体育观念和以后的体育兴趣产生潜移默化的激发作用。体育骨干、体育标兵等称号对学生的激励作用有时是他人难以想象的。

（2）对学生体育意识的催化作用。人都有成就感，他人或社会能承认其成就往往给人以巨大的鼓舞力量。学生积极从事体育活动的动力之一就是希望他人或教师看到和赞赏自己的体育行为和成绩。因他人或教师的认可或赞扬，取得成绩的自豪，由此产生的自信和鼓舞，对学生的体育行为及体育观念有不可低估的作用。正强化就像催化剂一样，使学生对体育有兴趣，增强其积极的体育行为。

（3）运用正强化需注意的几个问题：

1）强化的方式要不断创新，要多样化。实践告诉我们，新鲜的刺激对激励的作用比较大，一种刺激反复出现，其作用就会衰减。表奖过于频繁，激励的作用也会减少。

2）表奖的对象要有典型性。教学中公开的表扬要能引导他人、鼓舞他人。假如被表扬者只是因基础条件优于其他学生才使得运动成绩高而受到表扬，则这种表扬的社会意义就要大打折扣。

3）奖励的程度要恰如其分。过高的评价效果会适得其反，奖励要注意时效。这一方面有利于及时强化受奖者的积极性和创造性，另一方面也及时激发其他学生向先进者学习。过时的奖励会使学生对奖励产生漠然置之的淡薄心理。

六、负强化在体育教学中的作用

运用负强化调控学生体育行为的方式主要有惩罚、批评、设置各种限制条件、使其遭遇挫折等。根据学生的特点，运用惩罚和批评时也要注意以下几点：

（1）按照体育教学常规，既严肃认真，又要合理得当，出发点应是化消极因素为积极因素。要预先使学生知道不按要求完成某项教学任务是要受罚的，是一视同仁的。

（2）批评要注意分寸与火候，避免学生产生抵触和逆反心理。要适当地运用鼓励式批评、商谈式批评、提醒式批评。要态度中肯、方式灵活、语言文明。

（3）惩罚要注意力度和时机，体育教学中经常有以成绩的胜负施以一定的鼓励性惩罚措施的情况。实际上这只是激励学生的一种手段，要注意惩罚力度恰当。此外，惩罚应是在事实真相确实弄清，其他学生对此事记忆犹新，不惩罚会影响教学进程时进行。

（4）要过罚相当，轻重适宜，并应有所区别，不能永久性惩罚。尤其对女生、感情脆弱的学生更要多用个别批评、小范围批评的方式，避免使学生产生对立情绪。

（5）课堂上的一般违纪应尽量“冷处理”。学生专注于体育行为时往往忽略某些规章制度，对不影响教学进程的“小错误”尽量不公开严厉批评，以免打击学生的活动热情。

（6）对可能发生的错误行为可事先警告，在苗头初露时就提醒，防患于未然。以教师的语言进行行为强化是运用最广泛的强化，语言强化要特别注意教育性、启发性和针对性。教学语言音调的高、低、强、弱要适度。

综上所述，体育教学中合理运用行为强化可增强教学调控能力，提高教学效果，是体育教师教学艺术水平的集中体现，应该加强研究，引起足够的重视。

第三节 认知建构

体育认知结构是人们在对体育对象和体育经验进行感知和理解的基础上形成的一种心理结构，也可以理解成将获得的体育知识按自己理解的深度、广度，结合自己的感觉、知觉、记忆、思维等认知特点而形成的具有内部规律的整体结构，简单地讲，体育认知结构就是人们头脑中的体育知识结构。

一、体育认知结构的基本特征

（1）体育认知结构是体育知识的逻辑结构与学生心理结构相互作用的产物。体育认知结构的形成过程，是学生对体育知识的逻辑结构进行加工的心理活动过程，受到学生的观察、注意、感知、理解、记忆、思维等心理因素的影响，学生心理素质的水平决定着其体育认知结构的质量；反过来，体育认知结构的形成过程，也是创造心理价值、改善心理素质的过程，对于提高学生的心理素质，培养优良的心理品质有着重要的作用。因而，体育认知结构是体育知识的逻辑结构与学生的心理结构相互作用和协调发展的必然结果。

（2）体育认知结构是学生已有的体育知识和体育经验在大脑中的组织形式。这里提到的组织形式可以是学生所有的体育知识、经验的组织，也可以是特殊体育知识内容的组织。前者是指学生体育学科的全部知识、经验的组织特征，这种特征影响着学生体育学科的一般学习；后者则是指某一体育知识、经验的组织特征。故而，体育认知结构不仅是专门化的概念，如“篮球认知结构”、“体操认知结构”、“田径认知结构”等，而且又是一个普遍性的概念，它体现了体育知识与体育认知的统一。

（3）体育认知结构具有个性特征。体育认知结构受多种心理因素的影响，由于先天和后天各种因素的作用，学生的体育认知水平和体育认知方式往往表现出很大的差异，因而其体育认知结构会相应地表现出自身的个性特征。如有的习惯于知识经验的纵向组织，有的侧重于横向的编排；有的善于知识经验的概括和整理，有的则习惯于知识的简单堆积，导致了他们在学习体育知识、获得体育经验过程中的差异，相应的学生的体育认知结构状况也往往因人而异。

（4）体育认知结构具有层次性。学生的身体素质、运动能力、体育素养等方面存在的差异，必然导致体育认知结构有着不同的水平和差异，既有直观水平上的认识结构，也有抽象化、形式化的认知结构，即体育认知结构是一个有层次的阶梯，最高层次是由所有的体育知识、经验有机结合而成的认知结构。体育经验、知识按性质的类型可区分为不同的种类、不同的内容，逐渐分化成不同层次的体育认知结构，因此，体育认知结构可以在各种水平的抽象上来表征体育知识。

（5）体育认知结构是一种积极的组织，具有能动性体育认知结构在体育认知活动中，发挥着主动的作用，当学生形成了一定的体育认知结构后，一旦出现新的体育信息，便立即会自觉地用相应的体育认知结构对面临的信息进行科学加工处理，表现出体育认知结构的能动性，这种能动性活动的过程如图 2-1 所示。

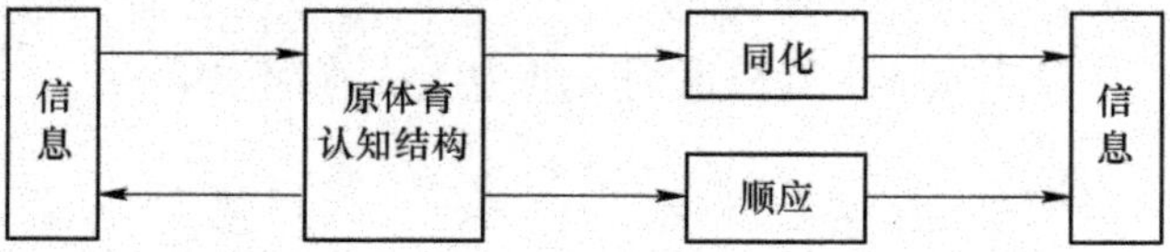

图 2-1 体育认知结构的能动性示意图

可以看出，同化和顺应是造成原有体育认知结构和新的学习内容相互作用的两种基本形式，学习过程中的同化，是把新知识纳入原有体育认知结构之中，或把原认知结构适当改造，令其与新知识顺应，从而形成新的体育认知结构。新的认知结构形式后，又成为进一步获得体育信息的内部因素和基础。可见，同化和顺应相互作用的结果，使得体育认知结构具有了极强的能动性。

（6）体育认知结构具有动态性。学生的体育认知结构是在体育认知活动中逐渐形成和发展起来的，随着认知活动的不断开展，学生的认知水平将得到提高，其体育认知结构将不断地被分化和重组，并达到精确而完善的程度，这是一个不断进入平衡状态、打破平衡状态、再形成平衡状态的动态过程，而这个连续发展的动态平衡状态就是整个认知发展的过程。

二、体育学习的基本过程

根据学习的认知理论可以看出，体育学习的过程是新的学习内容与学生的原有体育认知结构相互作用，形成新的体育认知结构的过程。依据学生认知结构变化，可以将体育学习的基本过程划分为三个阶段：输入阶段、相互作用阶段、操作运用阶段。

(1) 输入阶段。学习活动起始于新的学习情景，从根本上讲，输入阶段的任务就是给学生提供新的体育信息和新的学习内容，并创设有助于学生观察思考、分析辨别和抽象概括的情境。在这种学习情境中，学生原有的体育认知结构与新的学习内容之间发生认知冲突，使他们产生学习新知识的心理需要，这是输入阶段的关键。为了引起学习的强烈动机和欲望，教师应当设法一方面激发学生的学习热情，另一方面要强化与新知识有关的内容，具备必要的认知准备。

(2) 相互作用阶段。有了学习的需要和一定的相关知识准备之后，当新的学习内容输入进来时，体育学习便进入了相互作用阶段，这时，原有的体育认知结构就会与新的学习内容之间发生相互作用。相互作用的形式主要有两种：同化和顺应。所谓同化，是指利用自己的已有体育认知结构对新的学习内容进行加工和改造，将其归入到体育认知结构中，从而扩大充实原体育认知结构的过程。所谓顺应，是指当原有的体育认知结构不能顺利接纳新的学习内容时，必须对原有的体育认知结构进行调整和改造，以适应新学习内容的需要的过程。同化和顺应是学习过程中原有体育认知结构与新的学习内容之间相互作用的两种形式，它们往往同时存在于同一个学习过程中，只是侧重面不同而已。比如在学习排球正面传球技术之后，还要学习背传球、侧传球、跳传球技术，这些技术就会通过同化的和顺应的过程，共同形成排球的“传球结构”，只是在这一过程中，同化的作用更大一些。

(3) 操作运用阶段。这一阶段是运用在相互作用阶段形成的新的体育认知结构来解决问题的过程，这里的操作主要指智力活动，也就是通常所说的思维活动，而操作的主要形式则是身体练习，其首要任务是使刚刚产生的体育认知结构趋于完善，达到预期的目标。体育学习基本过程的这三个阶段是紧密联系的，任何一个旧的学习出现漏洞，都会影响学习的质量。通过剖析体育学习的基本过程，可以看出，不但输入阶段和相互作用阶段对新知识的加工、接受取决于已有的体育认知结构的状况，而且操作运用阶段中问题解决的策略、方式、途径的选择也与一定的体育认知结构相适应。因此，可以得出这样的结论：有效的体育学习，必定是新知识与原有体育认知结构处于相互容纳、包容之中的。

三、体育认知结构在体育教学中的应用

(1) 优化学生的原有认知结构。任何一个新知识的学习都是在原有的基础上进行的，学生原有的体育知识和认知结构是当前、今后学习的必要条件，教师要充分利用学生已掌握的体育知识和体育经验，设计好每节课的导入，这个导入就是要对原有的知识进行恢复，在一定程度上帮助学生对体育知识进一步结构

化、系统化，并在新的高度和角度发现新的知识增长点，导入过程也是帮助学生优化认知结构的过程。通过优化体育认知结构，在新旧知识之间和认知起点与认知目标之间建立起足够的联系，使学生同化新知识的认知框架，为后续学习做好准备。

（2）引发学生的认知冲突。所谓认知冲突，就是原有知识结构与新知识之间无法包容的矛盾，一旦引起这种冲突，就会造成认知结构的不平衡，从而激发求知欲和好奇心，自觉地同化和顺应已有的体育认知结构。而认知冲突就是教学的难点和重点，这将使学生陷入困境，引导教学过程的深入，学生将表现得跃跃欲试，产生强烈的求知欲望，可以说，引发认知冲突是学习新的体育知识和构建新的体育认知结构的一个重要环节。

（3）构建新的体育认知结构。

1）根据体育认知结构的特点，课堂教学中，教师要围绕重点，依靠学生掌握重点、难点的情况，进行点拨和辅导，在这一过程中，需要综合运用很多原有的体育经验和体育知识，是培养学生求知欲和解决问题能力的最佳时机。这时候，教师要坚持精讲多练，对学生进行适当的扶持，发挥引导作用，让学生主动参与。自觉解决学习中技术难点和重点，从而使学生接受的新知识与处于激活状态的旧知识相互作用，以一定的方式相联系，这意味新知识通过同化、顺应，进入原有的认知结构，并促进体育认知结构的重新转换与构建。

2）体育教学中，对获得的新知识进行概括、归纳以及构建新的体育认知结构，是知识巩固和转化的阶段，新的体育知识存在认知结构中，通过适当的概括和归纳得到巩固，使原有的认知结构得以改组和重建，促进认知结构呈螺旋状上升的发展态势。

（4）巩固迁移，运用新的体育认知结构。凡是有认知的地方，就会有迁移现象存在，迁移是一种认知对另一种认知的影响，是学生挖掘新旧知识的不同特点和内在联系，通过思维加工理解新知识、掌握新知识，是学生认知结构不断通过同化、顺应而丰富完善。体育教学中，迁移是体育知识和体育经验的应用阶段，实现体育知识向体育能力转化的关键，也是检验课堂教学质量的重要手段。针对这一点，课堂上，难点突破之后，必须给学生留下足够的时间去消化、吸收、整理所获得的信息，将其融入体育认知结构中。

第四节　主体生成

建构主义学习理论是体育教学主体生成的理论基础，本节从以下几个方面介绍体育教学主体生成。

一、建构主义学习理论研究

（一）建构主义产生的哲学背景

作为一种学习的哲学，建构主义至少可以追溯到18世纪文艺复兴时代意大利的哲学家、人文主义者詹巴蒂斯塔·维柯（Giambattista Vico），他在《新科学》一书中以其深邃的洞察力指出人与生俱来的一种本能的、独特的“诗性的智慧”指引他们以隐喻、象征和神话的形式对周围的环境做出反映。因此，对神话恰如其分的解释可以被看成是“最初一些民族的文明史”。正是由于人类通过历史创造社会，塑造自己，因此永恒的人性是不存在的，每一种文化都必须关系人类的创造。正是在这个意义上，他指出人们只能清晰地理解他们自己建构的一切。从哲学角度看，建构主义扎根于康德对理性主义与经验主义的综合，他认为主体不能直接通向外部世界，而只能通过内部构建的基本的认知原则或范畴去组织经验，从而发展知识。20世纪美国著名的实用主义哲学家与教育家杜威（John Dewey）对建构主义思想发展具有非常重要的影响。受实用主义和生物进化论的影响，他把经验看作现实世界的基础，认为经验的中心应该是主体在有目的选择对象基础上的主观“创造”，经验是由现在伸向未来的过程，是对现有实物的一种改造。杜威进一步指出，这些情景必须发生于一定社会背景之中，学习者在其中创建学习共同体，并在共同体中一起建构他们的知识。

（二）建构主义学习理论的主要观点

现在西方比较流行的建构主义学习理论是革新传统教学，充分体现学生学习主体地位的全新理论。建构主义学习理论认为知识不是通过教师传授得到，而是学习者在一定的情境中，即社会文化背景下，借助其他人的帮助，利用必要的学习资料和原有的独特经验去建构自己的知识。即学生利用自己形成的认知结构为基础，通过自己的探索，以及同学和教师的帮助去同化新的知识信息，并赋予知识一定的意义（学生对知识的独特理解），把它纳入自己的认知结构中，同时使学生原有的认知结构的性质发生改变，使它的结构更加合理，那么学生消化吸收新信息或利用原有知识解决问题就更为容易，使学生自学能力得到发展。在整个教学过程中使学生始终处于主体地位，这才是学习的关键。教师在教学过程中起组织者、指导者、帮助者和促进者的作用，而不是传统教学中知识的传授者和灌输者。应该通过创设学习情境充分发挥学生的主动性、积极性和首创精神，最终达到使学生有效地实现对所学知识的意义建构的目的。

二、建构主义在教学中的应用研究

澳大利亚科学教育学者马修斯指出：“建构主义是当代科学教育中一种主要的影响。”这种影响可以从近年来国际上出版的大量有关建构主义与科学教育改革的专著中体现出来，如美国著名的建构主义学者冯格拉塞斯菲尔德主编的《教育学中的建构主义》；澳大利亚科学教育学者马修斯著述的《建构主义与新西兰的科学教育》；美国学者杜宾主编的《科学教育中的建构主义实践》；美国学者斯特弗等人主编的《教育中的建构主义》等。这些专著和其他更多地散见于教育期刊上有关建构主义与科学教育的论文，极大地促进了建构主义作为科学教育理论的传播，使其成为面向21世纪科学教育改革的主流理论。尤其值得我们关注的是，1996年出版的美国有史以来第一个全国科学教育纲领性文件——《国家科学教育标准》，就是以建构主义理论为指导思想的。除美国外，以建构主义理论为指导的课程与教学改革、科学教学评价改革以及相应的教育改革在其他许多国家也正在展开。例如在德国，基尔大学科学教育研究所杜特博士倡导用建构主义学习理论改革科学教育；在新西兰，90年代中小学科学课程就是以建构主义理论为指导编写的；在英国，利兹大学的科学教育研究中心多年来一直在开展把建构主义理论用于教学改革中的课题研究。

建构主义理论同样也影响着我国教育教学的发展。近几年，教育理论界开始关注并积极研究建构主义理论。一批具有远见卓识的学者纷纷著书立说，发表文章，大力宣传并深入研究建构主义理论。如北京师范大学学者陈琦、张建伟的文章《建构主义学习观要义评析》，文章围绕学习心理的核心问题评述了建构主义学习观；北京师范大学学者何克抗在《学科教育》1998年第3～6期上发表了《建构主义——革新传统教学的理论基础》，文章从教育技术学的角度论述了建构主义理论与现代教育技术的结合对改进教学的意义和影响。随着国内建构主义理论研究的日益成熟，以建构主义理论为核心的教学实践在大、中、小学逐渐展开，建构主义的教学理念在各个学科中慢慢渗透。就体育学科而言，近年来中学体育教学模式的研究取得很大进展，如“主体性教学模式”、“情境教学模式”、“合作教学模式”、“探究—发现模式”等多种教学模式纷纷创建，并在一定范围内进行了试验，这些教学模式都是以建构主义教学理论为核心的。

三、建构主义学习理论（Constructivism）

学习理论是以建构主义理论为指导思想的学习理论。建构主义本来是源自关于儿童认知发展的理论，由于个体的认知发展与学习过程密切相关，因此利用建构主义可以比较好地说明人类学习过程的认知规律。其基本观点是：（1）知识是在学习者头脑里被构造出来的；（2）认识是个人独特构造活动的结果。它最基本的含义是关于认识活动的本质分析，对学习的建构过程深入的解释；建构主义的核心观点是给学生提供活动的时空，让主体主动构建自己的认知结构，培养学生的创造力；建构主义十分重视已有的知识经验、心理结构的作用，强调学习的主动性、社会性和情境性。建构主义学习理论的基本内容包括“学习的含义”

与“学习的方法”两个方面。建构主义十分重视已有的知识经验、心理结构的作用，强调学习的主动性、社会性和情境性。

（1）学习的含义。建构主义认为，知识不是通过教师传授得到，而是学习者在一定的情境即社会文化背景下，借助其他人（包括教师和学习伙伴）的帮助，利用必要的学习资料，通过意义建构的方式而获得，学习者是学习的中心，是信息加工的主体，是意义的主动建构者。

由于学习是在一定的情境即社会文化背景下，借助其他人的帮助即通过人际间的协作活动而实现的意义建构过程，因此建构主义学习理论认为，“情境”、“协作”、“会话”和“意义建构”是学习环境中的四大要素。1）“情境”：学习环境中的情境必须有利于学生对所学内容的意义建构。这就对教学设计提出了新的要求，也就是说，在建构主义学习环境下，教学设计不仅要考虑教学目标分析，还要考虑有利于学生建构意义的情境的创设问题，并把情境创设看作是教学设计的最重要内容之一。2）“协作”：协作发生在学习过程的始终。协作对学习资料的搜集与分析、假设的提出与验证、学习成果的评价直至意义的最终建构均有重要作用。3）“会话”：会话是协作过程中的不可缺少环节。学习小组成员之间必须通过会话商讨如何完成规定的学习任务的计划；此外，协作学习过程也是会话过程，在此过程中，每个学习者的思维成果（智慧）为整个学习群体所共享，因此会话是达到意义建构的重要手段之一。4）“意义建构”：这是整个学习过程的最终目标。所要建构的意义是指：事物的性质、规律以及事物之间的内在联系。在学习过程中帮助学生建构意义就是要帮助学生对当前学习内容所反映的事物的性质、规律以及该事物与其他事物之间的内在联系达到较深刻的理解。这种理解在大脑中的长期存储形式就是前面提到的“图式”，也就是关于当前所学内容的认知结构。

以上所述的“学习”的含义可知，学习的质量是学习者建构意义能力的函数，而不是学习者重现教师思维过程能力的函数。换句话说，获得知识的多少取决于学习者根据自身经验去建构有关知识的意义的能力，而不取决于学习者记忆和背诵教师讲授内容的能力。

（2）学习的方法。建构主义提倡在教师指导下的、以学习者为中心的学习，也就是说，既强调学习者的认知主体作用，又不忽视教师的指导作用，教师是意义建构的帮助者、促进者，而不是知识的传授者与灌输者。学生是信息加工的主体、是意义的主动建构者而不是外部刺激的被动接受者和被灌输的对象。学生要成为意义的主动建构者，就要求学生在学习过程中从以下几个方面发挥主体作用：

1）要用探索法、发现法去建构知识的意义。

2）在建构意义过程中要求学生主动去搜集并分析有关的信息和资料，对所学习的问题要提出各种假设并努力加以验证。

3）要把当前学习内容所反映的事物尽量和自己已经知道的事物相联系，并对这种联系加以认真的思考。“联系”与“思考”是意义构建的关键。如果能把联系与思考的过程与协作学习中的协商过程（即交流、讨论的过程）结合起来，则学生建构意义的效率会更高、质量会更好。协商有“自我协商”与“相互协商”，也叫“内部协商”与“社会协商”两种，自我协商是指自己和自己争辩什么是正确的；相互协商则指学习小组内部相互之间的讨论与辩论。

教师要成为学生建构意义的帮助者，就要求教师在教学过程中从以下几个方面发挥指导作用：

（1）激发学生的学习兴趣，帮助学生形成学习动机。

（2）通过创设符合教学内容要求的情境和提示新旧知识之间联系的线索，帮助学生建构当前所学知识的意义。

（3）为了使意义建构更有效，教师应在可能的条件下组织协作学习（开展讨论与交流），并对协作学习过程进行引导，使之朝有利于意义建构的方向发展。引导的方法包括：提出适当的问题以引起学生的思考和讨论；在讨论中设法把问题一步步引向深入以加深学生对所学内容的理解；要启发诱导学生自己去发现规律，自己去纠正和补充错误的或片面的认识。

四、建构主义学习理论下的体育教学设计

通过前面的论述我们了解到教学设计是一个很大的概念，宏观上可以包括水平学段的设计、学年的设计、学期的设计；具体地讲，也可以是一个单元、一节课的设计。这里我们探讨的主要是课时教学过程中的体育教学设计。教学设计既是教学中的一个重要环节，也是一项复杂的教学技术，需要遵循教学过程的基本规律。教学设计最主要的研究内容就是研究教与学的关系，而教师和学生是教学活动的主体，在教学活动中，教师和学生、教与学两者相互依存、相互促进、相互制约，共同构成了教与学的矛盾运动过程。在建构主义学习环境下，教师和学生的地位、作用与传统教学相比已发生很大的变化，需要建立能与建构主义理论以及建构主义学习环境相适应的全新的教学设计理论和方法体系。本章是全书的重点之一，重点讨论了基于建构主义的体育教学设计的实现条件、基本原则、内容框架及教师在建构主义提倡的学生中心的体育教学设计中的作用。

（一）建构主义学习理论下的体育教学设计原则

（1）强调以学生为中心。明确“以学生为中心”对教学设计有着至关重要的指导意义。因为出发点是“以学生为中心”，还是从“以教师为中心”，将会得出截然不同的设计结果。新课改中明确提出以学生为中心，体现学生主体地位。所以体育教学设计应将学生放在首位，将学习置于始终，以学生发展为根本

动机，这就要求教师在教学设计中重学轻教、重过程轻结果、重探究轻讲授灌输。学生是教学的主体，教学设计的内容、过程、步骤等都必须服从学生的需要。通过引导、启发充分发挥学生的潜能，培养学生发现问题、分析问题、解决问题的能力，真正使学生能主动地发展。至于如何体现以学生为中心，建构主义认为可从三个方面努力：1）要在学习过程中充分发挥学生的主动性，要体现出学生的首创精神；2）要让学生有多种机会在不同情境下去应用他们所学的知识（将知识“外化”）；3）要让学生能根据自身行动的反馈信息来完成对客观事实的认识和解决实际问题的方案（实现自我反馈）。以上三点，即发挥首创精神、将知识外化和实现自我反馈可以说是体现以学生为中心的三个要素。

（2）强调“情境”对学习的重要作用。“情境”是指教师在设计教学时要把学生所学的知识与一定的真实任务情境联系起来，使学生以解决在现实生活中遇到的问题为目标，最大限度地把学习与实践联系起来。建构主义认为，学习总是与一定的社会文化背景即“情境”相联系的，在实际情境中进行学习，使学生原有的知识经验去“同化、顺应”新知识，才能达到对新知识的领会和掌握。所以建构主义学习理论指导下的体育教学设计提倡创设与当前学习主题相关的尽可能真实的情境。教学实践要求真实的学习任务与现实的条件相匹配，对创设丰富的学习环境提出了更高的期望，以便为发现、探究、设计、实践、教学探索和建构提供更多、更广的情境化机会。

（3）强调“协作学习”对意义建构的关键作用。建构主义认为，学习者与周围环境的交互作用，对于学习内容的理解（即对知识意义的建构）起着关键性的作用。这是建构主义的核心概念之一。学生们在教师的组织和引导下一起讨论和交流，共同建立起学习群体并成为其中的一员。在这样的群体中，共同批判地考察各种观点、理论和假说；进行协商和辩论，先内部协商（即和自身争辩到底哪一种观点正确），然后再相互协商（即对当前问题摆出各自的看法、论据及有关材料并对别人的观点作出分析和评论）。通过这样的协作学习环境，学习者群体（包括教师和每位学生）的思维与智慧就可以被整个群体所共享，即整个学习群体共同完成对所学知识的意义建构，而不是其中的某一位或某几位学生完成意义建构。

（4）强调多种信息资源支持“学”的原则。为了支持学习者的主动探索和完成意义建构，在学习过程中要为学习者提供各种信息资源。需要强调的是，这些媒体和资料的利用不仅用于辅助教师的讲解和演示，而且用于支持学生的协作学习和协作式探索。例如在篮球课中，学习单手肩上投篮技术时，如果泛泛地向学生讲解和演示，学生会感到空洞无味。若能组织学生通过自己从书籍或互联网上获取更多的信息，不仅能使学生更加深刻地了解此项技术动作要点和难点，而且能激发学生学习篮球的热情，培养对篮球的兴趣，从而促进了新知识的建构。

（5）强调学习过程的最终目的是完成意义建构，而非完成教学目标。在传统的教学设计中，教学目标是高于一切的，它既是教学过程的出发点，又是教学过程的归宿。通过教学目标分析可以确定所需的教学内容；教学目标还是检查最终教学效果和进行教学评估的依据。但是在以“学生”为中心的建构主义学习环境中，由于强调学生是认知主体，是意义的主动建构者，所以是把学生对知识的意义建构作为整个学习过程的最终目的。在这样的学习环境中，教学设计通常不是从分析教学目标开始，而是从如何创设有利于学生意义建构的情境开始，整个教学设计过程紧紧围绕“意义建构”这个中心展开，不论是学生的独立探索、协作学习还是教师辅助，总之，学习过程中的一切活动都要从属于这一中心，都要有利于完成和深化对所学知识的意义建构。

（二）建构主义学习理论下体育教学设计的内容框架

（1）前期分析。前期分析是以学习者为中心进行教学设计的基础，其主要内容是以传统教学设计提供的重要的方法和手段。首先，分析教学目标。教学是促进学习者朝着目标所规定的方向产生变化的过程，它贯穿于教学活动的始终。建构主义指导下的学习同样要遵循这一基本原则。分析教学目标是为了确定学生学习的主题即与基本概念、基本原理、基本方法或基本过程有关的知识内容。分析教学目标首先要考虑学习者这一主体。教学目标不是设计者或教学者施加给学习过程的，而是从学习者的学习过程中提取出来的。同时，还应当尊重学习主题本身内在的逻辑体系特征。建构主义在哲学上强调学习内容的自主建构，强调事物的多样性、复杂性，不同人对同一事物可得出不同的理解，因此是无法预先设立学习目标的。但事物有其复杂的一面，也有其客观的一面，事物的某些属性在一定条件下是可能达到共同理解的。所以，我们在以建构主义理论指导教学设计时，一定要考虑教学目标的确定，避免陷入非理性主义的陷阱，但同时也应注意避免将教学目标简单化的倾向，不能采用传统的行为式的教学目标。教学目标的编写应有一定的弹性、可变化性，如采用认知目标分类的层次来标识；另外，建构主义强调知识的情景性、整体性，强调知识应在真实任务的大环境中展现，学生在探索真实的任务中达到学习的目的。其次，分析学习者特征。建构主义教学设计中学生是学习的主体、是意义的主动建构者。从哲学角度看学习者是内因，外界影响是外因，内因是事物发展变化的决定因素，外因通过内因起作用。这就可以解释为什么在同一课堂中，教师实施同一教学，但不同学生的学习结果却存在较大差异。为了取得预期的教学效果，完成教学目标，就必须充分了解学习者的特征，并进行有针对性的设计。对于学习者的分析，主要目的是设计适合学生能力与知识水平的学习问题，提供恰当的帮助和指导，设计适合学生个性的情景问题与学习资源。最后，分析学习内容特征。学习内容分析是指对学习者起点能力转化为终点能力所需的从属意识、技能、态度等进行详细阐释的过程。学习内容是教学目标的知识载体，教学目标要通过一系列的教学内容才能体现来。建构主义强调学习要解决真实环境下的任务，在解决真实任务中达到学习的目的，但真实的任务是否会体现教学目标，如何来体现，这需要我们对学习内容做深入分析。

（2）设计学习任务。提出学习任务，是整个建构主义教学设计模式的核心和重点，它为学习者提供了明确的目标、任务，其他辅助设计使得任务更加明确具体，使得学习者解决问题成为现实的可能，使得学习者在解决问题过程中，确实能够达到教学目标的要求。

（3）自主学习设计。自主学习是建构主义学习的核心，是体现以学生为中心，充分发挥学生主动性的主要表现。自主学习不是我们平时所讲的“自学”，而是让学生根据自己对学习的理解在教师指导下去试着完成各种练习。例如提高力量这一内容，有条件的学生可以去健身房利用器械进行力量训练，没有条件的学生可以采用引体向上、举哑铃、俯卧撑等简单易行的练习方法。此外，由于不同的学生在体能、技能、兴趣和爱好等方面存在差异，每个学生都有达到相同目标的最适宜方法。因此，在教学中应鼓励百花齐放，让学生都根据自身实际情况有自主选择学习内容和方法的空间，不要硬性地给学生规定统一的要求。让学生学会自主学习，也就是教学生学会针对自己的实际情况，选择最佳的练习方法，通过自己的努力和教师的帮助与指导，最终实现学习目标。

（4）合作学习设计。体育运动本身的特点之一就是合作，无论集体项目还是个人项目，学生在学习过程中都需要合作。通过合作学习，学习群体和教师的思维与智慧就可以共同完成所学知识的意义建构。因此，在体育教学中，教师可以多采用游戏活动、集体性的项目来培养学生的合作意识和行为。即使是单项活动中，也应该给学生提供相互帮助、相互指导的机会，从而培养学生的集体意识、合作精神。

（5）学习资源设计。学习资源是指提供与问题解决有关的各种信息资源（包括文本、图形、声音、视频和动画等）以及从网络上获取各种有关资源。为了了解问题的相关知识，建构自己的智力模式，就要求学习者需要知道有关问题背景及含义等详细信息，并需要学习必要的预备知识，因此在教学设计时，必须详细考虑学生要解决这个问题需要查阅哪些相关的信息，需要了解哪方面的知识，这些都可以以学习资源的方式为学生提供。学生自主学习、意义建构是在大量信息的基础之上进行的，所以必须在学习情境中嵌入大量的信息。丰富的学习资源是建构主义学习的一个必不可少的条件。另外还要注意怎样才能从大量信息中找寻有用信息，避免信息污染。因此教学设计中要建立系统的信息资源库（或使用现有的资源管理系统），提供引导学生正确使用搜索引擎的方法。

（6）总结与强化练习。对所学知识适时进行教学总结可以有效地帮助学生将自学的、零散的知识系统化。但要注意总结时不能太细，应为知识体系串讲，提纲挈领，简明扼要，避免重蹈传统教育总结的覆辙，从而导致限制学生思维的发展。教师总结之后，应为学生设计出一套可供选择并有一定针对性的补充学习材料和强化练习，检测、巩固、拓展所学知识。这类材料和练习应经过精心地挑选，要求既要反映基本概念、基本原理又要能适应不同学生的要求，以便通过强化练习纠正原有的错误理解或片面认识，最终达到符合要求的意义建构。

（7）学习效果评价设计。在体育教学中，评价内容一般包括两个方面：一是学生所掌握的理论知识、技术、技能和身体素质等方面；二是学生在课堂上表现出来的态度、兴趣、动机、情感、意志等非智力因素方面。在建构主义的教学设计中，学习效果评价被看作是整合性评价。学习效果评价应从过去的单一技能评价转变为多元评价，从终结评价向终结与过程评价相结合。过程评价包括学习过程、参与过程、心理过程、社会素质、健康意识。从教师评价向师生评价、小组对个人的评价和学生个人的自我评价转变。

（三）建构主义体育教学设计对教师提出的要求

建构主义提倡教师指导下的以学生为中心的学习，但并未忽视教师的指导作用。学生是信息加工的主体，是知识意义的主动建构者，教师则是教学过程的组织者、指导者、参与者和促进者，教师要对学生的意义建构过程起促进和帮助作用。因此，在以学生为中心的体育教学设计过程中，在充分考虑如何体现学生主体作用、用各种手段促进学生主动建构知识意义的同时，绝不能忽视教师的指导作用。

（1）教师要转变角色。传统教学是以“教师为中心”，建构主义强调，以“教师为主导”，以“学生为主体”。这要求教师不仅要掌握教学内容，更要熟悉学生，并且掌握学生的认识规律。教师要充分利用现有学习资源，研究学习过程，根据学习理论和学习者的认知规律，恰当地选择和运用各种教育传播媒体，进行系统教学设计，以实现教学的最优化。教师要成为学习的设计者和指导者。体育教师由原来教学过程中知识传授者、灌输者转变为教学过程中的生产者、服务者、学生主动建构锻炼习惯的促进者，进而抛弃“拧螺丝帽”的传统教学方法，逐步培养学生科学、健康的锻炼方式。

（2）教师要掌握教学设计的理论和方法。教学设计是运用系统方法，分析教学问题和教学目标，建立解决教学问题的策略方案、评价试行结果和对方案进行修改的过程。教学设计是以学习理论、教学理论和教育传播学为理论基础，以教学效果最优化为目的，以整个教学系统、教学过程为研究对象，进行设计、实施管理和评价，使之最优化。现代信息社会，教育信息激增，面对知识增长的无限性和学生学习时间的有限性之间的矛盾，教师对于各个知识层次的学生应该如何恰当选择、处理、储存和传递教学信息，以及如何通过各种现代教育传播媒体进行高效率、最优化的教学呢？这正是教学设计要解决的问题，也对教师提出了更高的要求。教师掌握教学设计的理论和方法是信息社会发展的需要，也是教育现代化的需要。教师面临着困难与挑战，只有不断学习才能满足教育和时代提出的新要求。未来教师如果不掌握教学设计的理论和方法将是一名不合格的教师。

（3）教师要掌握和运用现代教育传播媒体。随着时代与科技的进步，现代教育传播媒体的运用已成为教育现代化的重要方面，它是提高教学质量的重要环节。现代教育传播技术的产生与发展是信息社会科学技术发展的必然结果。现代教育传播技术在教学中的运用促进了教育、教学全方位的变革，成为教育现代化的重要支柱。现代教育传播媒体有硬件和软件之分，教师对于硬件要会正确操作使用，对于软件，要求教师具有基本的编导知识和简单的软件制作能力。教师对于现代教育传播媒体的掌握与运用，主要是指教师要根据教学目标、教学内容、学生的知识水平，恰当地选择和正确地使用现代教育传播媒体，以实现教学过程的最优化，帮助学生完成意义建构。

第五节　价值形成

以人为本是科学教育发展观的本质。我国目前正围绕素质教育进行全面的体育课程和教学改革。高校体育教学模式的构建是高校体育教学改革的重要环节，体育课已全面进入了我国各类型、各层次的教育体系之中，然而，教学实践中的问题依然突出，因此，人本主义课程论对高校体育教学模式的构建具有重要的启发和借鉴作用。

一、教学实践中的问题依然突出

（1）教学目标定位的偏差。传统的学科教学思想对体育教学影响很大，体育教学中往往把传授体育知识、运动技术和身体技能作为体育教学的三大中心目标。这种教学目标定位造成了体育教学被误解为只是纯粹的身体练习，而与思维的培养无关的教学活动，形成了“文化课是脑力活动，体育课让大脑放松”的怪现象。教学实践中，绝大多数学生只是外在地模仿教师的动作，缺乏对体育精神等内在知识的领悟。

（2）教学方式的单向性。在规定的课堂上，“热身、讲解、示范、练习”已构成了体育教学不变的“四步曲”。这种教学方式甚至一直被称道，因为坚持了“学练”结合，体现了理论与实践的统一。然而，将体育教学局限在有限的几节体育课堂上、以教学编班的方式集中授课，不得不让人质疑这是否尊重了学生的学习兴趣，是否满足了学生多元化的体育运动需求。

(3) 教学效能的低下。尽管体育教学被提到了“教改”之内，体育教师也不断地探索转变体育教学的方法，然而相当一部分学生仍然是消极被动地学习。体育课上“装病、找借口”逃避上课的、无精打采甚至故意扰乱课堂秩序的现象一直令体育教师头痛不已。同时，体育课之外真正养成了“自觉锻炼习惯”的学生更是寥寥无几，这些现象均反映出体育教学的效能达不到课程的预期。

以上三个问题，归结起来集中暴露了当前体育教学中对学生的主体性的忽略，即体育教学只突出了“体育技能”的工具性，弱化了体育教学与学生的成长、成才的融合性。因此，笔者认为，在体育教学中引入人本主义理论，将有助于克服和解决以上问题。

二、人本主义的涵义

古希腊哲学家普罗泰戈拉在《论真理》中一句“人是万物的尺度”打破了神本位的迷信，虽然他站在唯心主义哲学的立场夸大了人的意识的作用，但是，他对人的意识的重视把哲学带到了对人的主体性的探讨。正是基于对人的主体性的认识，才有了人本主义理论的形成。我们所说的人本主义是德文 Anthropologismus 的意译，又译人本学。一般认为，人本主义是 14 世纪下半期发源于意大利并传播到欧洲其他国家的哲学和文学运动，胡塞尔现象学、萨特的存在主义哲学等均涉及对人本主义的解读，而 19 世纪德国的费尔巴哈、俄国的车尔尼雪夫斯基均以“人本主义”或“哲学中的人本主义原则”来命名自己的哲学思想。

虽然对人本主义的哲学探讨分歧很大，但不论是站在唯物主义立场还是唯心主义哲学立场，均把对人本主义的理解指向了“对人的主体性”的承认，即对人的价值、尊严和人的主观能动性的尊重。随着心理科学、教育科学的发展，人本主义作为一项原则被引入到心理学、教育学等学科，逐渐形成了人本主义心理学和人本主义学习理论，这正是本文所要阐述的人本主义理论。

(1) 人本主义心理学。人本主义心理学分析了人的行为的心理动机。如马斯洛的《人类动机论》《动机与人格》的理论，动机是人发展的内在力量，而动机包括生理需要（Physiological need）、安全需要（Safety need）、爱与归属的需要（Love and belongingness need）、尊重需要（Esteem need）、自我实现需要（Self-actualization need）五个需求层次。他用比较心理学论证，不论低级或高级的基本需要都具有自发追求满足即“自我实现”的倾向，因此他把“自我实现”作为最高层次，认为是“人不断实现的潜能、智能和天资”。马斯洛的人本主义心理学建构了驱使个体行为的心理基础。意味着，包括所有的学习活动在内，都应该满足学生多层次的学习需要系统，重视通过学习得到一种自我满足与实现，获得一种“高峰体验”。体育教学如果不能够使学生得到一种自我满足，获得一种高峰体验，则必然导致学生在学习中处于被动地位，缺乏激发学生主动学习与训练的内在动力，使学习效能低下。

（2）人本主义教育学。人本主义学习理论是建立在人本主义心理学的基础之上的，是人本主义进入教育学领域的成果。在这一学派看来，“文化、环境、教育只是阳光、食物和水，但不是种子”，自我潜能才是人性的种子。教育的作用只在于提供一个安全、自由、充满人情味的心理环境，使人类固有的优异潜能自动地得以实现。比如这一学派代表人物罗杰斯在60年代将“患者中心治疗法”应用到教育领域，提出了要培养“躯体、心智、情感、精神、心力融会一体”的人，主张“有意义的学习”、“自由学习”和“学生中心”的学习与教学观。简单地说，人本主义教育学强调：教师的任务不是行为主义者所强调的教学生学习知识，也不是认知主义者主张的教学生如何学习，而是创造一种促进学生学习的因素（包括学习的氛围与心理因素等）；学生的学习也不是无助地、顺从地、被动地接受知识，而是在本能的好奇心的驱使下去吸收有趣和需要的知识。人本主义教育学的观点突出强调了学生在教学中的主体地位，强调教育对学生基于本能需求的培养与发展。这与教育学强调的教育是培养人的社会活动恰好吻合。对于体育教学来说，如果不考虑学生身体的自然适应性和身心发展的兴趣，采取单一的方式要求学生被动地学习、接受体育技术与技能的训练，无异于培养了部分学生“厌恶体育”的因素，使体育教学最终偏离“启迪兴趣、强健体魄、塑造精神”的本质。

三、人本主义在体育教学中应用原则

如前文所述，笔者认为，人本主义心理学和人本主义教育学理论对体育教学的启示在于：从体育教学的目标、教学的方法、教学的评价等维度来探讨，教学活动应坚持两大原则，既“满足学生的多元需要，尊重学生的主体性”。具体而言：

（1）在教学目标定位上应满足学生的多元化需要。教学目标是指教学活动实施的方向和预期达成的结果，是一切教学活动的出发点和最终归宿。在人本主义观点派罗杰斯看来，学校教育的教学目标是：“只有学会如何学习和学会如何适应变化的人，只有意识到没有任何可靠的知识，只有寻求知识的过程才是可靠的人，才是真正有教养的人。在现代世界中，变化是唯一可以作为确立教育目标的依据，这种变化取决于过程而不是静止的知识。”重视教学过程、重视教学方法是人本主义教育观的特点。

引入人本主义理论，应将体育教育的总体教学目标调整为：从当前的“培养学生的体育知识、体育技术和运动技能”扩展为满足学生的身体、兴趣、价值追求和自我实现等四个层次的需要。可表述为：强健学生的体魄是体育教学的出发点；启迪学生的体育兴趣是体育教学目标的延伸；引导学生领悟体育精神的内涵是体育教学目标的发展；激发学生自觉养成运动习惯是体育教学的最终归宿。即将“体育技能”的工具性与“思维、精神”的价值性和自觉锻炼的习惯养成结合起来。

1）出发点：满足身体的需要——强健学生的体魄。健康的身体、强健的体魄是个体赖以生存与发展的根本，也是体育教学最基本、最直接的目标。体育教学通过体育知识的传授、运动技术的训练，使学生增强体能和对疾病的抵抗力，提高运动协调与平衡等能力，促进身体的健康发育和成长。

2）延伸：满足兴趣的需要——启迪学生的体育兴趣。人本主义教育观认为自我潜能的实现与满足，是形成个体行为持续性的内在动力。每一个学生都具有某一方面的潜能，比如有的学生具有良好的柔韧性，有的则具有良好的平衡力，还有的具有突出的爆发力等。体育教学就是要让学生发现自己的潜能，并将这种潜能激发出来，形成自己的体育爱好，从运动中收获快乐和发展兴趣。

3）发展：满足价值的需要——引导学生领悟体育精神的内涵。任何的体育运动，其魅力不仅仅在于体育技能的完美，更在于体育运动中所蕴含的体育精神，比如长跑运动中的坚持与不放弃的精神，篮球运动中的团体合作精神，健美操运动中的协调与自信精神等。体育教学应使学生从外在的体育技能训练中去领悟体育精神的内涵，并逐渐成为个体人生价值和人生态度的一个重要组成部分。

4）归宿：满足自我实现的需要——激发学生自觉养成运动习惯。体育教学是手段，强健学生的体魄、启迪学生的体育兴趣、引导学生领悟体育精神的内涵这些教学目标的实现，最终指向的是学生自觉运动习惯的养成。通过体育教学，使学生从强健的身体、运动的兴趣、体育的内涵等载体中获得一种自我实现的满足，收获一种“高峰体验”，形成稳定的心理支撑力量，促使自觉运动习惯的养成与保持。

（2）在教学方式选择上，应尊重学生的主体性。主体性是指主体在实践中的能力、作用、地位等，即作为实践活动的主体的人，自主的、主动的、能动的、有目的从事实践活动的特性。教育是一种由教师与学生共同参与的实践活动，对这一实践活动究竟谁是主体的争论由来已久。在人本主义学派看来，教育不是将已有的知识、技能传授给学生，而是引导学生充分发掘自己的潜能，主动地去学习自己感兴趣的、需要的知识与技能。因此，教育活动的主体不是教师，而是学生自己。由于人本主义教学论彻底地否定了传统的“教师主体论”，因而他们提出了一个相对笼统的“学生中心论”的教学方式。所谓教学方式是指为落实教学目标，完成教学任务，组织教学活动的各个环节的总称。传统的教学方式一般由安排教学内容、选择教学形式、实施具体教学以及组织教学效果评价等诸多环节组成的。人本主义观点派罗杰斯主张，在教学方式上要以学生为中心，让学生自我选择、自我发现，突出学生的主体地位，尊重学生的情感。将人本主义理论应用到体育教学实践中，意味着教学的方式要实现三个转变：

1）在教学内容安排上，从教师确定向学生自主选择转变。目前体育教学的内容基本仍由体育教师根据教材或教学大纲来确定，学生只能被动地接受教学内容。这种方式虽然在保持教学内容的整体平衡性方面有较好的效果。但这种由老师单方面确定的教学内容是否为学生所喜爱、是否满足了学生的多元化需求值得商榷。主张由学生自主选择教学内容，主要是指打破现有的“注重系统化、整体化”的教学内容安排，教师仅为学生提供教学内容参考，由学生根据自己身体潜质、兴趣爱好的不同，选择他们喜欢的教学内容。当然，教学内容由学生自主选择意味着教学组织形式也应发生相应的变化。

2）在教学组织形式上，从班级式授课向俱乐部式授课转变。当体育教学的内容由学生自主选择后，传统的以班级为单位的体育授课方式必然无法满足学生多种选择的需要。这就要求打破班级集中授课方式，可以年级为单位，实行俱乐部式教学组织形式。根据教学内容的不同，组成不同的教学俱乐部，学生根据自己兴趣爱好选择相应的俱乐部学习。这种教学组织形式既保证了学生的选择得到了尊重，有利于学生体育兴趣的养成与发展；也使体育教师的专长得以发挥，有利于体育教师的专业化分工。

3）在教学考核评价上，从教师单方评定向师生双向评定转变。传统的体育教学的考评基本沿用了学科考评体系，由体育教师按百分制或等级制的方式对学生进行评定，甚至将体育考评的结果计入升学考试的总分之中。这种考评制度看似公平，然而它使得体育教学的“功利性”和“工具性”特征明显，偏离了体育教学的目标和本质，而且这种静态的技术评价手段本身具有相当的局限性。因此，笔者主张，在体育教学的考评方式上，一是由教师根据体育运动的特点，制订教学评价标准，这种标准应弱化静态的指标，强化发展性指标。比如对篮球课的评价指标，应弱化传统的在规定时间规定地点投篮命中个数的衡量标准，代之以“控球、过人、传接球、投篮”等多个标准，并根据学生的特点由学生选择自己最擅长的标准来评定学习效果。二是将由教师单方评定成绩改为教师和学生依据评价标准分别评定成绩，并将二者结合起来取平均值。

四、人本主义课程论的主要特点

（1）强调课程旨在促进个人的成长和个人潜能的自我实现。人本主义课程以需要理论为基石，以自我实现的人格理想为核心。马斯洛认为，人有七个由低到高的需要层次，其中自我实现是理想人格追求的最高目标。马斯洛说：“它（自我实现）强调完满的人性，强调以生物学为依据的人的本性的发展……”这里，“完满的人性”主要指人的友爱、合作、求知、审美、创造等特性或潜能；

这些潜能的充分实现称为自我实现。罗杰斯也认为：“所有的人都有一种内在的需要，以生长、生存和提高他们自己，所有的生命内驱力都包括在实现倾向中。”由此出发，人本主义者强调课程目的就是促进个人的成长和个人潜能的自我实现，进而促进人性的全面发展和人格的自我完善。

（2）强调教育应“以学生为中心”，主张意义学习。罗杰斯主张教育以人为本，“以学生为中心”。教学过程应真正体现出学生的主体地位，学生应为自己的学习负责，学习的活动和方式应由学生自己选择和决定，教师不能强制也无法强制学生学习，教师的任务和作用只是帮助和辅导学生学习，为学生创设良好的学习情境。人本主义者还提出，学习的内容应该是学习者认为有价值、有意义的知识和经验，提倡意义学习。只有当学生正确理解所学内容的价值时才能产生兴趣，主动学习。

（3）教育旨在培养学生健全的人性或人格。罗杰斯激烈抨击传统教育不能使学习适应变化的社会、导致学生知情分离等弊病，指出教学的目的不仅在于促进学生知识和技能的发展，更要注重对学生情绪、情感、情操、态度、道德、信念、价值观的培养，培育学生健全的人性和人格；而日常教学是有效实施道德教育、形成健全人格的最佳途径。罗杰斯认为，在教学中至关重要的是帮助学生获得知识、信息和个人成长，促进学生“学会学习”；教师与学生、学生与学生之间应建立一种平等、民主、相互认同、相互尊重、相互理解的情感型的新颖关系，从而培养学生主动学习的能力、合作意识与团队精神等现代社会公民的基本素养，帮助学生有效地应对社会变动等严峻挑战，增强社会适应性。

五、人本主义课程论对构建高校体育教学模式的启示

任何一种体育教学模式，都是根据不同的教学对象来建立相对稳定的教育指导思想、教学目标、教学结构和程序。鉴于体育教学的特殊性，学生间有较大的个体差异，教师在教学方法上应根据教学对象的具体情况灵活选择。参考其他学者的研究成果，笔者将高校体育教学模式的概念界定为：高校体育教学模式是指在一定的体育教学思想指导下，围绕高校体育教学目标所形成的相对稳定的教学程序及其实施的简要描述；它含有相对稳定而简明的教学过程结构和教学方法体系，具有可效仿性。

（1）树立“健康第一”的指导思想，培养学生的健全人格。随着社会的发展，人们逐渐接受了健康不仅是没有疾病和不虚弱，而且是在身体、心理和社会方面都保持良好状态的观念。因此，体育教学不仅要帮助学生掌握基本的运动知识和技能，更要重视通过体育教学对学生的情感、态度、价值观等健康人格的培养和塑造，促进学生在心理和社会适应能力方面更好地发展，塑造健全的人格。传统的以运动技术内容为中心、以竞技项目和达标成绩为主要考核依据的体育教

学模式，势必会引导学生努力追求运动成绩而忽视终身健康、身心全面发展这一价值目标，显然已不能满足现时代的需要。

（2）注重学生的个体差异，挖掘学生潜能。每个学生都有自己的需求、情感和经验，都有在体育活动中自我实现的倾向和潜能。体育教学要承认学生的个体差异，教师应尊重学生学习的兴趣和爱好，尊重他们自我实现的需要，允许学生根据自己的兴趣和爱好以及自我实现的需要选择学习内容，重视学生体育学习的自主性，并通过多种方法培养学生的自信心，充分挖掘学生的潜在能力。2002年教育部颁布的《全国普通高等学校体育课程教学指导纲要》第八条提出："根据学校教育的总体要求和体育课程的自身规律，应面向全体学生开设多种类型的体育课程，可以打破原有系别、班级制，重新组合上课，以满足不同层次、不同水平、不同兴趣学生的需要……"第九条提出："要充分发挥学生的主体作用和教师的主导作用，努力倡导开放式、探究式教学，努力拓展体育课程的时间和空间。在教师的指导下，学生应具有自主选择课程内容、自主选择任课教师、自主选择上课时间的自由度，营造生动、活泼、主动的学习氛围。"可见该《纲要》精神与以人为本的课程理念是完全吻合的。

（3）注重学生的主体地位，建立新型的师生关系。人本主义课程论强调在教学中注重发挥学生的主体参与作用，要求在课程的实施方面积极组织学生互教互学、提倡师生之间的合作，从而建立一种新型的师生关系。在体育教学过程中，教师一方面应该是学生学习的促进者，为学生的体育学习提供资源和帮助；另一方面，教师又应该是学生学习的参加者与合作者。在体育教学和活动中，教师与学生、学生与学生之间应建立一种平等、民主、相互认同、相互尊重、相互理解的情感性的新型关系，以培养学生的人际交往、团结合作、公平竞争的意识和精神，以培养未来社会需要的具有健康体魄的高素质人才。同时，高校体育教师应在各方面严格要求自己，重视自我学习、自我教育，不断更新自己的知识结构，使自己能够以严谨踏实的作风、认真负责的态度、乐于奉献、敬业爱岗的精神及多才多艺的形象出现在学生面前，用自己的言传身教去影响学生，在潜移默化中达到教育学生的目的。

第三章

21世纪国外主要教学流派及其对我国体育教学的影响

第一节　建构主义学习理论与我国体育教学

建构主义学习理论的核心思想是强调学生根据已有的经验建构自己的知识结构。本节从建构主义学习理论的知识观、学习观和教学观三个方面谈论建构主义学习理论在体育教学中的应用，并辩证地看待建构主义学习理论在体育教学中的局限性，为今后合理地将建构主义学习理论运用到体育教学中提供参考。

建构主义是从行为主义发展到认知主义以后的进一步发展，最早是由瑞士的皮亚杰提出的，建构主义经过不断地理论研究和教学实践探索，形成了特有的一套学习理论。建构主义的学习理论认为：学习是建构内在的心理表征的过程，学习者并不是把知识从外界搬到记忆中，而是以已有的经验为基础，通过与外界的相互作用来建构新的理解。长期以来，我国教育领域一直受着行为主义学习理论和认知主义学习理论的影响，沿袭着“以教师为中心，教师教，学生学”的教学模式，使得教育系统出现了一系列的弊端。在体育教学中，这种现象也是普遍存在，无论在体育实践教学中还是体育理论教学中，“以教师为中心的思想”依然扎根于大多数人的思想中。随着新课改的发展，国内许多学者在对从各种不同的层面进行探索和研究，旨在改变传统的教学模式，创建有利于人全面发展的新教育模式和理念。当前许多学者基于建构主义学习理论的教育思想，将其应用在体育教学中，希望探讨出新的体育教学理念。但是要以辩证的观点看待建构主义学习理论，吸收有利于体育教学的观点，运用在体育教学中，对于不利的一面一定不能运用于体育教学中。要全面思考其利弊。本文从辩证的角度看待建构主义学习理论在体育教学中的应用，旨在了解建构主义学习理论的体育教学中的两面性，为今后人们合理地将建构主义学习理论应用到体育教学中提供参考。

一、建构主义的由来与发展

建构主义（Constructivism）也译作结构主义，在谈到“建构”的起源时，新西兰学者诺拉指出：“苏格拉底和柏拉图是教育上最早的建构主义者。”按照建构主义的观点，苏格拉底的“产婆术”，无疑是建构主义教学的成功范例。近代建构主义最早的提出者是瑞士著名心理学家皮亚杰（J. Piaget）。皮亚杰认为：学习是一种“自我建构”，个体思维的发生过程就是儿童在不断成熟的基础上，在主客体相互作用的过程中获得个体经验与社会经验，从而使图式不断地协调、建构（即平衡）的过程。他还提出：儿童与环境的相互作用涉及两个基本过程，即“同化”与“顺应”。“同化”是指把外部环境中的有关信息吸收进来，并结合到儿童已有的认知结构（也称“图式”）中，即个体把外界刺激所提供的信息整合到自己原有认知结构内的过程；“顺应”是指外部环境发生变化，而原有认知结构无法同化新环境提供的信息时所引起的儿童认知结构发生重组与改造的过程，即个体的认知结构因外部刺激的影响而发生改变的过程。皮亚杰的发生认识论原理在儿童认知发展学说中可以说是构成了一个时代，他关于“建构”的思想是当代建构主义学习理论的重要基础之一。其后，在皮亚杰的认知理论的基础上，科尔伯格对认知结构的性质与认知结构的发展条件等方面的进一步研究、斯腾伯格和卡茨等人对认知过程中如何发挥个体主动性的探索、维果茨基创立的强调认知过程中学习者所处的社会历史文化背景作用的“文化历史发展理论”、奥苏贝尔的有意义学习理论、布鲁纳的发现学习理论等研究成果，为当代建构主义的形成奠定了基础。另外，自然科学哲学家库恩、拉卡托斯和费耶阿本德等人的成果产生了重大影响，是当代建构主义理论的重要思想源泉。

二、建构主义学习理论的基本观点

（1）建构主义知识观在体育教学中的应用。建构主义认为，知识不是客观的东西，而是主体的经验、解释和假设。建构主义是强调学生是认知主体的作用，认为学生是信息的加工体，是主动的建构者，但是同时又不忽视教师的作用。在体育实践的教学过程中，知识是以技能的形式存在的。行为主义学习理论是教师一味地照本宣科，讲解示范动作技能，再由学生模仿着完成动作技能。这样教师就忽视学生在学习过程中的主体地位。建构主义学习理论，是学生自己建构技能的过程，在体育教学新技能的教学过程中，建构主义知识观要求学生对于新技能的学习，首先要基于自己对所要学的技能的建构，这种建构是建立在自己本身的经验、感觉上形成的，是取决于特定情景下的学习活动，教师在学生建构技能的过程中会给予学生一定的资料和方法上的帮助，是帮助者、促进者，并不是主体者。在体育理论教学过程中，教师也只是帮助者和促进者，学生在对体育理论学习的过程，要以自己本身的经验来体验感觉所要学习的东西并不是客观存在的，对新事物、新信息、新问题和新现象提出的短暂性的解释和假设，是会随着认识的深入不断地出现新的假设和解释。

（2）建构主义学习观在体育教学中的应用。建构主义三种观点是相互联系的，建构主义学习观是指学习不是被动的接受过程，不是由教师简单的传授的过程，而是要学生自己建构知识的过程。建构主义学习观在学习过程的建构一方面是对新事物、新观点意义的建构，另一方面是对原事物、原经验的改造和重组。在体育实践的教学过程中，对于学习观的建构大部分是对原事物、原经验的改造和重组，学习者是以自身的经验对原本的技能进行新的建构和重组，教师在学生建构新知识的过程中只是起帮助、引导和促进作用，利用情境、协作和会话等学习环境充分发挥学生的主动性、积极性和首创精神，最终达到使学生实现对当前所学技能的意义建构。在体育理论的教学过程中，不是枯燥无味地讲解各种规则，一成不变地学习别人研究的理论，而是在教师的引导下，学生积极主动的构建新的知识和信息，在原有的别的研究成果上建构自己的看法和知识，不断地建构新的知识。

（3）建构主义教学观在体育教学中的应用。建构主义学习理论强调学生的建构能力，教学时要增进学生的交流和合作，使学生了解到与自己不同的观点。基于这种理念，合作学习受到建构主义者的重视，在体育教学中，教师组织合作学习使学生感受到同学之间是促进学习的帮助者，培养学生主动寻求伙伴，共同探索，学会在协作中学习。建构主义教学观在提倡合作教学的同时，也提出了情景教学。建构主义认为教学是应该在与现实情景类似的情况下发生的，在体育教学中，情景教学经常能够运用到其中，在教学活动中，技能的学习可以在一定的情景中进行。例如：要教授网球的技术动作，可以先进行多媒体教学，让学生身临其境后在进行课外的技术教学。建构主义教学观不能忽视学生已有的运动技能和知识经验，而应该把原有的运动技能和知识经验作为新知识的增长点，引导学习者在此基础上建构更新的知识观点。

三、建构主义学习理论本身的局限性

行为主义和认知主义学习理论重视知识的确定性和普遍性，注重分析和抽象，这在学习的初级阶段是必要且有其合理性的。建构主义学习理论强调的是学生自主性和能动性的发展，是根据已有的经验对事物进行新的建构。所以对于全新事物的学习是需要结合传统的教学方法，在获得一定的经验才能进行对事物的建构。建构主义学习理论认为知识不是客观存在的，是主观经验的获得，这样狭隘化了在学习过程中人与人的交流，陷入了唯心主义的泥潭，忘记了教育是在社会群体中发生的。对于用建构主义学习理论构建新的知识的评价标准是什么，是现阶段建构主义遭到质疑的最多问题。

四、建构主义学习理论在体育教学中应用的局限性

（1）体育学科性质的制约。体育学科有着与其他学科本质上的差别，在体育教学中，体育运动项目较多，各项目技能之间的结构和方法上存在着很大的差异，各项技能之间教学的逻辑关系并不是很强，不能够过分地让学生自行进行建构新的技能，在每样技术的教学过程都使学生自行建构技能，学生不存在经验的积累，不能够构建出新颖的知识技能。基于体育学科的特殊性，在应用建构主义学习理论上，不能够完全遗弃行为主义和认知主义，而是应该辩证地应用建构主义，将各种学习理论结合起来，使得体育教学更好地进行。

（2）体育教学条件的制约。体育学科与其他学科有着另一方面本质上的差别是体育教学需要用到各种体育器材，当代中国并不是发达国家，并不能使得全国各学校在体育器材上得到实质性的满足，而建构主义是学生自己建构技能，是通过问题来解决学习的方案，这样在体育教学中就造成了很多现实中的矛盾，问题的产生需要学生自己去探索、解决，在此过程中势必要大量的时间和器材，并且每位学生对于一种技能的建构的理念和方式是不同的，这在体育教学过程中是难以满足的情况。再者，在体育教学过程中要制定教学目标，问题能够得到解决，在得到解决的过程中，学生是否学习了一定的知识和技能也是有待探讨的方面。

（3）体育教学目标的制约。教学目标是各门学科在教学中应制定的，体育教学也有自己的目标。学校体育新课程改革以来，特别强调学生在校期间，至少对所学的六大类运动技能每类都能够掌握一两项运动技能，并通过它们终身受益，这也是学校体育课程的主要目标之一。但是在实际教学中，一些学生对于体育运动技能并不感兴趣或是对某一项运动技能感兴趣，要让学生在体育学习过程中对于每一项运动技能都建构自己的技能，并不断地解决问题，探索新的东西，是一件比较困难的事情。对于在与体育教学目标是否一致方面或是能否达到体育教学目标的要求方面，建构主义应该深思慎用。

对于行为主义学习理论和认知主义学习理论来说，建构主义学习理论在改变传统的体育教学方式方面提出了很多有意义的主张，特别是强调学生学习的主动性和能动性比传统的灌输式教学思想更加符合现代教学的要求。学生能够根据自己的经验发挥想象能力，建构出新的有意义的知识。但建构主义学习理论认为知识不是客观的，从一个极端走向另一个极端，在体育教学中的应用就出现了一些局限。建构主义学习理论的思想体系由于体育自身的一些因素和我国现阶段的国情制约，过分地依赖建构主义学习理论是不现实的。建立在客观基础上的传统教

学方式的行为主义学习理论还将在很长一段时间内发挥作用，这种学习方式应借鉴建构主义教学思想的一些主张，重视学生学习能动性的作用，根据体育学科的特点适度地采取建构主义学习理论，使传统学习理论与建构主义学习理论在体育教学中有机结合，更科学地促进体育教学的发展。

第二节 传统学习方式与当代新型学习方式

几年来在新的体育教学思想的影响下，伴随着体育课程教材不断改革和实验区体育教学实验实施，传统的体育教学模式受到了前所未有的挑战。而体育课程改革的显著特征之一是体育教学方式的转变，教学方法的改革会引发体育教学领域的深刻变革，教学方法问题的研究已成为体育教学改革深化的一个重要指标。

一、传统体育教学方式存在的问题

传统教学诞生在工业时代，有着深刻的历史和时代背景的印记，它完全是为那个时代而出现和服务的，也是工业时代整体特征的缩影。工业时代要求培养大量可以从事机械劳动的产业工人，他们通常是以个体为单位劳作，必须服从命令和组织安排，工作的内容少有变化，每天周而复始，因此，传统教学培养的人才不需要有过高的思考能力，但是必须精通某些知识和技能，学习的方式更多的是竞争而非合作，而且要将学生“驯养”成顺从的雇员。对比而论，知识经济时代对人的要求与传统教学的培养模式形成了鲜明的对照，可以说是两个不可相交的极端。由于知识经济的出现，知识正在成为经济发展的基础和经济增长的驱动力；拥有先进技术和最新知识，尤其是拥有知识创新能力的人，成为了生产中决定性的要素，成为国家的战略资源。这种新型的创新人才的教育与培养，在知识经济时代变得至关重要。除了对创新能力的要求以外，人们也必须接受许多新的挑战。

（1）传统教学过于追求“同一”。在传统教学中有一个不成文的规定，那就是它所传授的知识中大部分是不容置疑的，换言之，这些作为学习内容的知识自命具有“真理”的性质，这里容不下对于其真理性质的怀疑和讨论，教师和学生要做的事情就是理解和接受，而不许有任何的发挥和建构。因此，从儿童步入课堂开始，就进入了被“规训”期，他们学习同样的知识，接受同样的评测，他们的观念、行为逐渐趋于同一。慑于教师的权威，他们不敢质疑，更不敢提出自己的观点，因为在这个求同的班级文化中，“怪异”的观点常常会被看作异类而受到讥笑。传统教学就像一个工作间里的流水线，用同样的模具生产出同样的产品，万一哪件产品出现了“纰漏”，就会被打上“劣质”的标签。就这样，在这个知识具有确定性、权威性，渗透着同一性的文化中，人的思维能力和创新意识被严重削弱，更不用说批判性思维的发展了。

（2）传统教学忽视学生的“问题意识”。鲁宾斯坦认为，正是问题性产生了人类的思维，当人们提出并解决生活中遇到的各种问题时，思维便悄然运行了。思维是从认识问题中获得自己的本源的。问题意识是儿童身上的宝贵资源。苏联教育家阿莫纳什维利就曾说过，如果一个儿童“不顽皮，很少跟人说话，不提出成百上千个稀奇古怪的问题，不提出任何请求，我该拿他的发展怎么办？”然而，当儿童接受了正规的教育，我们观察到的却是令人不安的现象：儿童的求知欲在迅速下降，他们的发展速度缓慢，随之而来的是大量的问题消失了。因为，他们发现教师经常对他们的问题视而不见，这种负面的反馈使得儿童逐渐地调整了自己的行为方式，使它更适应于教师所期望的状态。问题在传统教学中被视为挑衅，是大不敬。即使有问题存在，那也是教师的专权，并且教师总是希望儿童能够按照既定的思维方法和方式找到解决问题的答案。在这样一个大环境中，儿童作为适应环境的个体，怎么可能继续延续和发展对问题的敏锐意识呢？然而，社会的发展却似乎与此有着很大不同。众所周知，没有批判就没有科学的发展，一切科学研究都源于大胆的质疑与敏感的问题意识。爱因斯坦的相对论正是在质疑牛顿经典力学的基础上诞生的。人类认识世界的方式本来就是在疑问、猜测、验证、结论的往复循环中逐渐地走近世界的本源。在涌动着生命力的知识经济时代，对创新意识、创新能力的呼唤比任何一个时代都来得强烈，它要求人们勇于突破陈规、从新的层面上构建新的实体。然而，创新与问题却是一个事物的两个方面，没有敏锐的问题意识何来创新的源泉？迫于时代的要求意欲培养创新能力，又将“教”作为主要实体似乎成了传统教学的一个悖论。

（3）传统教学培养“复制型”人才。在讨论这个问题时，我们希望能从以上的宏观分析转入对传统教学的更为微观的考察。可以说，传统教学是以“教”为中心的，是典型的授受主义。授受主义最为关注的就是如何将那些反映客观真实的知识“原原本本”地从教师传递给学生，这种知识的学习无异于信息的传播。“长期以来，人们并不区分信息与知识，常常混淆了稳定的、自足的、结构良好的和客观的信息与不稳定的、结构不良的和主观的知识。……这种被混同于信息的知识只能被看作是简单知识。”而我们的教学正是在传递、教授和传播这种可以打包、累积、加工、储存和分配的简单知识，学生就是通过对所教知识的复制与同化来获得知识的。正如经济学家和组织学家所说，“在今天我们所生存的知识经济时代，仅记忆事实性知识和程序性知识远远不够，重要的是能够对复杂概念形成深入的概念性理解，并能基于这些理解生成新的观点、新的理论、新的产品和新的知识。学习者要能够批判性地评价他们的学习内容，清晰地表达自己的观点，并能理解科学的和数学的思维。他们需要学习整合的、可用的知识，而不是授受主义所强调的被分隔开的、独立的事实性知识。他们需要对自己的持续的、终身的学习负起责任。”然而，通过记忆的方式获得的知识往往是散乱的、孤立的，难以整合成一个有着丰富联结的、贯通性良好的知识框架。如果说，传统教学培养的学生还能应付学校的日常考试的话，那么，当他们需要解决新问题或将知识应用于真实世界中时则会变得束手无策。因为，要策略性地解决问题，则必须要具备“活性”的心理模型，具有高整合性、境脉性、有组织的知识结构。知识结构的形成需要在概念与概念之间建立合适的联结，联结的建立则需要经历概念转变的过程。这个过程不是建立在“教”的基础之上，而是必须依赖于学习者的主观努力，并且经过深刻的思维碰撞、反思和结构调整而达成的。相比之下，传统教学的“复制式”知识传授对死记硬背的潜在鼓励，压制了学生的这种思考过程，这必然导致他们解决问题能力的缺失而无法适应知识经济时代的要求。

由于传统教学设计自身存在弱点，加之现代化科学技术的进步与学习理论的新发展，使得传统教学设计必须向建构主义理论指导下的以学习者为中心的教学设计转变。主要表现为：第一，学习理论，特别是建构主义学习理论的发展使然。第二，在IT环境提供的新世界图景——虚拟世界中，交往合作成为师生教与学的基本方式，这打破了传统教学以课堂为中心环境下学习者封闭学习的状况，取而代之的是开放式的、交互式的教与学。第三，IT环境为现代教学提供了更加丰富的学习资源，这打破了传统教学的“以书本为中心”、“以教师为中心”的局面，代之以学习者自主学习为中心的局面。第四，探究型学习、协作式学习和基于计算机的多媒体技术、超媒体技术、虚拟现实技术等为学习者自主性的发挥、创新能力的发展提供了传统教学无法实现的环境和时空，这是以学生为中心的教学设计的灵魂和必然的要求。因此，新型体育学习方式的运用和落实程度是体育课堂教学中很重要的一个问题，运用的好与坏和学生的学习效果、学习目标的达成、终身体育意识的养成等方面是息息相关的。因此，我们需要全方位地考虑体育课堂教学的各个环节和部分，在充分发挥教师主导作用的基础上将新型体育学习方式落到实处。

二、新型体育教学法的指导思想

（1）“兴趣先导”的指导思想。兴趣是最好的老师。体育课堂教学当中，学生完全可以从自己的兴趣出发，按照自己的爱好选择自主学习的内容、合作学习的对象等。教师不需要做过多的干预，因为只有学生自己喜欢学的东西学生才能激情四射地投入进去，当然，这里并不忽视教师的主导作用。

（2）“因材施教”的指导思想。在教学中，有的学生对篮球技术已经掌握到一定程度，这时就可以选用自主学习方法。相反，对动作做法不清楚的学生，就可以采用合作学习，帮助学生掌握动作技能。这里强调的并不是只有学生的运动技术达到何种程度才能选择新型体育学习方法进行学习，而是以提高学生的学习效果、更好地激发学生的学习积极性等方面为出发点。

（3）“循序渐进”的指导思想。新型体育学习方法的落实要想达到“立竿见影”的效果是不可能的。教师不要强调每节课落实的数量，而是注重落实的质量，不要强调落实的速度，而要注重落实的深度。如果每种新型体育学习方法的落实都只是“蜻蜓点水”，那么新型体育学习方法的落实将会出现事倍功半的效果。

三、新型体育教学法的方法

（1）充分发挥教师的主导作用。

1）落实阶段的多元性。教师在课的准备部分，就可以采用新型体育学习方法进行体育教学。同样是慢跑，教师可以让学生自己选择抑或是创造出自己特有的跑的方式。在这里还可以进行合作学习达到教学目标，教师可以把学生分成若干小组，学生也可以友伴分组，各个小组通过相互交流，思考出不同的“跑”的方式。又可以运用探究学习方式，教师在学生跑完后，提出问题：哪种跑的方式最轻松，为什么？你还能想象出其他的跑动方式吗？

2）增加新型体育学习方法运用的选择性。教师在落实新型体育学习方法的体育教学设计时，为了增加练习的效果和满足不同学生的学习需求，新型体育学习方法的选择不需要强调统一性。例如，体育教师进行排球垫球的复习课教学时，学生可以选择自主学习、也可以选择合作学习，合作的人数、和谁合作学生都可以自主选择，这样不仅丰富了课堂教学的组织形式，也提高了学生练习的激情。

3）音乐的巧妙运用。音乐在体育教学中发挥着重要的作用，音乐的旋律、节奏和速度等表现出来的整体效果，将学生带入一种遐想的境界中。如在课的放松阶段，教师就可以把兔子舞的音乐应用到放松阶段，教师先播放一遍音乐，教师提出问题你能选择出什么样的动作可以跟上音乐的节奏呢？学生先想象，之后学生独立分析或者是合作学习。

4）游戏或小组表演相结合。如在武术少年拳组合动作教学中，教师教完动作技能后安排学生进行合作练习，如果教师没有告诉学生合作练习后需要分组表演，可能有些学生不积极投入，如在学生自主练习排球球性时，教师就告诉学生练习完将会进行游戏比赛，这样会激发学生爱玩和好胜的心理。通过这样的手段学生应用新型体育学习方法的效果将会更上一层楼。

5）努力营造和谐、民主、平等的体育课堂学习氛围。体育教师在进行体育教学的过程中，课堂学习氛围直接影响着学生学习的效果。体育教师如果能从学生的实际情况出发、正确对待每个学生，使学生敢言善言。这样的课堂环境不仅减轻了学生的心理负担，而且可以使学生在愉快的情境中进行学习交流。为新型体育学习方法的落实提供课堂氛围层面上的保障。

6）反思性教学。每一堂体育课结束后，教师都需要对本节课进行反思和课后总结。认真总结课堂上学生运用新型学习方法进行练习时，存在哪些不足需在下节课进行改进，思考在下节课通过怎样的改进和调整才能更好地落实新型体育学习方法，并取得预期的效果。

（2）突出学生的主体地位。体育课堂教学的主体是学生，新型体育学习方式的选择要从学生的实际情况出发。例如，学生在自己领悟原地单手肩上投篮进行自主学习时，教师通过观察，发现学生自主学习的积极性不是很高，这时允许学生两人或三人一组进行合作学习。通过学生间的“比一比，看一看”，学生之间相互探讨、交流和总结，指出彼此存在的问题，这样就提高了学生的积极性，并且很好地应用了合作学习的方式。通过利用团队成员的资源，既给每一个学生展示自我的机会，在团队之间锻炼了自己的心理素质和与人交流的能力，提高了同伴之间的学习效果，促进了运动技术的掌握。新型体育学习方法在课堂上要灵活应用，机械照搬的做法是不可取的。总之，新型学习方法是为体育教学目标的达成服务，为学生的身心健康发展服务。教师要根据课堂情况灵活运用，从而激发学生的运动兴趣，满足学生的需求。

（3）课外反哺课内。若想体育锻炼达到增进健康的目的，只靠课上短短几十分钟的学习是远远不够的。为了能够在体育课堂上很好地落实新型体育学习方法，需要学生在课外不断进行学习，带着自己的问题进入课堂学习，这样的学习效果和没有带着问题进入课堂是完全不同的。学生在课外可以针对上课的内容，如快速跑，学生可以根据自己的实际条件，选择不同练习场所，进行自主学习，通过自己的学习把自己发现的问题和感触带入课堂，通过教师的帮助，学生在自主学习上会取得更好的效果。两个伙伴或者是多个伙伴之间练习垫球，互相指出错误、寻找问题出现的原因。伙伴之间解决不了的问题带入课堂，把情况如实地告诉老师，教师针对情况提供解决的方法。这时针对课外合作学习时出现的问题再进行一次合作学习。

四、新型体育教学法的优点

（1）弥补了传统学习方法的不足。传统学习方法强调学生运动技术的掌握和身体素质的发展，新型学习方法强调的是学生的身体健康、注重学习的全过程。新型体育学习方法并不否认学生要掌握运动技术、增强身体素质，而是注重学生的全面健康发展，因此，新型体育学习方式更适合于教育的理念和要求、弥补了传统学习方式的缺点和不足。

（2）促进了学生身心健康全面发展。合作学习方法注重伙伴之间的合作意识的养成、合作技巧的获得、伙伴之间的相互尊重和相互帮助等，这对于学生尽快适应社会是很有帮助的。学生在游戏当中进行组与组之间的竞争时，面对失败，组员之间相互鼓励，培养了学生“胜不骄，败不馁”的意志品质。

（3）有利于学生进行终身体育学习。学生在自主、合作和探究学习中感受到了体育带来的快乐，愉悦了身心，获得了满足感和成功感，这些收获将激励着学生不只在课堂上进行体育学习，在课外同样也会加入到体育学习中来。学生不仅学会了动作，更重要的是学会了学习的方法。

新型体育学习方法在体育课堂教学中发挥着显著的作用，体育教师要不断进行总结和反思，在不断吸取别人经验的基础上，结合自己的实践，让新型体育学习方法在体育课堂教学中绽放出艳丽的花朵，通过落实，让其在学生的心中生根、发芽、结果，最终达到我们的共同追求，促进学生的身心健康全面发展。

第四章

体育教学改革中的文化动力

体育课程改革的发生并不是一朝一夕就可以完成的，其必然存在着一个从量变到质变的过程。体育课程改革的发生从某种意义上讲就是破坏了原有体育课程系统的“平衡态”，使系统进入了一种非平衡状态。因此，我们从物理学的角度来讲，发生体育课程改革，必然会有“力”的介入，正是这种“力”（当然这种“力”必然是多种力量的“合力”，这种合力注定是一种矢量，无论是在体育课程改革中起到了正方向或是负方向的作用，我们姑且称之为“动力”），为体育课程改革发生提供了最基本的前提和保证。文化，作为影响体育课程改革的重要因素之一，自然也就成为促进体育课程改革发生的一支重要力量，对体育课程改革的发生起到了极其重要的作用。体育课程改革的文化动力是指由体育课程改革内外部各种相关文化因素之间的诸多矛盾构成的，促进和推动体育课程周而复始地运行和发展，是推动我国体育课程改革的文化“驱动力”。但是文化动力究竟在体育课程改革过程中扮演了什么角色，提供了什么样的力量，这些都是值得我们进一步去深思的问题。对于体育课程改革的文化动力研究即是以社会、教育和体育之间的文化互动关系作为研究着眼点，立足于现实的体育课程改革，对影响体育课程改革的诸多动力因子加以分析。在特定的历史条件下，对于三大文化系统（社会、教育、体育）以及它们文化的具体表现形式（物质文化、制度文化、精神文化以及教育文化内部的诸多子系统）加以研究，揭示它们产生和发展的根本原因、趋势和体育课程改革的方向与条件。若要系统研究体育课程改革文化动力，我们就必须搞清楚以下几个问题：体育课程改革文化动力的来源、体育课程改革文化动力的本质、体育课程改革文化动力的特征、体育课程改革文化动力的作用机制以及体育课程改革文化动力的作用模式，这将是本章着重探讨的几个问题。

第一节　体育教学改革文化动力的来源

文化蕴含于我们所处世界的各个角落，但是针对于体育课程改革而言，其文化动力主要源自于社会文化系统、教育文化系统和体育文化系统。

一、来源于社会文化系统

（一）来源于物质文化

“经济基础决定上层建筑”，因此，作为“上层建筑”的教育系统中的体育课程改革，也就理所应当地要受到物质文化的制约和影响。纵观我国历次的课程改革，每一次课程改革的背后，都可以看到经济（物质）文化变化的影子。而这种影响在新中国成立后我国获得了相对稳定的发展环境时，表现得尤为明显。1978 年的“扬州会议”和 1999 年提出的新课程改革方案，可以作为建国后我国体育课程改革两大标志性事件。我们不妨将这两次课程改革前后的相关经济数据进行统计分析，以期获得一些有益的参考数据。

从表 4-1 和图 4-1 中我们可以清晰地看出，1978 年对于这个阶段的中国经济来讲是一个非常重要的时期，1978 年之后的 3 年比 1978 年之前的 3 年，经济增长幅度明显加快，到 1981 年国内生产总值已经是 1975 年国内生产总值的 1.62 倍。

表 4-1　1975～1981 年中国国内生产总值　（亿元）

年　份	1975	1976	1977	1978	1989	1980	1981
国内生产总值	2997.3	2943.7	3201.7	3624.1	4038.2	4517.8	4862.4

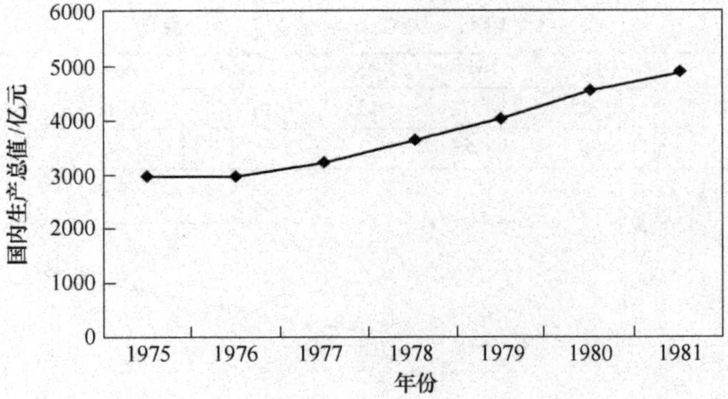

图 4-1　1975～1981 年我国国内生产总值

从表 4-2 和图 4-2 中我们可以清楚地看出，伴随着我国经济状况的好转，教育经费的投入连年增加，到了 1981 年教育经费已经是 1975 年教育经费的 2.12 倍还要多。在这个时期教育经费的投入的增长速度已经超过了经济增长的速度。

表 4-2 1975 ~ 1981 年中国国内教育经费

年 份	1975	1976	1977	1978	1989	1980	1981
全国教育经费/亿元	48.26	50.49	53.04	65.60	76.96	94.18	120.48
同比增长/%	5.88	6.26	6.29	5.90	6.05	7.77	9.19

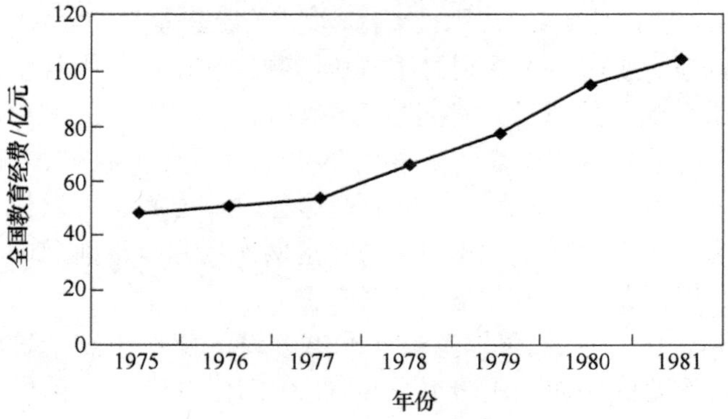

图 4-2 1975 ~ 1981 年我国教育经费投入

从表 4-3 和图 4-3 中我们可以清晰地看出，1999 年对于中国这个阶段的经济来讲是一个缓冲期，经历了 1996 年至 1997 年的经济飞越之后，1998 年至 1999 年成为中国经济的缓冲期，从 1999 年开始，中国经济开始腾飞，步入到一个高速、平稳的发展时期，到 2002 年国内生产总值已经是 1996 年国内生产总值的 2.90 倍，国内生产总值已经步入世界前列。

表 4-3 1996 ~ 2002 年中国国内生产总值

年 份	1996	1997	1998	1999	2000	2001	2002
全国教育经费/亿元	35352	74772	79553	82054	89404	95933	102398
同比增长/%	9.6	8.8	7.8	7.1	8.3	7.3	8

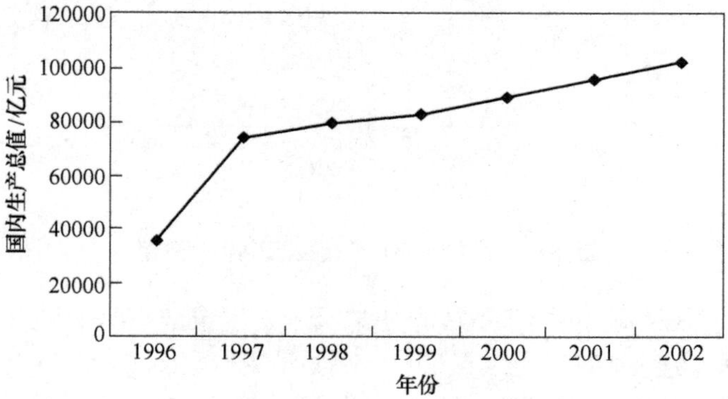

图 4-3 1996 ~ 2002 年我国国内生产总值

从表4-4和图4-4中我们可以清晰地看出，伴随着我国经济的腾飞，教育经费的投入连年创新高，到了2002年教育经费已经是1996年教育经费的2.42倍还要多。在这个时期教育经费的投入增长速度已经远远超过了经济增长的速度。

表4-4 1996～2002年中国国内教育经费

年 份	1996	1997	1998	1999	2000	2001	2002
全国教育经费/亿元	2262.34	2531.73	2949.06	3349.04	3849.08	4637.66	5480.03
同比增长/%	20.47	11.91	16.48	13.56	14.93	20.49	18.16

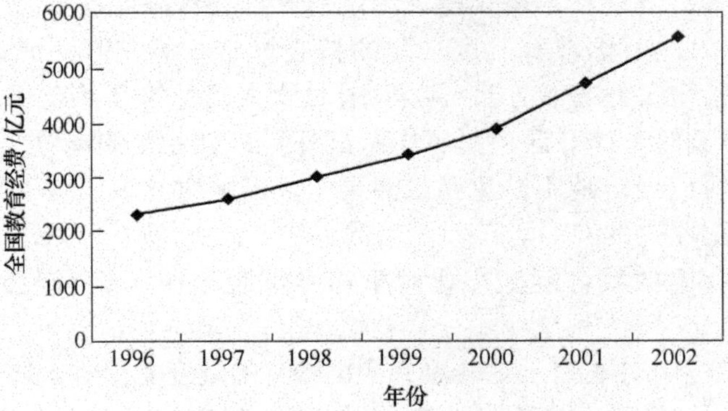

图4-4 1996～2002年我国教育经费投入

同时，由于经济的快速增长，教育经费投入的不断加大，广大学校成为直接的受益者。学校的硬件建设不断得到改善，学校中的体育场地、器材逐步得到完善，这些都极大地推动了体育课程的发展与变革。

由此，我们不难看出，正是由于经济领域所发生的变化，导致了物质文化的变化，直接作用到了教育领域中，成为引发课程改革的重要力量。

（二）来源于制度文化

从总体上讲，中国的传统文化是一种内陆型文化、农耕型文化、宗法型文化，这就决定了它是一个以伦理为中心的系统，宗法、等级、伦理、纲常贯穿于中国社会各种制度层面的基本精神，使社会生活各个部分都具有了人伦色彩，纳入伦理意识系统中。正是这种特殊的文化类型使得整个中国制度文化在整体上呈现出求稳求同显保守、重继承轻创新、重过去轻现在和未来、重义轻利等特征。

相对于物质文化而言，我国的制度文化则相对显得保守得多、牢固得多，尤其是在教育制度方面，中国教育制度文化有其强烈的归属性，有其自身的特点，诸如重人文、轻自然的思想。这是千百年来中国社会的观念形态、价值取向、思维方式，是肇始过去与融合于现在并直达未来的一种意识趋势和存在，是凝聚和积淀起来的民族性格和社会心理意识。它已经深深地根植于中国社会，根深蒂固，不可动摇。而体育课程强调的是一种“技艺性”的学习，细致到每一种专项技术都需要专门的理论支撑。同时它又是涵盖多学科的一门学科，人体解剖学、生理学、生物力学等一系列的“现代科学”从某种意义上说，在支撑着学校体育，而这些恰恰是中国传统教育制度文化所不允许存在的。

同时，自隋代建立起的科举制度尽管在光绪三十一年（1905 年）被完全废止——也许仅仅是形式上的终结，但是历经 1300 多年的科举制度留给中国教育制度文化的影响一直延续到今日。“万般皆下品，唯有读书高”“分分分，学生的命根”、“千军万马过独木桥”等，考试制度已经深入到我国教育制度文化的“骨髓”之中，成为我国教育制度文化的核心标志。所以体育课程这一“技艺性”的课程，恰恰属于“下类”，是难以让读书人接受的（甚至于这种影响一直延续到现在）。同时，体育课程又属于考试外科目（主要是指高考），所以体育课程也就“理所应当”地不被重视。甚至于，当学生热衷于体育课程时，还会被冠上“不务正业”的“罪名”——当然，这个正业是指“考试”。因此，从某种意义上说，我国的教育制度文化对于体育课程改革并没有起到太多积极的作用。

但是，随着整个中国社会的转型，我国特有的制度文化对于体育课程改革也在起着一定的积极作用。在素质教育的推动下，国家对于学生身体素质的重视、对于体育课程的重视都达到了前所未有的高度，由于管理制度中多采用垂直管理，国家课程还占据着教育的主导地位，因此“上传下达”也就比较通畅，当国家重视的时候，通常我们是很容易看到“全国一盘棋”现象的。这或许也是我国特有的制度文化所带来的便利，为我国体育课程改革从一个侧面起到一定的促进作用。

（三）来源于精神文化

生成课程的本源的能动因素——一切人类文化活动的主体不是凭空进行文化实践的，而是依据不同的价值取向及文化背景进行文化实践的，不同的价值取向及文化背景造就了属于它的、特定的文化实践方式及结果。人的价值观是伴随着社会的发展，在不断发生着变化的，而这种影响直接体现在教育中最根本的表现形式就是国家、社会对于体育教育的要求在不断地改变。

《奏定学堂章程》的颁布就是精神文化发生转变影响体育课程最典型的代表。《奏定学堂章程》的学制设置基本上照搬了当时日本学校体育课程的设置。堂堂的天朝大国为什么开始采用了“倭寇”的课程设置了呢？从 1894 年的中日甲午战争到 1895 年丧权辱国的《马关条约》再到 1901 年给予其致命打击的《辛丑条约》，清王朝饱受日本这个“倭寇”国家的蹂践，对日本开始从傲慢的鄙视态度逐渐向巨大的恐惧感转移，也开始逐渐重视这个疯狂国家的崛起过程，甚至于一度达到“顶礼膜拜”的程度。在这种背景下，全面照搬日本的课程体系也就不足为奇。同样，另一个带给清王朝巨大伤痛的国家——德国的兵士体操也在这个课程体系中给予了足够的重视，在这种背景下产生的“军国民”体育思想与其说是我国体育课程的主动发展，倒不如说是整个民族在精神文化领域遭到巨大的创伤之后被迫进行的一次文化觉醒。

同样，由于抗日战争的爆发，在抗战期间，我们的体育课程指导思想也完全以民族精神为价值导向，相应地采用了战时体育的指导思想，直接提出了“练好身体，好打日本”（朱德总司令语）的口号，体育课程内容已经完全由军事操练所替代。应当说，在面临着民族存亡的时刻，我们做出了符合时代发展的选择。

如果说，以上的选择多少有些无奈的因素的话，那么，最近体育课程改革的指导思想所发生的一系列变化，更多的是趋向于积极的选择。进入信息社会的我们不再单纯具有从中世纪借鉴而来的对称的、简单的秩序；我们处在一种非对称的、复杂的世界中，世界充满了未知。作为社会的重要组成元素——人，理所应当地也在改变。今天的“人”已经不再是传统意义上的“人”，它与过去相比较具有了更丰富的内心世界，也具有了更多的不可预测性，所以体现在我们的体育课程改革中，我们前所未有的对“人”（学生）加以重视（尽管这也带来了“学生中心”还是“教师中心”等一系列问题的争论）。“三维健康观”并不是简单的“灵光闪现”，而是以迈向小康社会的中国社会需求为主要价值导向，符合时代精神要求的、科学价值观的体现。

二、来源于教育文化系统

教育系统作为体育课程的母系统，对于体育课程的改革具有最直接的影响力，每一次教育文化的变革都会使体育课程进行一次深远的变革。

（一）来源于教育价值观的变化

自近代以来，我国教育价值观就一直处于不断的变化之中，这种变化也直接导致了我国体育课程一次又一次的改革。

20 世纪 20 年代杜威的访华，对于中国教育界不失为一次巨大的地震。中国近代学校体育曾经短暂地提倡过“自然主义的目的论”，随后陶行知等一批教育学家相继开办了南京晓庄师范学校作为试点。一时间，“自然主义”成为教育界最主流的理论，这种影响也促进了体育课程改革，并且随后我们相继进行了“道尔顿制”、“文纳特卡制”试验，但是很快伴随着抗日战争的爆发，一切烟消云散。

新中国成立以后的几次体育课程改革，更多的是围绕着“中心之争”与“两论之争”进行的。“中心之争”即“儿童为中心”还是“教师为中心”。

“儿童中心”是 20 世纪伟大的教育家杜威提出的，他在《儿童与课程》中对“忽视儿童的不成熟性”和“把儿童伤感的理想化”这两种观点做出了互补的、建设性的判断：儿童和课程仅仅表明一个过程的两端，儿童目前的立脚点与各门学科的事实和真理之间，就可以确定教学。教学是不断的改造，是从儿童目前的经验进展到有组织体系的真理，即学科所代表的经验。由此，我们不难看出，“儿童中心”并非单纯是指教学活动中的“中心”，更重要的是指出课程的制订是基于“课程制订者”的心理认知还是基于“学习者（儿童）”的心理认知，这才是杜威意义上的“儿童中心论”！当我们试图断章取义地理解“儿童中心”以求达到“以人为本”的目的时，却恰恰违背了“以人为本”的精神真谛。体育课本身就充满着快乐与痛苦，将它原原本本地呈献给我们的学生，让我们的学生自己去体会其中的酸甜苦辣，才是真真正正地将我们的学生看作一个具有独立人格的“人”，才是对学生最大的尊重。教师要做的是在教学的过程中，体会儿童的心理认知水平，尽量制订易于被该年龄段儿童接受的教学内容，这才是“以人为本”的“儿童中心”。

一提起“教师中心”似乎是一个与“儿童中心”截然对立的思想。其实杜威从某种意义上是一个更加坚定的“教师权威论者”。他只是否定了工具意义上的“教师权威”，即“以教师权威约束儿童就范于课程逻辑”。但他实际上却进一步强化了“教师权威”，他将“教师的意义升华为制定教学课程的长期计划，设计目标、课程、方法、学生发展在内的全部环境”。而显然，杜威的这些思想是符合当前我们课程改革思想的，甚至于我们在他的论述里面依稀可以看到“校本课程”的影子。在教学的过程中，杜威也从来没有否定过教师的权威地位，他认为“简单地将儿童放任自流或者一味地迎合儿童很多不成熟的想法是不可取的”。教师作为教学过程的引导者，理应扮演重要的角色，尤其对于基础教育的学生而言，其本身就是“权威”，无论我们承认与否，这是客观存在的事实。“以人为本”是社会发展到一定程度之后必然的要求。所以我们在这次新课程改革的过程中也不可避免地提出了“以人为本”的思想。由于基础教育面对的对象大多是少年儿童，于是，在课程改革的实施过程中，很多教师将“以人为本”与“儿童中心论”画上了等号，认为只要以学生为中心，就算是做到了“以人为本”。这也就导致了在实际的教学过程中，很多教师对学生一味的迁就，降低了对学生的基本要求，更不要说“教师权威”了。

“两论之争”是指“学科中心论”与“活动中心论”之争。学科中心论，强调学科本身的逻辑与规律形成的“学科结构”，不太注意学生的身心特点和个性需求。把教育内容变成为由多种项目组成的、全体必须学习的、统一规范要求的课程结构，它是以学科自身为中心来设计课程。既然学校体育是一门学科，那么其必然有自身的完整的学科体系。学校体育自有其严谨的一面。它在很多领域是集人体解剖学、心理学、运动生物力学、运动训练学等领域于一身，这是客观存在的。通过学校体育的严谨学科性，我们可以迅速、全面地让学生掌握足够多的体育基本知识、技能，这种高效率对于当前我国的实际国情而言（大班授课、除去体育课外学生缺乏相应的体育学习时间等因素），它也许是最有效的一种学习方式之一。因此，作为普及型的基础教育，正是需要学生进行大量的知识积累的时期，学科中心作为指导学校体育的一种重要思想似乎也无可厚非。

活动中心论（其主要表现为“人本主义课程”），其主要表现为学科结构向学习结构的方向转移，由关心技能和体力发展向关心技能体力、情意协调发展的方向发展。然而在实际的教学中，很多教师误以为体育课本身就是一门活动性课程，就已经具备了“活动中心”，认为不需要再向学生系统全面地传授知识、技能，只需要让学生“活动起来”就足矣。正是这种想法，导致了学校体育又陷入到了另一个误区，即“淡化了知识技能的传授”。殊不知，这也严重地背离了当初杜威在强调“活动性课程”的初衷。“活动中心”更多地关注的是学生经验的获得方式，即教师如何引导学生以直接或间接的兴趣获得个人经验，如何有效地使学科成为儿童经验的一部分，如何使课程教材成为儿童全部成长中的有意义的因素，而绝不是通过让学生活动起来以获得一些毫无章法、支离破碎的经验。或者说，让儿童心理产生变化的知识也同样是一种活动。当然，在这个方面体育课是具备了“先天优势”的，作为学校教育中为数不多的“活动性”课程，学生直接经验的获得会远远多于其他课程，同时其直接经验获得的数目也远远大于间接经验。这或许也是体育课作为培养学生良好的道德品质、意志品质、与人合作性以及心理健康等方面所具有的得天独厚的“学科”优势所在。

所以，我们不难看出，无论是“中心之争”还是“两论之争”，都是教育价值观在各个不同的历史时期所发生的不同变化，或者在各个不同的时代背景下，对它们进行的不同解读，正是这种变化，直接导致了体育课程改革的发生。

（二）来源于体育学科自身体系的不断变化

体育学科自身的不断发展完善成为影响体育课程改革的主要因素。从1903年我国开设体育课开始，体育学科一直在不断地发展、充实着自己。新中国成立后，我们主要强调身体素质的练习，我们一直认为体育课程的开设就是为了“增强人民体质”，捍卫民族尊严（甩掉“东亚病夫”帽子），因此，我们所进行的每一次课程调整都是为了这个根本宗旨而进行的，这种状况一直持续到新中国成立初期。后来由于我们国家开始全面的学习前苏联的课程理论，开始关注竞技技术的学习，因此，“认知”成为体育课程改革的“主旋律”。如何最好地掌握竞技体育技术，成为我国体育课程教学的重点，这一点在20世纪60年代初期至80年代中期的教学大纲中可以得到明显的体现，为了适应这种需求，体育课程也随之进行了一系列的相应改革。从20世纪80年代开始，伴随着“以人为本”思想被广泛地认可以及“素质教育”在全国全面地展开，“健康第一，以人为本”的思想成为指导体育课程改革的主流思想，“淡化竞技技术，突出体育的娱乐性”、“快乐体育”等一系列思想开始指导体育课程改革。

或许我们可以这样说，体育课程每一次的改革都是体育学科发展的一次标志，正是体育课程的不断发展，才推动了体育课程的不断改革；而正是在不断的改革过程中，体育学科才获得了不断发展的动力。

（三）来源于相关学科的变化

进入20世纪后半叶，学科的发展呈现出了高度分化又高度整合的特征。教育学科除去传统的教育哲学、教育社会学、教育心理学不断地得到发展之外，教育技术也得到了迅速的发展，并且直接运用到了后来的体育课程改革中。例如现行的体育教材中，“网络学习”已经不再是陌生的词语，同时教师的教案形式、授课方式，都伴随着相关学科的变化在不断地进行改变。教育社会学的发展，直接导致了部分学校体育课程“社区化”的发展走势，同时将学校中的体育课程更加开放化，体育资源发挥了最大限度的效益。

相对于教育学科的深厚积淀，体育学科只能是一门新兴的学科，还有很多尚待于开发的领域，它的发展对于体育课程改革也起到了至关重要的作用。20世纪50年代，运动训练学、生物化学等学科相继建立，直接影响到我国教学大纲中对于学生每节课负荷量的要求，同时科学地采用了最大心率、平均心率甚至于血乳酸浓度等一系列指标衡量学生的身体机能以及负荷程度。人体解剖学、生物力学等学科的发展，使得体育课程更加科学化，通过科学的分析，使得教材的编纂更加合理化、科学化。例如，单手肩上投篮，就指出“小臂与大臂为45度角是最佳投篮角度”。这些学科的进一步完善，成果在各个领域的不断应用，使得体育课程也必须采取相应的改革，以适应时代发展的潮流。

三、来源于体育文化系统

体育课程有别于其他课程的一个重要因素就是它既受到教育学的影响，还同时受到体育学的影响，因此，体育文化对于体育课程的影响无疑也是体育课程改革的又一重要因素。

（一）来源于体育价值观的变化

体育价值观的变化直接导致了体育课程的改革，这在我国体育课程改革的历史中屡见不鲜，最明显的是发生在新中国成立后的几次课程改革。新中国成立初期，由于急需振奋民族精神，迅速确立世界竞技体育大国的地位，我国始终重视竞技体育的发展，“多拿世界冠军”成为我国体育事业的发展宗旨。因此，在体育课程中对于体育课的强度均做了不同程度的调整，加大了学生的负荷。在很大程度上将学生视为专业运动员，以“三从一大”的标准来要求他们，尽管取得了一定的成绩，但现在看来还是弊大于利。伴随着全民健身运动在我国的普及，

"身体健康"成为我国体育事业发展的主旋律，体育课程的"健身性"、"娱乐性"等功能得到进一步开发。中小学生身体素质"达标"成为体育课程的重中之重。为此，国家专门制定了《中小学生体质健康标准》，这从根本上保证了学生身体素质的提高，又一次促使体育课程进行改革。随着人们对于"健康"理解的不断丰富，"心理健康"同样受到更多人的关注，正是在这种体育价值观的影响下，1999 年新的课程标准再次出台，提出了"三维健康观"，使人们对于体育课程的目标、宗旨的理解进一步完善。

（二）来源于竞技体育对体育课程的影响

竞技体育对于体育的影响力是毋庸置疑的，正因为竞技体育的巨大影响力，所以，竞技体育也就无法避免地会影响到体育课程的改革。由于我国成功地获得 2008 年第 29 届夏季奥林匹克运动会的主办权，作为主办国，有责任和义务对奥林匹克运动进行宣传和推广，体育课无疑是承担这项重任的最佳载体。因此，体育课程也必须做出相应的调整。出于对民族传统体育的保护与推广，在 1999 年的新课程标准中，加大了对于民族传统体育的课时、教学内容与相应的要求。同时，由于竞技体育本身巨大的魅力，其在体育课程中的地位始终无可替代。但是，由于很多单项协会出于对项目本身发展的要求考虑，对竞技体育的一些相关规则进行修改，也直接导致了体育教材的相应变化。例如：1999 年国际排联将排球改为每球得分制，每局 21 分、取消轮换发球权，允许脚触球。2004 年，国际乒联将乒乓球的大小进行了变动，同时由每局 21 分、5 局 3 胜制改为每局 11 分、7 局 4 胜制等。这些原因，从客观上也推动了体育课程的改革。

（三）来源于休闲体育对于体育课程的影响

伴随着人们生活水平的不断提高，以及近几年休闲体育的迅速发展和信息化社会所带给人们的巨大的信息资源，使得国外一些新兴体育运动对于我国体育课程改革也产生了一些影响。

在 1999 年版的新课程标准中，已经允许一些有条件的地区开展轮滑、攀岩等新兴体育项目，这在以往国家制定的课程标准中是没有过的。同时，由于校本课程在全国进一步的推广，很多学校结合自身的实际情况也开展了一些棋类项目、定向越野等休闲体育运动。这些体育运动进入到体育课程中，对于体育课程来讲，既是一个巨大的挑战又是一个良好的发展机遇。一方面，由于以往体育课程并没有涉及过这些内容，所以对于相关尺度的把握以及教学内容、进度等都缺乏经验。同时这些项目的开展对于教师素质的要求明显提高。另一方面，这些运动多是学生非常感兴趣，又具有自身特色的项目，它们进入到体育课程中，无疑极大地丰富了体育课程的内容、形式，对于进一步提高体育课自身质量和在学生中的影响力是有重要促进作用的。

我们有理由相信，随着体育运动的不断发展，越来越多的体育项目会进入到体育课程中，会影响体育课程改革，这不再是一种个别现象，已经成为一种普遍现象。

由此，我们可以认识到，体育课程改革文化动力的来源是多方面的，其成因是复杂的，关系是错综的，正是由于诸多因素的共同作用，才导致了体育课程改革的不断发生，才促使体育课程不断地走向成熟。

第二节　体育教学改革文化动力的本质

体育课程改革作为一种由人作用的社会行为，始终处于社会中各个合力的作用之下。当体育课程处于一种平稳的发展过程之中时，也就是体育课程处于一种诸多作用力的平衡之中——这种平衡更多的是一种动态平衡（请注意，在这个时刻体育课程还是受到社会各种力量的“合力”作用）。当这种平衡一旦遭到了破坏，使体育课程处于一种不平衡的状态之中，体育课程改革也就随之发生了——破坏这种平衡的“导火索”就是各种影响体育课程的文化之间的诸多矛盾。

一、外部文化矛盾——推动体育课程改革的支点

阿基米德曾经说过：“给我一个支点，我可以撬动地球。”外部文化矛盾，作为影响体育课程改革的一个重要方面，在我们看来无疑就是那个撬动地球（推动体育课程改革）的“支点”。物质文化是人类文化中最基本、最常见的构成部分，它是一个非常丰富的领域，涵盖了人的几乎所有的生存需要。在人的文化世界中，物质文化的发展速度最快，它比制度文化和精神文化经历了更多更为频繁的变化、革新、改进、更新。特别是在工业革命以后，近 200 年的时间，人类创造的物质财富比前 5000 年人类创造的财富总和还要多。

除去经济因素直接作用在体育课程改革之外，通过物质文化的变化，人们对于教学设备（器材）的依赖之强，对于教学手段的革新之快，都达到了前所未有的水平。20 年前的中国计算机还是“舶来品”，代表着高、精、尖的技术，20 年后的中国，如果教师的教案中没有多媒体课件，已经被认为“落伍”。教师如果不会操作计算机，将无法取得教师资格认证。同样，20 年前的体育教师，可以凭借自身时间、精力、经历的优势，向学生转述某项重大比赛的信息，某些新兴项目的发展状况；但是 20 年后的今天，当我们的教师，面对着全球最大的因特网用户群时，这些优势已经丧失殆尽。诸如此类的影响，每天都发生在我们的身边，它们从一个侧面推动了体育课程改革的发生。

与具有明显的外在性的物质文化相比，制度文化在整个文化世界中是一个更深层次的文化。它以物质文化为基础，但主要满足人的更深层次的需求，即由于

人的交往需求而产生的合理处理个人之间、个人与群体之间关系的需求。

制度文化对于体育课程的影响力更多的显现在体育领域。自1959年4月5日，容国团在多特蒙德为我国获得第一个世界冠军开始，竞技体育的成功曾经代表了所有体育人终生的梦想。但是，伴随着时代的变迁，从最初对于“举国体制”的顶礼膜拜到现在对于“举国体制”的不断质疑，都显现出人们对于我国现行体育制度需要变革的意愿。竞技体育与其他体育领域如何协调发展，已经成为困扰当前中国体育的最大难题。而作为我国传统意义上体育三大支柱之一的学校体育（体育课程）在我国体育事业改革进程中，如何定位、如何发展、如何突破自身，都是未来体育课程所必须面对的问题。

精神文化起源于人类在满足自己的最基本的生存需要时超越这些最基本的需要而产生的新的需要，这是一种创造性的和自由的需要。因此，在文化的所有层面中，最具有内在性、最能体现文化的超越性和创造性本质特征的是精神文化。精神文化最深刻地体现了人的文化超越自然和本能的创造性和自由的本性。

我们从人们对于“健康”的不断诠释中不难看出，精神文化对于体育课程改革的影响。世界卫生组织（WHO）早在1948年就在其宪章中提出健康的定义：“健康不仅是免于疾病和衰弱，而且是保持体格方面、精神方面和社会方面的完美状态。”1978年在《阿拉木图宣言》中，对于健康的新的描述：“健康不仅是没有疾病，而且是身心健康、社会幸福的完美状态。”1989年WHO提出了健康的新概念，除了身体健康、心理健康和社会适应良好外，还要加上道德健康，只有这四个方面的健康才算是完全的健康。正是由于人们对于“健康”定义理解的不断完善，影响了1999年《中共中央关于深化教育改革、全面推进素质教育的决定》的颁布，“健康第一”成为主导体育课程的指导思想。它丰富和完善了过去“学校体育以增强体质为主”的指导思想，在体育课程中强调学生身心健康的全面发展。因此，这些思想体现在学习领域目标中，就是“身体健康目标”、“心理健康目标”、“社会适应目标”，这在以往的体育课程改革中是没有出现过的。

由此，我们不难看出，物质文化、制度文化和精神文化分别从不同侧面影响着体育课程改革，但同时我们更应该注意到，它们之间的种种作用或者说矛盾也在不同程度地影响着体育课程改革。

按照马斯洛的层次需求理论，只有低层次的需求得到满足之后，人们才会产生更高层次的需求。但是我们必须注意到，这个高层次的需求是源自于低层次需求的，也就是说，精神文化、制度文化和物质文化始终是交织在一起的，不可能一方脱离于其他方面而独立存在，它们之间注定是相互影响、相互作用的。基于一般的常识和朴素的哲学观点，物质文化和制度文化决定精神文化，而精神文化只是反作用于物质文化和制度文化。也就是说，精神文化的发展要明显滞后于制度文化和物质文化，这也就直接导致了它们之间的发展不平衡。这样势必会导致社会在短时期内的动荡和矛盾的激化。西方世界在20世纪五六十年代所爆发的“嬉皮士”运动和“第三次浪潮”都是这种情况的反映。而在当前经济快速发展的我国，这种现象已经逐步凸现，“文化的缺失”、“迷惘的一代”、“80后现象”正逐步成为我国社会的一系列焦点问题。

作为问题的另一方面，由于教育资源的共享性，当我们大量借鉴西方发达国家的先进理论和经验的时候，只注重了精神文化的“先进性”而忽视了与之相匹配的制度文化和物质文化，加之冠以“教育的特殊性”（即理论的超前性），从一定程度上影响了人们对于此类问题的认识，这也就导致了我们常说的“理论与实践相脱节”的问题。正是这种脱节，又进一步激化了本已存在的精神文化和制度文化、物质文化之间的矛盾，使得他们陷入了一种不良的恶性循环之中，这种现象已经部分存在于当前我国体育课程改革中。

二、内部文化矛盾——促进体育课程改革的动力源

体育课程改革始于教学，终于教学，因此，在所有的体育课程改革中教学始终处于核心地位。教学过程本身就是一个复杂的矛盾体，众多矛盾蕴藏在教学构成的要素之中。李秉德先生认为，教学系统由七个不同要素组成：教师、学生、教学目标、课程教材、教学方法、教学手段、教学评价。它们彼此之间的相互作用（当然还包括它们与外部文化矛盾之间的联系），必然会产生多种矛盾关系，如图4-5所示，这些矛盾之间错综复杂的关系，产生了体育课程改革的文化动力。

由于体育教学过程的复杂性，这些矛盾互相交织在一起，形成“牵一发而动全身”的复杂关系，限于篇幅，我们无法一一详细揭示其内部关系，只能有选择性地进行描述。

（1）教师与学生。教师与学生的矛盾似乎永远是体育课程改革中的“主旋律”。对于教师和学生之间的关系，我们历次的体育课程改革，都就这个问题进行过调整，但是都没有取得令人满意的效果。教师与学生矛盾关系的处理必须要放在我们自身的文化语系中才能够体会与解决。中国是一个讲究“师道尊严”的国家，“天、地、君、亲、师”的关系就已经揭示了教师在社会中的地位。正是基于此，或许我国的教育体制在处理教师与学生这种矛盾关系时，与赫尔巴特是有着一种先天的“亲缘”关系，这也就不难理解，为什么我们对于杜威总是把握不准，而对于赫尔巴特却感到得心应手。伴随着社会的进步和发展，以及人本主义的复兴，对于学生的“主体性”认识受到了空前的重视。在教学中，我们试图开始将学生作为一个“独立的”、“全面的人”来看待。但是这种以“个人为本位”的人本主义，同样又受到中国传统的“以社会为本位”的人本主义的挑战。出于对人本主义的不同理解，这两种观念又表现出了不同的外在表现形

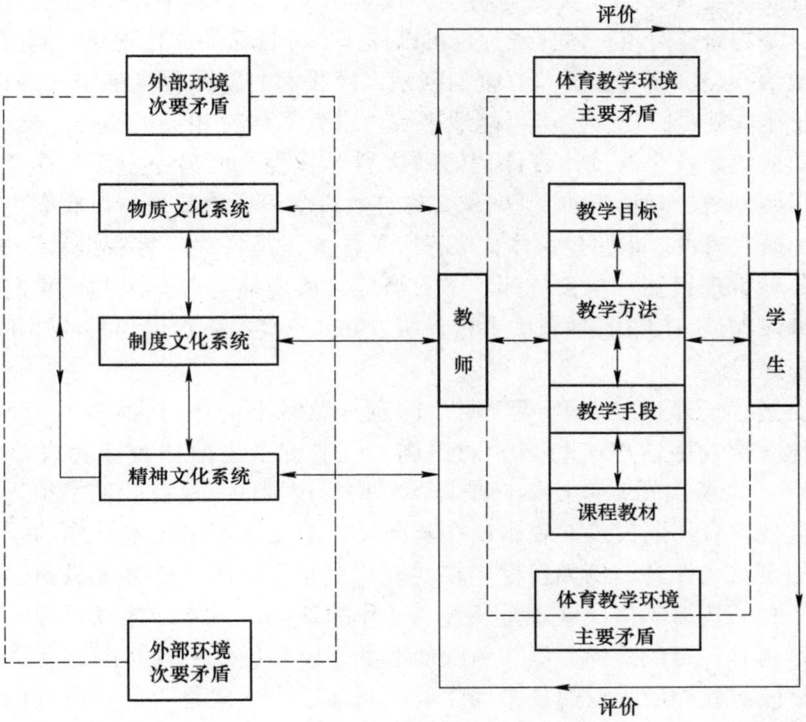

图4-5 体育课程改革内外部文化矛盾关系示意图

式。于是，教师与学生之间的矛盾，似乎已经不再是普通的矛盾关系，它已经涉及社会价值观、教育理念等文化中的核心问题，并不是依靠几次课程改革就可以解决的，它必将伴随着课程的发展而发展。也正是由于这种矛盾的存在，才使得体育课程总是处于一个动态的过程中，在成为体育课程改革的重要矛盾的同时，也成为体育课程改革的主要动力来源。

（2）教学目标与教学评价。教学目标与教学评价之间的矛盾始终伴随着体育课程的发展，一方面我们对于体育课程的教学目标提出了很高的要求，如“德、智、体全面发展”、“身心健康”等，一直贯穿着整个体育课程改革的发展史。但同时，我们在教学评价的过程中，又总是刻意地强调一个明确具体的评价结果，总是试图用一种总结性的评判，给出一个明确的“成绩”，这就将体育课程的教学目标与教学评价推向了矛盾的对立面，导致这种现象的出现，主要有两方面的原因。

首先是体育课程的“文”、“理”之争。体育课程是姓“文”还是姓“理”，一直是困扰体育课程学科定位的“老大难”问题。一般来讲，现在将体育课程定位在“理科”的范畴之内，但是客观地说，体育课程又同时具备很多“文科”

课程的性质。文科又称人文社会科学，顾名思义，以人类社会独有的政治、经济、文化等为研究对象。体育或许也可以算作一种特殊的文化现象，同时，体育本身与政治、经济又有着千丝万缕的联系，而我们的新课程标准中又一再强调，要拓宽学生的视野，让学生尽可能地了解、掌握与体育相关的历史、文化知识，这些自然而然地就会涉及体育课程的“文科”属性。而另一方面，体育课程又表现出了明显的“理科倾向”。理科又称自然科学，也就是说，以客观世界的物质规律为研究对象。很明显，体育课程所关注的正是一些“客观世界”的规律，人体的各种生理机能、生长规律、最大潜能、适应能力等。因此，我们不难判断，体育课程是一门文理兼备的课程，所以我们不能简单地用理科的评价标准来要求体育课程。

其次是“严谨性”和“灵活性”的融合。时下的体育课程中，现代竞技体育在体育课程中占据了相当大的比例，也造就了当前体育课程自身的特色“竞技性”。众所周知，竞技体育是具备严格的规则的，这是我们必须遵守的也是保障竞技体育不断发展的根本所在。同时，竞技体育中技术动作的掌握是有着明显的逻辑顺序的，例如，我们在讲授“三步上篮时”必须先教给学生运球和投篮等相关技术动作，这些是该技术动作的基础。另外，体育课程中还有一些内容是具有一定风险的，例如鱼跃前滚翻等，在做这些动作时，就必须要求学生严格按照我们所讲授的技术动作要领来实践——这是对学生最大程度的关怀。因此在这些方面，我们不难看出体育的严谨性。体育本身或许也是一种艺术，当我们在比赛中看到很多运动员表现出的惊人创造力时，我们会被体育的魅力所折服，这同样也是体育课程能够展现给我们学生的。当我们的学生在比赛中能够充分发挥自己的创造力和想象力时，相信他们一定会充分享受到成功的快感。例如，我们讲授了“三步上篮”，但在实际的比赛中，由于有队员进行封堵、卡位，我们又学会采用低手上篮、空中拉杆等技术，我们的体育课又展示了其丰富多彩、灵活多变的一面，这正是我们希望学生享受到的。一门充满着科学气质又散发着浓郁艺术气息的课程，我们怎能简单地以科学的评判方法“一刀切”呢？

因此，教学目标与教学评价之间的矛盾并不仅仅是依靠体育课程改革所能解决的，这取决于它的学科性质，但就是这种内在的矛盾使得体育课程改革总是在不断地寻求一种平衡的过程中向前发展。

（3）学生与教学方法。学生和教学方法的矛盾似乎是无法调和的。对于基础教育的学生而言，其自制力还相对较差，按照他们的思维逻辑，所有的体育课程都应该成为“无拘无束”的体育课（请注意这是他们所理解的体育课程）——这是典型的狭义“儿童中心主义”思想，然而在实际中，理想与现实总是相差甚远。体育课程作为学校课程中为数不多的活动性课程，理应受到学生的喜爱，毕竟学生在体育的课堂中，可以完全地释放自己、展现自己。游戏或许是可以唤起学生心中未泯的天真烂漫的最好“催化剂”。同时，在各种竞技性的活动中，学生可以真正地释放自己，得到最大限度的满足。现实却并非完全如此。我们经常听到学生抱怨：“愿意参加体育活动，却讨厌体育课。”这从另一个角度阐释了体育课程的另一个方面：体育课并非总是充满着欢歌笑语，“游戏”并不是体育课的全部。体育课程作为一门课程，自有其学科体系。很多技术动作是需要经过艰苦的训练才能得以掌握的，绝大多数身体素质的锻炼总是枯燥乏味的；有很多教学内容是需要坚强的意志品质才能完成的。有痛苦也有欢乐才是完整的体育课程。痛苦的过程本身就饱含着成功后的喜悦，当痛苦与快乐完美地结合在一起时，才是有血有肉、最真实的体育课程。所以，在教师试图采用各种教学方法去让学生进行某些“艰难的尝试”时，遇到的总是抵触——这是任何教学方法都无法弥补的。所以，在体育课程的某些“痛苦”领域，无论我们采取何种教学方法，学生都抱有一种否定的态度去被迫接受，这种矛盾是无法调和的，但是它们却促进了我们用更积极的态度对体育课程进行不断的改革。

（4）课程教材与教学手段。课程教材与教学手段的矛盾似乎总在延续着竞技体育“挑战极限”的形式。过于高标准的课程教材与相对落后的教学手段之间的矛盾，充斥着我国的体育课程改革。例如在体育新课改革中的很多内容都打上了西方社会的烙印：“利用互联网资源为体育服务”、“了解和掌握一些新兴的体育项目”、“注重分组教学”等一系列内容。这也使得我们不禁要问：在现阶段我们的社会真的发展到了西方发达国家的水平，学校体育能够承担起这些吗？众所周知，我们国家当前还处于发展中国家阶段，到2020年我们才能达到当今中等发达国家的水平。因此，很多在西方发达国家看似非常普及的教学硬件（比如计算机、互联网）在我们国家还远远达不到普及，这也使得学校体育面临着“巧妇难为无米之炊”的尴尬。同时，目前比较流行的新兴项目，普遍具有高投资、高难度、高标准（对场地）的特点。比如要求比较低的时尚项目轮滑，一双最普通的轮滑鞋也要100元左右，看似投入不高的100元对于我们很多只有两个篮球的学校和广大学生（请注意我们讨论的是全面的基础教育，并非某些富裕地区或者某些“窗口”学校）来说，也是一笔不小的投资，这就使得新课标只能“看上去很美”。还有，新课标中一直建议“小班制”授课、分组教学，这应该是受西方教育界改革的影响。西方自17世纪夸美纽斯开始，就开始推行班级授课制，历经了300多年的历程，伴随着资本主义社会从萌芽到繁荣，可以说西方社会的教育对于班级授课制已经到了“熟谙”的地步。而反观我们，自1903年《奏定学堂章程》颁布，中国才开始了大规模的班级授课制，这期间还包括了连年的战乱。对于班级授课制，我们从开始接触到现在，总共不过百余年的时间。对于它，我们或许并不陌生，但是还远远不熟悉。并且事实证明，对于中国这样一个人口众多、教育资源又相对短缺的国度，班级授课制似乎是最好的选择，当前我们要做的或许不是赶走它，而是需要更好地驾驭它。所以课程教材与教学手段的矛盾在短时期内注定还会伴随着体育课程改革，但是，它却为体育课程指明了改革的方向。

三、体育课程改革的文化动力特征

体育课程改革文化动力是多种因素共同组成的一种合力，它既具有一般意义上力的特点，同时，还具有体现其自身价值的特征。本节我们将从以下几个方面阐述体育课程改革文化合力的特征。

（1）方向性。体育课程改革是具有明显的方向性的，这更多是由其文化属性所决定的。文化作为人类文明的集合体，它的出现与发展必然带有人类社会总体进程发展的烙印。任何一次体育课程改革都是在这种方向性的指引下，带有明确目的性的进行。正像世界上没有无缘无故的爱一样，在我们的体育课程改革的历史中，也没有任何一次改革是莫名其妙，没有方向性的。在20世纪初期，“军国民”主义体育思想的盛行，就是因为长期以来，屡屡饱受列国欺压的中华民族急于想要摆脱“民弱国衰”的窘境，所采取的一种最为简单、在当时看来也最为实用的一种体育课程方式。至于抗日战争时期的体育课程就具有了更为典型的方向性论调，“练好身体，好打日本”就是这一目标的明确体现，它已经超脱了一般意义上作为课程方向性的改革，而是上升到事关民族生死存亡的高度。体育课程改革带有明确方向性这一点是毋庸置疑的。

（2）动态性。我们或许根本无法想象僵死的课程是什么样子的，但是我们已经知道的是体育课程能够一直发展到今天，正是得益于它的动态性的特点。无论是成功的课程改革还是失败的课程改革，其实从本质上讲都是成功的，毕竟它使体育课程处于一种不间断的流变之中，从而为系统增添了前进的动力。在我们看来，即使是体育课程发展相对平缓的时期，体育课程依然是“平静的水面下涌动的湍急的暗流”。正是在这种平静中孕育着一次次的课程改革。同时这种动态性还体现在诸多文化要素之间的互动，正如我们前面所讲过的，很难将它们像外科手术一样严格地剥离开来。所以，在它们之间始终是处于一种相互影响、相互转换的过程，所以我们认为体育课程的动态性是其重要特征之一。

（3）协同性。一提起协同总是要包含两层意思，竞争与合作。在这个问题上，体育课程改革的文化要素表现出了明显的“复杂性”。一方面，面对有限的课程资源，体育课程势必会与其他课程资源展开激烈的竞争。另一方面，就目前而言，任何一门学科的课程改革，仅仅凭借一门学科的“一己之力”恐怕是无法完成的，它必须整合并借助于教育系统和社会所有资源的共同努力，才有可能完成。同时，作为文化内部之间的各种影响要素，它们之间存在着竞争和合作的现象。这种现象是如此普遍的发生，并且更多的是竞争伴随着合作共同展开，例如，每一次体育课程改革发生时，各种文化因素都表现出了一种合作的精神——对过去体育课程的“不适应性”得以体现。但是一旦体育课程改革发生过后，他们的竞争性又表现出来——对于体育课程资源的竞争等。但也恰恰是这种“协同”的精神，在推动着体育课程的前进。

（4）突变性。正如我们前文所讲述过的，“突变”是体育课程文化系统一个非常重要的标志。但是，我们必须注意的是这种突变是课程内部意义上的突变，并不是我们通常所看到的课程剧烈震荡场景。其实，当我们看到这些景象时，体育课程改革已经基本上趋向于结束。所以，我们所说的突变形势更热衷于在体育课程改革酝酿时期所产生的“质”的变化，而不是我们所能看到的表象——因为其一旦成为现象，得以具体的表现，也就意味着结束的开始。因此，作为体育课程改革文化的突变特征，笔者认为还是有别于一般意义上的“突变”现象，还是应该将其置于“相空间”内去进行考虑，这样我们才能更好地把握体育课程改革的准备期和爆发期，进行更加合理、有效的改革。尤其是在体育课程内部体系中，那些不易被人察觉到的、错综复杂的关系之间的突变现象所表现出来的“突变性”正是体育课程改革的文化动力特征的主要反映之一。

（5）层次性。体育课程改革的文化动力并不是千篇一律的，它是带有明显的层次性的。首先，同为促进（或阻碍）体育课程改革的动力，每种动力对于体育课程改革的发生所起到的作用又是不尽相同的，这里面具备了主动力和次动力之分。同时，各种文化因素对于体育课程改革的影响也并不是盲目的，而是带有明显的针对性。例如，在经济文化对于体育课程改革的影响中，教育经费的投入多少和国家GDP的总量以及人民生活水平的提高对于体育课程改革的影响显然不是一个层面的问题，所以层次性同样是体育课程改革的文化动力重要特征之一。

（6）差异性。同为一种作用力，它们所作用的方式也体现了文化动力的差异性，其表现方式是直接作用在体育课程改革中还是通过其他媒介来间接影响体育课程改革呢？其不同的作用方式最终会导致对于体育课程改革的影响的差异性出现。同时，即使是同一文化系统，在不同时期、不同领域其表现方式也会出现明显的差异性。例如精神文化中的民族情感在不同时期不同的历史背景下所表现出的影响力是明显不同的；再比如，政治文化对于体育课程的影响，在我国各个历史时期的影响力也呈现出了明显的差异性。所以，我们说正是这种文化动力的差异性特征从另一方面推动了我国体育课程的发展。

四、体育课程改革的文化动力本质

所谓本质，是事物所表现出的稳定的、一贯的特征，是事物自身所固有的特殊性。体育课程改革的文化动力是由体育课程改革内外部各种相关文化因素之间的诸多矛盾构成的，促进和推动体育课程周而复始的运行和发展，推动我国体育课程改革的文化“驱动力”。从1903年至今，我们国家进行过多次体育课程改革，采取了多种思想来指导体育课程改革，综观这些改革的成果，我们不难发现，真正使体育课程走向正规化、科学化，推动学科发展，将体育课程纳入到良性发展轨道中来的还是新中国成立以后的历次体育课程改革。而指导新中国成立后所有体育课程改革的指导思想都是马克思主义人的全面发展观，并且均取得了良好的效果。因此，就目前而言（相信这也将是长期的），我国体育课程改革的文化动力本质是马克思主义人的全面发展观在不同时期的不同解读。

“人的全面发展”概念最早出现在恩格斯1845年《在爱北斐特的演说》和马克思、恩格斯在1845~1846年间合著的《德意志意识形态》中，而标志着马克思主义关于个人全面发展理论形成的著作是《德意志意识形态》。在该书中，马克思和恩格斯指出：“就个人自身来考察个人，个人就是受分工支配的，分工使他们变成片面的人，使他畸形发展，使他受到限制。”在论述共产主义的社会劳动时，马克思、恩格斯特别提到：“生产劳动给每一个人提供全面发展和表现自己全部的即体力的和脑力的能力的机会。”在这里，马克思、恩格斯已经明确地将体力和脑力活动分开，也就是说体力能力和脑力能力是并驾齐驱的两个部分，是一种并列关系而非从属关系。而在现代学校教育中，发展体力最重要的手段就是体育课程，这也就直接奠定了体育课程在学校教育中的重要地位。

因此，透过马克思主义人的全面发展观，我们可以看到体育课程改革的文化动力具有以下的本质特征：

（1）由多种文化分力构成。体育课程改革的文化动力是由多种文化分力所构成的文化合力。体育课程改革是一个极其复杂的过程，它不可能由某一种作用机制来完成，因此，体育课程改革的文化动力是一种合力，它是由多种文化分力组成的。在诸多作用力的共同牵制下，体育课程在一种动态平衡的状态下时，体育课程呈现给我们的是一种平稳发展的过程。但是，一旦这种平衡遭到了破坏，哪怕是一个很小的环节之间的平衡被打破，体育课程都会处于一种“震荡”之中，它必须做出相应的调整来适应这种变化，也就是我们通常所说的体育课程改革。而这种调整并不总是能够“一步到位”的，它需要反复地不断地适应、调整，在实际的体育课程发展过程中，这种现象是经常发生的，这也是体育课程改革的频繁发生、不断反复的真正原因。

（2）由诸多文化因素之间的矛盾产生。体育课程改革的文化动力是由外部环境中的文化因素和体育教学内部诸多文化因素之间的矛盾作用产生的。如果我们为了研究的方便，用二元论的视角来人为地将体育课程改革的文化割裂为内部文化和外部文化因素的话（事实上这是根本不可能做到的，也是不符合客观事实的），那我们就可以很清楚地意识到，正是内外部之间的文化因素之间的矛盾，成为了体育课程改革的文化动力源。当体育课程的内外部信息进行交流与转换时，由于内外部的文化信息本质和属性的不同，导致了这种信息流的不对称现象的发生，从而也破坏了体育课程的平衡，迫使体育课程发生一系列的改革，来尽可能地使之对称，从而推动体育课程的发展。但是值得注意的是，这种信息的交换，它们之间存在着一种“不平等”的现象，即并不是我们通常意义上理解的，仅仅是两个母系统之间直接发生作用，而是在这种作用之外，还存在着母系统和另一系统内部的子系统之间直接发生信息交换的现象，这从另一个方面，更加加深了这种“动荡”的程度和频度，也使得他们之间的关系更加错综复杂。

（3）主动力与次动力。体育课程内部文化所产生的矛盾是体育课程改革的主要矛盾，由此产生的动力是主动力；外部环境中的文化因素所产生的矛盾是体育课程改革的次要矛盾，由此产生的动力是次动力。如果我们强调所谓的“内外有别”的话，那依照马克思“内因是决定事物发展的主要因素”的判断，我们可以认为，体育课程内部文化所产生的矛盾是体育课程改革的主要矛盾，由此产生的动力是主动力；外部环境中的文化因素所产生的矛盾是体育课程改革的次要矛盾，由此产生的动力是次动力。这虽然从形式上指出了影响体育课程改革文化的主次要因素，但并不是一个绝对的价值判断。作为体育课程改革而言，“蝴蝶效应”被极度地放大，任何一个微小的变化，都可以引发一场暴风雨式的改革。因此，从本质上讲也无所谓“主要”和“次要”之说。但是，从引发改革的矛盾来看，由于教学内部文化之间各种关系的错综复杂性与外部文化之间对于体育课程相比较而言，要复杂得多也更容易发生，所以在我们看来，才有了“主动力”和“次动力”之分。

（4）体育课程改革的内驱力。体育教学活动是体育课程改革文化动力的载体，体育教学活动中的诸多文化要素之间的不断作用，构成了体育课程改革的文化“内驱力”。任何文化本质最终都要通过某一具体行为方式得以表现，作为体育课程最重要的部分之一，体育教学活动无疑是体育课程改革文化动力的最佳载体。任何一种体育教学活动，几乎都涵盖到体育课程所能够涉及的方方面面，一节优秀的体育课应该是体育课程诸多要素之间的完美结合。同样，它们之间的任何不协调，也都是通过体育教学活动得以体现的。其实，就连外部文化之间的矛盾，也最终是依靠体育教学活动来体现的。同时，正是这些文化要素在教学活动中的集中表现，导致了体育课程改革由内及外的“内驱力”的显现。或许我们可以这样理解，体育教学活动更像是一个大舞台，它为所有参与体育课程改革的文化因素提供了一个展示自己的场所，在这个意义上来讲，所有的文化因素最终都可以转化为体育课程改革的“内驱力”，而体育教学活动本身反倒呈现出了一个中性的色彩。

第三节 体育教学改革文化动力的特征

要全面审视体育课程改革文化动力的作用机制，就必须运用系统动力学深入地探究文化作为一种“力”对于体育课程改革的作用机制，只有这样，我们才有可能进一步了解和掌握体育课程改革的发展趋势。

一、体育课程改革文化动力因子分析

体育课程改革是一个复杂的过程，在这个过程中间究竟是哪些因子在改革的过程中起到什么样的作用，将是我们十分愿意探讨的问题。本节将着重探讨这个我们所共同关心的问题。按照人们认识事物的一般规律分析，任何事物的发展从宏观上主要受到两方面的因素影响：即内驱力（也就是通常我们所说的内因）和外驱力（也就是通常我们所说的外因），这两个部分共同左右着事物的发展。按照马克思主义的经典理论来理解，决定事物发展的主要因素是内因（内驱力），因此，内驱力理所应当的是体育课程改革的主要影响因素，毕竟作为体育课程而言，还是离不开教师、学生、教学目标、教学方法、教学手段、教材以及教学评价的，正是这些体育课程文化的影响因子，在直接左右着体育课程改革的方向。

但同时，必须引起我们注意的是，课程从某种意义上说就是“社会文化的再生产”，因此它与外因（外驱力）的联系绝不仅仅是“主”、“从”之分，而是一种相互交融的状态。而作为体育课程而言，它有其自身的特殊性。它本身既受到教育文化的影响又受到体育文化的制约，同时，体育课程对于场地器材设施又有着较高的要求，这也不得不促使我们对于外驱力，即社会文化、教育文化、体育文化、物质文化、制度文化、精神文化要加以慎重考虑。从这个意义上说，外驱力对于体育课程改革的影响程度并不逊色于内驱力。因此，我们认为，在影响体育课程改革的文化因子中，内驱力和外驱力基本是共同作用于课程改革的，但是基于我们长期以来以马克思主义的世界观来认识世界的一般规律而言，在这种影响程度上，内驱力或许会稍稍显现出一点强势。在两者的共同作用下，体育课程才能够顺利发展。

二、影响体育课程改革内驱力动力因子分析

（1）教师。教师是“向受教育者传递人类积累的文化科学知识和进行思想品德教育，把他们培养成一定社会需要的人才的专业人员”。通常意义上我们所理解的体育教师在体育教学中主要发挥以下几种功能：

1）知识经验的传授者。教学是直接起源于人类知识经验的传递，这个传递的过程就是把成人社会的知识经验传递给新一代儿童，从本质上说就是一种文化的传递。在这种文化的传递过程中，出现了这样一种情况，即成人社会的知识既然变成一种面向下一代所要传递的文化，必然已经发生了外化和客体化，并且很有针对性地客体化（于儿童）；但是另一方面，作为这种文化的接受者——儿童而言，其本身是无法直接消化这些成人化的文化的——尽管它们已经被尽可能地客体化，所以，在这两者之间，不可避免地出现了“真空状态”。人类文化为了顺利地传递，必然要打破这种界限，因此，作为知识经验的传授者的教师也就自然而然地出现了。

2）教学活动的组织者。教学活动是一个有组织、经过严格设计和策划方可实施的活动。因此，它必然需要一个组织者。对于基础教育而言，这个组织者必定是教师（这是与高等教育有着本质区别的）。而对于体育课程而言，由于存在大量的活动性教学内容，甚至还带有一定的危险性，因此，教师的组织者身份必须在最大程度上得到认同。这与“教师权威”抑或是“儿童中心”并无多大关联，这是由教学本身性质所决定的。

3）学生学习的引导者。教学过程本身就是一个“教”与“学”的过程。作为千百年来人类社会的文化精华，现有的知识必须依靠教师，通过“认知”的方式得以传递，这是毋庸置疑的。只不过，过去我们更加突出教师的“教”，现在则强调学生的“学”与教师的“引导”。就体育课程而言，伴随着信息化社会的加速发展，学生获取信息的渠道大大被拓宽（网络、媒体等），同时大量的新兴运动进入到课程之中，有很多也是我们的教师需要学习的新鲜领域，这就更加迫使我们的教师作为学生学习的引导者去引导学生学习——这同样是学生认知的一个重要手段。

4）课程的研制者。教师作为课程的研制者，将会成为体育课程改革中一个新的动力来源。传统的课程体系中，教师只能被动地作为课程的实施者，其主观能动性大打折扣。但是，伴随着新的课程改革，课程管理已经从中央集权变为中央、地方与学校三级分权。这从根本上明确了教师“课程研制者”的角色。从这个意义上说，今后教师不仅仅会参与到体育课程改革中来，而且将会直接推动体育课程的改革，成为体育课程改革的一个重要的动力因子。

由此，我们可以判定，教师在体育课程改革中，扮演了极其重要的角色，成为影响体育课程改革的最重要的内驱力动力因子之一，倘若失去了教师这一领域的话语权，我们的课程改革将会变得一无是处。

（2）学生。学生也就是受教育者，一般“是指在初等学校、中等学校、高等学校和研究机构中（专门从事）学习的儿童、少年和青年。按学习的阶段分，有小学生、中学生、大学生以及研究生等。也有用来泛指一切受教育的人。”顾名思义，教学过程中最重要的就是“教”与“学”，由此可见，“学”在教学中的地位。伴随着体育课程改革的深入进行，学生在课程改革中也表现出了自身的特性。

1）“人”的不确定性。现代教育学逐渐认识到，在教学的过程中，学生是一个能动体，他具有发展自身的功能。作为一种实践对象，他并不是消极地被动地接受塑造和改造，他能够意识到自己是被他人所塑造和改造的，能够自觉地参与到教育过程中，与教师共同完成教育活动。同时，学生还是具有思想感情的个体，他具有自身独立的人格，有自己的需要和尊严，并且能够在适当的条件下产生一定的创造性。因此，在体育课程改革中，学生是具有话语权的，毕竟它是直接参与到改革的过程之中。但是，学生（指基础教育中的学生）还是一个发展中的人，具有与成人并不完全相同的身心特点（主要表现在生理、心理的发育还并不成熟），它还具备相当大的可发展空间，在他们身上所表现出的各种特征还处于变化之中。因此他们需要获得成人的教育关怀，需要教师给予适当的引导。这种特征表现在体育课程改革之中就是通常我们所说的“教师主导”型课程。但是，正是在学生身上所表现的“人”的不确定性，为体育课程改革增加了不少难度，课程的设置者很难用一种眼光来审视学生，给予他们在课程改革中一个准确的定位。但同时，也正是这种不确定性，促进了体育课程进行调整、改革以适应、满足学生不断变化的需求。

2）永无止境的超越性。按照马斯洛的层次需求理论，人是具备不断超越自身精神的，教育的最终目的或许就是培养和激发人的这种潜能。因此，对于体育课程而言，学生对于自我永无止境的超越或许正是课程改革最大的动力源之一。正如我们前面所讲到的，课程标准一旦确定并且得以实施，课程标准的发展就已经不再受到课程制订者的约束。同样，学生一旦掌握课程标准所要达到的目标，其也就不再满足于现行的课程标准（当然这与课程标准的制订者无关），而是学生不断追求超越、完善自我的特性所决定的，而这种不满足恰恰成为下一次课程改革的重要依据，直接左右着体育课程改革的进程。

学生作为体育课程改革的重要参与力量和参与主体，对于体育课程改革的影响是巨大的，甚至起到了决定性的作用。它作为体育课程改革的最具有影响力的内驱力动力因子之一，其作用不容小觑。

（3）课程与教学目标。长期以来，我们在教育领域关于目标谈论最多的是“课程目标”与“教学目标”，但是伴随着课程与教学论学科的发展，“教学论已经从传统意义上的大教学论逐渐向课程与教学论整合。”目前，国内对于课程与教学目标的认识还不统一，各种学说众说纷纭，在众多学说中，作者更倾向于“教育内部教育与学生的关系，主要是指‘教育目标’（见图4-6），包括‘教育目的’、‘培养目标’、‘课程教学目的’和‘教学目标’。”

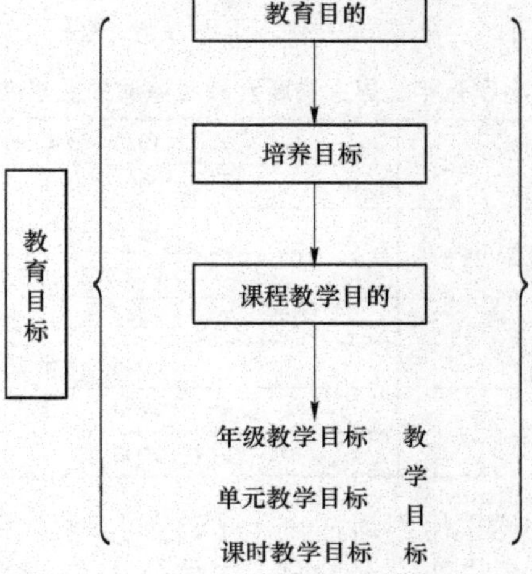

图4-6　课程与教学目标

课程与教学目标的功能，是课程与教学目标的特殊结构对社会和儿童的发展所产生的作用和影响。它的主要功能可以分为：

1）标准功能。标准功能就是课程与教学目标对课程检查、评估产生的标准作用。首先，它是对学生成绩进行测量和评价的基本标准体系，规定了教学应达到的要求和水平，并以此引导教学进程。就体育课程而言，六种水平的推出，已经为体育课程做出了标准化的界定。但是，正是这个标准功能，恰恰成为引发体育课程改革的导火索。正如我们第二章所讲到的，这种标准功能一旦出台，成为指导体育课程的重要参照系，也就同时意味着它已经滞后于体育课程的发展，必然会在课程发展过程中与之产生冲突，当这种冲突激烈到一定程度之后，将会引发新一轮的课程改革。但是，这并不是在短期内发生的，它必定会经历一个过程。

2）激励功能。激励功能是课程与教学目标的另一重要功能。正是由于它的存在，才使得体育课程成为一座永不停摆的时钟。就新课程标准中的六种水平目标而言，并不是每一个学生都可以达到水平六，大部分学生还是处于中间阶段。因此，正是有这个“可以摸得到的胡萝卜”吸引着我们的学生不断前进，让他们可以不停前进。但是，按照马斯洛“层次理论”，人的需求是不断发展的，每达到一个层次都可以得到一种“高峰体验”，正是这种不断的高峰体验才促使我们的学生不断发展，也同时直接或间接地促使了学科发展，也正是这种永不满足的高峰体验，成为了体育课程改革的一个重要影响因子。随着学生身体素质的不断变化，这种标准也会处于不断的变化之中，例如小学跳跃质素的考核中，这种变化就表现得相当明显（见表4-5）。

由此，我们可以认为，课程与教学目标既激励着学生前进，也同时激励着体育课程不断进行革新。

表 4-5　我国小学 6 年级男女跳跃素质考核满分要求变化表

男	跳高	1956 年：0.95 米
		2000 年：1.13 米
	跳远	1956 年：3.0 米
		2000 年：3.75 米
女	跳高	1956 年：0.85 米
		2000 年：1.13 米
	跳远	1956 年：2.7 米
		2000 年：3.38 米

3）导向功能。导向功能很恰当地描述出了课程与教学目标在体育课程改革中的作用。“导向”，仅仅是指明一个方向，正如前文所论述的，一旦体育课程进行过革新之后，它的发展也就完全处于一种“自组织”的状态，也就不会完全按照课程制订者最初的意愿发展。因此，体育课程的发展，只能按照课程设计者的“导向”前进。正是由于这种导向的功能，并不能完全勾勒出体育课程发展的轨迹，因为“新”的课程与教学目标一旦出现，就已经成为“过去”。所以，体育课程的实际发展注定要与课程与教学目标发生矛盾，从而引发新一轮的体育课程改革。

纵观课程与教学目标，由此所引发的体育课程改革并不是立刻就得以表现的，它在一定时期内还会为课程创造一个相对稳定的环境。但是，它对于新一轮课程改革的引发却从未停止过，只是始终处于一个从量变到质变的积累过程中，因此，它注定是体育课程改革内驱力中具有重要影响力的引子。

（4）教学方法。王策三先生认为，教学方法就是：“为达到教学目的，实现教学内容，运用教学手段而进行的，由教学原则指导的，一整套方式组成的，师生相互作用的活动。”通常可以用图 4-7 来表示其结构。

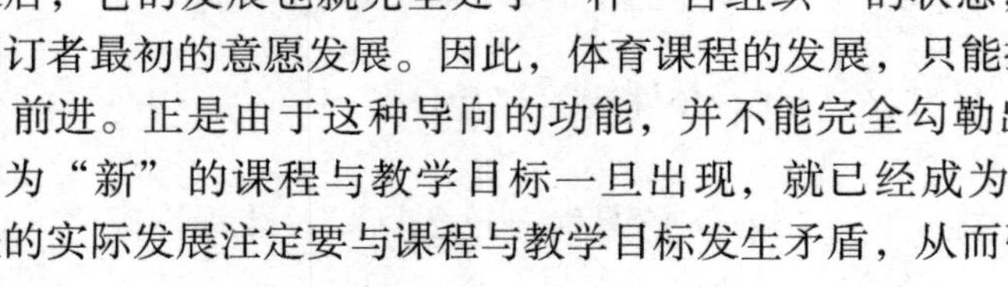

图 4-7　教学方法结构示意图

直接决定教学方法的是教学目的和教学内容的要求、学生认识活动的规律和在一定年龄阶段上的发展水平。教育实践（在上述各种条件、因素的作用下）

是教学方法创造和不断丰富多样化的源泉和动力。随着生产、科技、社会形态、教学理论和教学实践的不断变革，教学方法也经历着推陈出新的变革过程。这些就会成为直接推动体育课程改革的动力因素。早在20世纪20年代，陶行知先生就主张把“教授法”改为“教学法”，主张教的法子要根据学的法子，学的法子要根据做的法子，这直接体现了其实用主义的观点，并且直接影响到那个时代整个课程改革（体育课程自然也不例外）的方向。

但是在实际的体育课程改革中，影响教学方法产生和发展的因素是很复杂的，最根本的是受制于社会生产和科学技术文化的发展。正是由于科学技术的发展，使得越来越多的技术手段应用到体育课程改革中去，体育课程从过去的单一“讲授法”，发展到了运用“师生交互法”、“情景教学法”等让学生掌握一定的知识。而这些都是在以往的体育课程改革中并没有出现的，只是在1999年的新课程标准中才得以体现。在20世纪三四十年代流行的“道尔顿制”教学法，八十年代的“程序教学”等，都是在不同程度上试图找寻改变传统的“教师讲、学生听”的方法，同样的教学内容，采取不同的教学方法，效果大不一样。在教学改革中，教学方法的改革比起教学内容等其他环节容易着手，也往往就成为某一时期或某一学校教学体系改革和创造的突破口，教学方法的改革会引起对学制、课程设置及安排等的改革。在最近的体育课程改革中，新的课程标准中就大量地运用了“单元教学”、“小班授课”以及俱乐部制等教学方法，既提高了学生的学习兴趣，也丰富了体育课程体系，带动了体育课程的改革。

在实际的体育教学过程中，选择一种或几种教学方法就要全面地、具体地、综合地考虑教学过程中各种有关因素，进行权衡、取舍，这是一个非常复杂的过程，因此教学方法往往成为容易被忽视的动力因子。但是，它却又是实实在在地在影响着体育课程改革，只不过这种影响更多的是一种隐性的影响，必须借助于课程和教学目标或者课程内容才能得以体现，这是我们在实际的课程改革中又往往容易忽视的因素。或许，教学方法在体育课程改革内驱力中起到了一种更像“催化剂”的作用，也使它本身在体育课程改革中体现出了自身的价值。

（5）教学手段。在教育学的研究领域，长期以来对于教学手段的研究并没有引起足够的重视，对于教学手段的理解还存在诸多争议，王策三先生在其《教学论稿》中，曾经给过教学手段以明确的定义：“教学手段就是师生教学相互传递信息的工具、媒体或设备。”教学手段对于体育、课程的重要性是毋庸置疑的，没有一定的教学手段，教学就无法进行。一般我们可以理解，教学手段对于体育课程改革主要起到以下几个方面的作用：

1）提高教学的功能。一种优秀教学手段的合理应用能够大大提高体育教学的功能，它能够提高传授和学习知识技能的效率和质量。例如在技术教学课程中，通过多媒体技术的运用，能够使学生看到世界上最优秀的运动员的技术动作要领，以此用来弥补教师在实际教学过程中的不足。同时，通过一些失败技术动作的视频片断，也可以使学生对于技术要领的掌握更加深刻，既可以从正面理解，也可以从反面了解不正确技术动作的危害性。有条件的学校还可以通过相关的软件，用来进行运动生物力学的仿真模拟，可以更深层次地揭示人体运用技术动作时各个肌肉的工作状况以及人体、器械的运动轨迹……这些都是以往教学手段所无法达到的。在教学手段不断提高教学功能的同时，它还对于体育课程改革产生一种促进作用，由于更多的新技术不断地投入到人们的日常生活中，可是其进入课程领域却相对滞后。因此，这就要求体育课程不断地进行改革以满足新技术在课程中的使用。例如新的课程内容、新的教学软件以及教师的多媒体课件等，这些都会引发新的课程改革。

2）引发体育课程相关领域的变革。优秀的教学手段的使用，能够使学生对于体育课程的其他领域认识更加全面。由于学生能够透过网络、多媒体等先进技术的广泛应用，可以直观感受到最优秀的运动员的标准动作，因而在实际的教学中，倘若教师的动作稍有瑕疵，就会引发学生的不满情绪，从而导致教师与学生之间的矛盾，继而会带动新的课程调整（教师继续教育等）。再比如，由于网络技术的高度普及（在某些地区），网络教育开始兴起，很多教学内容通过视频手段可以在网络上免费获取，成为一种非常方便的教学资源，这种教学手段的应用，极大地方便了学生学习。但同时也破坏了原有的课程教学组织形式及教学方式和方法。这种新的教学手段的不断推出，势必会引起体育课程相关领域的变革，引发新一轮的课程改革，对原有的课程模式、内容、教学方法等进行革新。

3）引发新旧教学手段之间的矛盾。新旧之间的矛盾似乎是一对永存的矛盾，体现在体育课程的很多领域，只不过在教学手段这一领域表现得尤其明显。在课程领域新旧教学手段并不是“有你无我”的竞争，而是在相当长的一段时间内可以相互共存的。尽管现代化的教学手段具有巨大的优越性，但是传统的教学手段也并非是一无是处。我国是一个具有优秀的教学传统的国家，其中也不乏优秀的教学手段，像传统的示范、模仿、练习等。对于体育课程这门强调技艺性的课程而言，这些传统的教学手段就显得尤为重要，一个技术动作的讲授，是离不开这些教学手段的。而当新教学手段不断投入到教学实践中的时候，学生已经不满足于看似简单的示范、模仿、练习等，而是更热衷于借助新的教学手段学习，忽视了实际的动作训练，从而导致某些方面教学效果下降。这种矛盾一旦激化，就会成为引燃新课程改革的导火索。

4）激化技术和人之间的矛盾。技术和人之间的矛盾，自 20 世纪 60 年代开始，逐渐成为影响（世界范围内）课程改革的重要因素。就体育课程而言，这种矛盾的表现主要体现在两个方面：首先，教师或学生过多的依赖于技术。现在，我们的课程改革中，就出现了这样一种有趣的现象，但凡是精品课程或者是公开课程，都毫无例外地使用了多媒体技术，好像不会使用多媒体技术，就不能成为精品课程。教师只有使用了课件进行教学才能够显示出水平，就连体育课程也不例外。很多的精品课程，教师过多的借助录像、录音机等手段开展教学，然而教师的口令却很少出现了，教师对于教学过程的组织、管理却显得无关紧要了。而同时，学生也过多地被能够吸引眼球的现代教学手段所吸引，注意力更多的集中于它们之上，反而忽视了教师的讲解与示范，甚至自身的学习。这种矛盾无疑会影响到体育课程的改革。

其次，这是一个具有中国特色的问题。由于我国东部西部地区，城市和农村之间还存在着很大的差异，因此，体育课程改革的过程中，总是会出现无法协调的矛盾。过多地使用新的教学手段无疑会促进体育课程的发展，但是就当前我国国情而言，还有部分地区达不到这个标准；而减少这些手段的应用，又会阻碍体育课程的发展，同时这也不符合课程的发展规律。作为全国性的体育课程改革，总是既要引导着课程发展的方向，又要尽可能地满足全国各个地区的发展需求，但是，这个美好的愿望似乎总是一个空中楼阁般的期待，永远无法实现。这些无疑都会成为促进新一轮体育课程改革的重要因素。由此，我们不难判断，教学手段应当是体育课程改革内驱力中一个具有非常重要影响力的因子，它以多种不同的方式影响着课程改革，体现着它在课程体系中的价值。

（6）课程内容。课程内容是指：“进入学校教育活动领域的文化。”在体育课程中，体育课程内容涉及很多问题，包括观点、原则等。因此，课程内容本身在课程改革中也成为一个极为活跃的因子，在很大程度上左右着体育课程改革。

1）形式教育与实质教育。形式教育（也称为形式训练或心智训练）认为：“教育的主要任务在于训练心灵的官能，使学生的官能或能力得到发展。”在体育课程中，更强调重视体育教学的内容、课程和教材的训练价值和心理能力的发展功能。在体育课程中灌输知识远没有训练官能来得重要，因此，体育课程应该更加强调学生各种能力的培养，而不是简单地获取某一种技能、知识，并且这种培养应该是一种建立在学生主观能动性能够得到更大的发挥基础之上的。

实质教育认为：“教育的任务在于使学生获得知识。”在体育课程中，实质教育更加重视教学内容，课程和教材的知识传递价值和文化功能，它非常重视知识的传授，认为在体育课程中，课程最主要的任务是有效地训练学生各个器官（心、肺、四肢）的功能，所以课程内容就是围绕着这些内容展开。体育课程就是应该在不停的训练之中展开，体育训练（内容）及其相应的作用和价值是体育课程内容选择的一个重要依据。

正是由于两者之间的差别，并且这种差别是时时刻刻共存在体育课程之中的，两者谁也不能完全取代谁，它们之间就会产生激烈的竞争，都试图掌控体育课程之中的话语权，所以，导致体育课程改革也就成为必然。

2）科学主义与人文主义。科学主义教育又称为理性主义教育，主张教育教学内容应该以自然科学知识为主。它是伴随着斯宾塞的《什么知识最有价值》一文，在学校教育领域将科学主义推向了高潮，这种作用自然也影响到体育课程之中，体育锻炼“达标”就成为最典型的代表之一，一切由数据说话，学生上体育课的唯一价值就是身体锻炼，而衡量身体锻炼的唯一标准就是数据！这种有些枯燥乏味甚至是残酷的体育课程内容，在很长时间内主导着体育课程。对于学生的运动强度由心率图来控制；对于学生的运动成绩由锻炼标准作为依据；对于教师的教学效果，检验的标准就是学生的运动成绩。这种影响的直接后果就是体育课程走向了“理科化”的道路，显现出了过浓的功利性，同时又由于过分强调“科学”的一面，而忽视了学生的精神世界，从而丢失了人的精神本性。人文主义是一种相对较老的教育观念，经过不断的发展，在近代逐渐被“人本主义”课程所取代。它以一种基于以人为本的现代教育价值理念，主张教育要培养“完整的人”、“自我实现的人”。反映在体育课程中，就是更加强调“认知与意动统一”，“理智与情感结合”，更加注重学生情感、态度、价值观的培养。而对于科学主义所倡导的“科学理念”，人文主义课程却并没有给予更多的关注。因此，在体育课程中，又呈现出了体育课程对于学生心理适应以及社会适应的过多关注。尽管这是以一种良好的动机为出发点的考虑，但却容易导致学生身体素质和运动技能、技术的下降。

科学主义与人文主义在体育课程中的表现就像是两个人在玩跷跷板，游戏（体育课程）必须是有两个人共同参与（科学主义和人文主义），一旦一方取得优势，表现出强势，那么另一方必定会进行调整（更多的是反抗），使得跷跷板向反方向运动，从而试图建立自身的优势，在体育课程中，就会引发课程改革。体育课程内容是体育课程改革内驱力中一个具有重要影响力的因子，它更多地以一对一对矛盾体的形式出现，采用从一个极端走向另一个极端的方式（以往体育课程改革的经验），影响着体育课程改革。

（7）课程评价。对于课程评价，泰勒曾经指出：“评价过程在本质上是一个确定课程与教学计划实际达到教育目标程度的过程。”从这个定义我们可以看出，课程评价已经触及课程的实质，因此，课程评价（模式）的变化，也就会导致课程改革的根本性变革。体育课程评价的变化（冲突）主要体现在以下几个方面：

1）教育质量观之间的冲突。教育质量通常主要有三种形式，即内适质量、外适质量和个适质量。内适质量是以学科教学内容为核心，由于教学内容主要体现在教材之中，这就直接导致了“教材中心”的体育课程模式。内适质量认为，要想获得一种新的知识或者自主建构一种知识体系，这种对于知识的获取（或者建构）必定是建立在一种丰富的知识储备之上的，而这个过程是按照体育课程自身学科规律产生的。在体育课程的实践中，这种观点认为，要想学会400米跑，必须先学会起跑、直道技术、弯道技术以及冲刺技术，否则这种认知是无法进行的——这是由这项技术自身所决定的，而这种教学模式是由体育学科自身决定的——这同时也就决定了评价体系是建立在内适质量之上的。

外适质量是指学校所培养的学生必须满足国家、社会以及用人部门的需要。它在体育课程中的表现，体现在要依照社会需要制订体育课程教育目标，最后以教育目标的实现程度判断体育课程质量的高低。例如，当前社会迫切需要身体、心理都健全的劳动者，因此，在新的体育课程改革中，就特别突出了心理健康和社会适应，相应的课程评价也就向这一领域倾斜。所以，依据外适教育质量观制订的评价标准对体育课程进行评价，就成为一种目标参照的绝对评价。

个适质量是依据学生个体的认识、情感、兴趣、特长、意志、品质等个性发展程度来进行课程评价。它强调的是学生个体自由的发展，将学生看作是在一定阶段上自我实现的人，它是以学生发展为导向的质量观。在体育课程中，学生成长卡、档案袋等评价方式的具体应用无疑就是受到这种质量观的影响。在体育课程评价中，更加关注的是“学生个体的差异”和“学生的进步程度”。

正是这些不同的课程质量观直接影响了体育课程评价的模式，它们之间始终处于一种相互的竞争与协同之中，正是这种不可或缺的“争斗”往往引发体育课程改革。

2）社会本位和个人本位之间的冲突。社会本位认为社会的利益是超过个体利益的，课程首先是为社会服务的，课程应当依据社会的需求去造就学生。个体本位强调个体发展的需要优先于社会发展的需要，人不应当被当作社会的工具去训练，而应充分实现自我，使个体的潜能得到充分的发挥。这两种评价理念曾经使体育课程评价一度陷入困惑之中，一方面，我们需要为社会培养所需要的身体强健的劳动者；另一方面，我们还要顾及学生的个人发展，它们自身的兴趣、爱好以及自我满足的心理。前者需要刻苦的锻炼，这是大多数学生并不热衷的评价模式，而后者，尽管有时被称为“快乐教学”，但往往是以牺牲认知和学生身体素质为代价的。因此，体育课程评价往往处在社会本位和个人本位的冲突之间，感到无所适从，正是这种无所适从，往往导致新的课程改革的发生。

3）教育规律和社会发展之间的冲突。科学有着自身发展的逻辑，教育有着自身的发展规律——这是无可否认的。由于我们总是在课程评价中突出着课程的自身规律，从而导致了又一新的矛盾的出现。在体育课程的实际操作过程中，我们听到最多的是“学生喜欢体育活动，但是却厌恶体育课”。理由很简单，当前我们的体育课程过多地偏重于理论学习，过分地强调了体育学科的自身规律，将很多与将来学生、社会和职业有用的必要知识技能排除在课程体系之外（例如简单的室内体操、与日常生活密切相关的休闲体育等），而将一些专业性极强的知识（例如毛振明先生多次讲到的“滑步推铅球”）过多地讲授。同时，当前我国教育理念要超前于社会的发展，但是教育的发展速度又明显滞后于社会发展的速度，由此，就引发了教育规律和社会发展之间的矛盾。一方面，我们的体育课程评价运用的后现代理念来指导课程，另一方面，我们的很多学校却无法满足体育课程标准中对于器材的要求，这些都会直接影响到对于体育课程的评价，会给课程评价自身造成相当大的混乱。

体育课程评价作为体育课程过程中的某一个重要的“终端”，对于体育课程而言，它的重要性是不言而喻的。一旦课程评价发生变化，必然会引起一连串的连锁反应，从而给体育课程带来“多米诺”效应。从某种意义上说，一旦体育课程评价发生了重大的变化，那么对于体育课程改革而言，将会是颠覆性意义上的彻底改革。所以，课程评价，作为体育课程改革内驱力中一个具有决定性影响力的因子，其作用不言而喻。

三、影响体育课程改革外驱力动力因子分析

作为体育课程而言，它除去受到内驱力的作用之外，同样还要受到外驱力的作用，正是两者之间的共同作用，才促使了体育课程改革的发生。通常情况下，我们认为体育课程改革主要受到三种文化类型的影响，即社会文化、教育文化、体育文化；而体育课程改革受到的外部文化影响按照文化类型又可以分为三种，即物质文化、制度文化和精神文化。下面我们将分别来讨论以下几种影响体育课程改革的外驱力动力因子。

（1）社会文化。社会文化是一个十分庞杂的概念，它几乎可以涵盖社会领域中的各个层面（自然也就包括教育）。教育和社会文化之间的关系始终是一种“唇亡齿寒”的关系，一方面教育是文化得以传承的手段，另一方面，社会文化的任何变动，对教育都会产生特别重大的影响。中国的社会文化一般具有以下几个特征：即群体本位的价值取向；道德中心化倾向；社会政治权威和文化权威一元化以及封闭性和保守性。这些文化特性对于体育课程改革而言，会起到显著的作用。但是，并不是像我们所想象的那样，它会一直推动体育课程改革。恰恰相反，有时候，真正阻碍体育课程改革的正是具有巨大影响力的社会文化。

群体本位的价值取向，强调的是个体价值必须依附于群体的价值，人们应该自觉地压制自我价值。而当前的体育课程改革中，我们提倡鼓励学生的个性发展，希望借助于课程的改革来培养学生的个性。同时，源自于西方竞技体育的大多数体育课程内容，又往往带有西方呼唤“英雄”的“个人英雄主义”色彩，因此，仅就这一点，社会文化与体育课程改革（文化认同）并不是统一的。道德中心化倾向是指伦理道德在中国社会文化结构中具有中心地位，它强调人的道

德品质，主张以理性节制感性，这也本无可厚非，毕竟这也代表了一种文化倾向。但是，对于体育课程而言，却又具有了别样滋味。长期以来的“友谊第一，比赛第二”成为开展学校体育的重要指导思想，在提倡“友谊第一”的时候，我们却忽视了学生感性的一面，试图用理性的枷锁来压制学生“自我实现”的愿望，与此同时也打击了学生对于体育课程改革的积极性。封闭性和保守性，阻碍的并不仅仅是体育课程改革，它已经成为中国社会文化的一大劣势，阻碍着整个社会的发展。中国的社会文化对异质文化的总体排斥，重视经验和传统、崇尚权威、排斥变革创新……这些束缚的已经不是课程改革的内容而是课程改革本身！

（2）教育文化。按照顾明远先生的判断，中国教育大致具有以下五种文化传统，它们分别是政教合一；注重伦理道德；重经典轻技术；重视基本知识的传授，而方法是经验主义的（传统）和尊师重教、师道尊严的传统。政教合一，对于体育课程而言，是具有毁灭性打击的。因为，就中国传统而言，学习是为了谋求在政治领域中的一席之地（也就是“学而优则仕”），而体育课程对于获取政治资本是毫无帮助的，因此，它自然也就无法真正地融入到“政教合一”的教育核心体系之中，体育课程一直游离在教育体系边缘，似乎已经成为我国的课程传统（甚至一直影响到今天）。注重伦理道德的传统其核心理念就是育人，把培养做人放在第一位，所以翻开我们的体育课程，总是可以看到政治思想教育列为体育课程的首位，对学生进行爱国主义、集体主义、社会主义的思想教育，在体育课程中占据了相当的分量，这对于培养学生的人文主义精神是非常有利的。重经典轻技术（德成而上，艺成而下）对于体育课程而言无疑又是一个无法回避的“黑洞”。体育课程作为一门技艺性课程，强调的是学生技术技能的掌握，在乎的是学生的动手实践能力，因此基于这种大环境下的文化传统，对于体育课程改革，具有的只是“冷漠”。重视基本知识的传授，而方法是经验主义的，这一点一直体现在我们的体育课程中，强调技术动作要领，注重学生认知能力的培养，一直是我们体育课程的优势所在。但同时，从小学到初中、高中学习短跑、跳远、球类等技术动作时，基本上千篇一律的教学方法、步骤又是我们的学生感到最枯燥乏味的。正是这种本身传授知识的教育传统与学生对于枯燥乏味的教学方法之间的矛盾，自然而然地会引发课程的改革。尊师重教和师道尊严是我们另一优秀的教育传统，对于师长的尊重，教师所树立的权威以及教学过程中教师的绝对权威，在传统教育中达到了顶峰（一日为师，终身为父）。而伴随着社会的发展，以及学生中心和人本主义思想的盛行，在学生和教师之间建立平等的师生关系成为对我国教育传统的一次巨大挑战，这种挑战注定是要伴随着课程改革而进行的。

提及教育文化，还有另一种文化现象是我们不得不说的，那就是外来教育文化，从体育课程诞生之日，外来教育文化就一直在影响着体育课程，从“军国民”主义到实用主义，再到全面学习前苏联时期及至改革开放以后我们所面对的众说纷纭的各种教育流派的思想，都在影响着体育课程改革。它们对于体育课程改革而言，都产生了一定的影响（无论是正面的还是负面的，这里不再详细论述），从某一个方面推动着我国的体育课程改革。由此，我们可以判断，我国的优秀教育传统尽管是具有悠久历史的，然而对于体育课程而言，却并不完全起到推动的作用，但是，它对于体育课程改革的影响却从未停止过——无论是正面的还是负面的。因此，就总体而言，综观历次体育课程改革，作为体育课程改革外驱力中一个最具有影响力之一的因子，教育文化对于体育课程改革所起到的负面作用似乎更多一些。

（3）体育文化。体育课程改革受到体育文化的影响，可以说是体育课程的重要特征之一。我国悠久的体育文化传统一直在影响着体育课程的发展，主要表现在以下几个方面：

1）传统而略显保守的体育文化。中国人的传统观念十分强烈，无时无刻地不在影响着华夏儿女，也同样的作用于体育领域。纵观整个体育领域，中国体育对于新生运动项目，接受的过程一般是比较慢的，这或许更多的是受到儒家思想的影响“祖制不可违”，正是因为这样，也就导致了在体育领域中，中国体育缺乏更多的创新精神。在世界新兴的许多体育运动中，诸如极限运动、冰壶球、壁球，中国人并没有表现出与之在世界体育地位相匹配的热情。反之，中国体育更加强调的是传统体育项目和基础体育项目，将大量的人力、物力、财力投入到这些领域，为我国整个体育事业的发展，打下了坚实的基础。但是从另一个角度来讲，正是这种长期追求纵向发展的理念，也阻碍了整个中国体育事业的横向发展。这些体现在体育课程中就是多年来我们一直强调“三基”的教育，突出田径、球类运动在体育课程之中的核心地位，忽视新兴体育运动项目对于青少年的体育兴趣的培养（直到1999年新课程标准的颁布，这种状况才有所改善），这从不同角度阻挠了体育课程的改革。

2）重“礼”的体育文化。“礼”是整个中国文化的核心之一，所以“师出有名”或许会更加受到中国体育的重视。当中国体育面对奥运会这场“战役”时，也同样会表现出自己独特的“礼”文化。同时，我们也可以注意到，在赛场上，中国运动员极少做出比较出格的事情，更多的是循规蹈矩，这从某种意义上讲，使赛场增加了更多的秩序性，但是也缺乏了不少激情，削弱了竞技体育的魅力，使体育缺乏一定的观赏性。这种文化同样也影响到我们的体育课程之中，我们的课程设置也必须“师出有名”，我们的课程实施必须为了实现某种远大的理想抱负，否则课程似乎就失去其应有的价值，而“张扬学生个性”、“关注学生个体”在我们的体育教学中是极少被鼓励的，这从某种意义上使我们的体育课程也失去了一定的激情，自然也就缺乏改革的热情。

3）植入“忍”的体育文化。不怕苦、不怕累是“忍”在中国体育文化的具体表现。所以中国体育在中长跑、重竞技等一些需要超乎一般人想象的艰苦训练项目中，总是具备一定的优势。同时，在面对赛场上的突发事件（尤其是面对来自对手、裁判等外在因素的干扰）时，会显得应变能力不足，而且缺乏必要的机动性与灵活性。在需要极强的表现力的项目中，会显得相形见绌。这同样引发了我们在体育课程中的思索，我们的学生都是“善忍”的，他们都受到了良好的“忍”文化熏陶。因此，即使对于体育课程再不满意，学生也极少会明确地表达给教师；同样教师即使对于课程有诸多不满，也会一味地“忍”，通过自身努力去适应课程。这种“忍”文化，对于稳定课程、顺利实施是有着积极的意义的，但是，若要谈论课程改革这种“揭竿而起”的事情，则似乎总是缺乏一种勇气。

4）二元对立的体育文化。中国体育文化同时还存在着严重的二元对立现象。一方面是以东部发达沿海开放地区为代表的西方现代体育文化；一方面是以大西部内陆地区所代表的中国传统体育文化。当沿海开放地区开始吸收和借鉴西方现代体育文化时，内陆地区还显现出了传统体育文化的顽强的生命力。也就是说在沿海开放地区或许会代表体育的某种时代最新发展现状，但同时内陆地区还会因循守旧的坚守自己的阵地。这也就导致在中国极限运动与武术等多元体育项目并存且同时蓬勃开展的局面。这种文化的影响明显地体现在最近一次体育课程改革中，同样一份课程标准，有的地区就感到很适应并且能够接受，有的地区就感到非常的不习惯，从而使课程改革呈现出一种明显的两极分化的态势，直接影响了我们对于课程改革的正确评估。

第四节　体育教学改革的潜动力研究

在我们的研究过程中，我们还发现了这样一些因素，它们并不能直接为体育课程改革提供影响动力因子，却又是实实在在地影响着体育课程改革。我们姑且将它们称之为影响体育课程改革的潜动力因子，加以相应的研究。这类因子，主要包括以下几个方面：

一、社会转型期文化对于体育课程改革的影响

社会转型是社会学用以表征特定社会变迁阶段的名词，“指社会从传统型向现代型的转变，或者说由传统型社会向现代型社会转型的过程。”当今的中国社会进入到一个非常关键的变革时期。现代市场经济被广泛的接受，成为社会运动

自觉追求的一个目标——这成为当今社会变革最本质的内容之一。市场经济体制所带来的变革影响绝不仅仅是单纯的经济运行模式的转变（或者说只是影响到经济文化），它所引发的变革已经涉及整个社会运行机制的理性化和民主化进程。尤其是触动了社会最深层的变化，即传统文化模式的失范，引起新旧文化模式和中外文化精神的冲突。在社会转型时期，观念的变化就内部而言，是人们的价值体系发生变更，就外在而言，则表现为行为方式和生活方式的明显改变。这些变化，成为“最深层次的转型，即中国人的生存意识和生存方式的转型：在生存的时间上，从重视过去向重视未来转化；在生存方式上，从稳定向发展转化；在生存的价值追求上，从趋同、统一向多元、自主转化。”

（1）社会转型期文化给体育课程改革带来的机遇。在社会转型时期，社会的文化背景复杂，人们的思想变得易于波动，因此，对于改革无论是社会还是民众，都给予了极大的宽容，所以社会转型期给我国体育课程改革带来了发展的机遇。正如我们前文曾经论述过的（此处不再重复），正是借助于中国社会的转型这一契机，体育课程才通过《癸卯学制》进入到学校教育中（这也标志着新教育制度和体育制度在中国开始确立），体育课程在教育中的地位、课程比重、时数安排等得以明确，这也标志着西方近代体育课程第一次较普遍地进入中国官办学堂。中国的体育课程从此走上发展之路。至于此后的多次体育课程改革，包括1916年颁布的《高等小学校令施行细则》，就是受到“五四运动”前后几年新文化运动的影响（这种不停的社会转型时期，往往持续若干年，只不过到了1919年达到了顶峰）。至于建国以后1956年颁布的《小学体育教学大纲（草案）》和《中学体育教学大纲（草案）》则明显带有新民主主义革命的气息。直到20世纪90年代素质教育的提出，自1987年至1996年，十年间，6次体育课程改革，似乎也创造了我国体育课程改革的历史，这段时期中国也正在经历着史无前例的社会重大转型。

（2）社会转型期文化给体育课程改革带来的挑战。当然社会转型时期，带给体育课程的也并不全是机遇，同时带给体育课程巨大的挑战。由于转型期社会思想波动比较大，整个社会文化处于“失范”的状态，充满着文化冲突，因此，很难判定哪一种思想能够指导体育课程改革。这期间有时会出现大范围的调整，有时又会出现局部的微调。但是由于社会文化的“动荡”，使得体育课程总是处于不断的“调整”之中，以适应社会的变革，这对于体育课程的发展而言，并无多少裨益。

在20世纪80年代初期，我国经历了一次巨大的“文化热”，人们开始意识到要发展现代化的商品经济、增强社会发展活力，必须改革不合理的过分集中的政治管理体制，建立社会主义民主政治，最大限度地调动人们的积极性。同时，受传统自然主义和经验主义文化模式支配的中国民众在基本素质和行为方式上还不能适应现代化的社会需求，经验式和人情化的行为方式和交往模式成为阻碍社会现代化的“绊脚石”。这种社会文化的巨大波动，也给体育课程改革带来了一定的负面影响。自1987年至1996年，十年间，进行了全国范围内的6次体育课程改革，使这段时期内我国体育课程的发展受到了波动。以小学体育课程改革为例，在1987年《全日制小学体育教学大纲》和1988年《九年制义务教育全日制小学体育教学大纲（初审稿）》中，“确定体育教学内容的原则”部分，就发生了明显的变化（见表4-6）。

表4-6　1987年和1988年体育教学内容原则比较

1987年体育教学内容原则	1988年体育教学内容原则
1. 思想性原则	1. 教育性原则
2. 增强体质的原则	2. 符合生理特征的原则
3. 科学性原则	3. 适应学生心理特征的原则
4. 理论联系实际原则	4. 理论与实践相结合的原则
5. 全面性和兴趣性原则	5. 继承和发扬民族传统体育的原则
6. 统一性和灵活性相结合的原则	6. 统一性和灵活性相结合的原则
7. 体育教材与《国家体育锻炼标准》相结合原则	7. 与《国家体育锻炼标准》相结合原则

从表中我们可以清晰地看到仅仅相隔一年的时间，教学内容原则还是有了很大的变化。将“增强体质原则”改为“符合生理特征的原则”表明，体育教学内容已经不再仅仅是关注“体质”，而是转向“人的全面发展”；同时开始关注“学生的心理特征”，这在以往的任何一次体育课程改革中均未提及，这与当时社会文化中“人本主义”思想开始得到重视是密不可分的。同时，特别强调了“继承和发扬民族传统体育的原则”，这是对民族传统文化的一种保护，这与当时代社会文化处于转型时期，传统文化与现代文化，本土文化和外来文化的激烈交锋有着密不可分的关系，这将在后文中加以阐述。

由此，我们不难看出，在体育课程改革的历史中，社会转型给体育课程改革带来的巨大的影响。但是这种影响并不是直接作用在体育课程改革中，而是借助于某些文化载体得以发挥其相应的功能，这是我们在研究体育课程改革所需要认真思索的问题。

二、传统文化的现代化

传统文化的现代化是一个对于体育课程改革影响意义深远的问题。然而，由于中国百余年的现代化并不是表现为一个连续的、统一的进程，而是不断地被各种“事变”所打断，因而，文化重建也无法作为一个持续统一的进程而不断走向深化。任何课程改革，注定是要在传统文化的氛围中进行，也必须以传统文化为基调，在传统文化的现代化进程中，实现课程自身的突破，体育课程改革也不例外。所以，体育课程改革进程中，也必须直面传统文化的现代化问题。而审视我国传统文化的现代化，主要存在以下几个方面的问题：

（1）文化保守主义的坚持。文化是历史凝结成的稳定的生存方式，而传统文化恰恰是建立在这种稳定基础之上的“超稳定”的一种文化形式。文化保守主义成为中国传统文化现代化进程中最大的阻碍。从洋务运动开始，中国的文化保守主义就迫使中国走向了“防御性现代化”的道路。它并不是出于使原有社会体制和文明形态自我完善的“主动现代化”，而是迫于列强的洋枪大炮的“被迫的现代化”。这就导致了一种复杂的民族社会心态：社会的核心心理期待并不是对新东西的渴望，而是对失去原有价值观的恐惧。于是“保”成为中国现代化的核心理念，传统文化作为凝聚着民族认同感的重要标志，自然是要“保”的。正是这种文化保守主义一直影响着我国的体育课程改革。“中学为体，西学为用”成为历次课程改革的核心理念，对于教育传统文化的“保”，从某种意义上阻碍了体育课程的发展。当我们的教育实践者面对新的课程标准时，总是热衷于与过去的课程标准相比较，试图找到与以往的不同之处（这种做法本身无可厚非），并且无论这种不同之处对与否，都成为自己批判的依据，其根本的原因还是文化保守主义在作怪，是对于新生事物的一种“惧怕”。正是在这种心理（不仅是教师还有学生）的作用下，我们的体育课程改革总是举步维艰，并且陷入了“改革力度越大，反对越强烈，错误越多，失败越惨痛”的怪圈，文化保守主义恐怕正是这种异常现象的“始作俑者”。无论是传统文化的现代化还是体育课程的改革，始终都要与文化保守主义作艰苦的斗争。

（2）新儒学的复兴。儒学是中国传统文化的精髓，它本身也在经历着一个现代化的过程。在20世纪20年代，以梁漱溟的“中国文化复兴论”为代表的新儒学思想开始兴起。进入20世纪90年代，以牟宗三、熊十力、余英时为代表的一批新儒学思想家开始了新儒学的复兴运动，形成了一股“国学热”。坦率地说，新儒学的兴起，更多地满足了国人一种精神上的需求，却可能使自己陷入了“夜郎自大”的尴尬境地（此观点纯粹代表作者个人之观点）。新儒学思想关注的并不是传统文化同现代工业文明的总体适应性问题，而是更热衷于运用中国传统文化医治工业文明本身的弊端，如道德体系的崩溃、社会结构的解体等问题，动辄就搬出赛义德的“东方主义”理论来批判西方文化，强调中国文化的话语权，这种影响被放大到体育课程中最明显的就是关于“民族传统体育”这一领域。首先，代表汉民族的儒学精神外延被扩大，似乎汉民族的“民族传统体育”就已经成为全中国的“民族传统体育”，从而忽视了其他民族的传统体育。其次，代表汉民族的民族传统体育精神——“天人合一”，其内涵也被错误的认知，根本无法用其指导后工业文明社会人与自然高度分化之后又试图高度整合、统一的过程。因此，我们在体育课程中所强调的“天人合一”精神与我们时代所强调的“天人合一”，从本质上讲，并不是一回事。客观地说，新儒学的兴起，对于保护传统文化是有着积极意义的，对于体育课程改革——这种带有现代化倾向的传统文化发展，利弊是同时存在的。

（3）以经验对抗理性。中国社会缺乏的是理性，不缺的是经验——中国社会中经验主义是明显要胜于理性主义的。在1999年的体育课程改革中，我们听到最多的反对声音来自于一线教师，听到最多的抱怨是“课不会上了”。透过这些抱怨的背后，我们可以看到的是“经验”与“理性”之间的抗争。“课不会上了”，我们首先要搞清楚什么“课”不会上了？答案很简单，“原来的（课改前）的课”不会上了。正是因为此次课程改革的力度非常之大，甚至于对于以往的课程体系有很多颠覆性的改革，所以原来关于课程、教学的很多“经验”用不上了，一下子使我们的教师感到了茫然，缺乏了底气——这并不全是“惰性”使然，更多的是一种民族性格的体现。例如，我们所提倡的“快乐体育”，使很多教师产生了误解，认为只要学生“高兴”就是快乐的，而让学生“高兴”的“经验”就是“放羊”，有难度的动作不教，需要艰苦锻炼的项目不安排……一下将体育课程中的“教”变成了“哄”。这就是“经验”在作怪，如果我们认真地分析“快乐”，我们发现其实“快乐”也有很多种：既有表面的快乐，也有内心的快乐；既有唾手可得的快乐，也有经过艰苦之后才能获得的快乐；既有个人的快乐，还有团队的快乐……我们的学生真正需要的又是哪种“快乐”呢？面对新生事物，我们缺少的是以理性的思考来了解、认识，并加以分析、运用；更多的是试图找寻以往的经验，通过“过去”来了解“现在”。这种思维方式对于体育课程的平稳发展是有帮助的，但是对于“改革”而言，似乎又使它多了一些羁绊。

（4）以人情对抗法治和契约。中国社会并不是法理社会而是人情社会，“情”大于“法”的现象还屡屡发生在我们的生活之中。因此，在传统文化的现代化进程中，在体育课程改革的过程中，人情和法治、契约的对抗还屡见不鲜。体育课程标准一旦形成，进入实施阶段，就应该成为一种契约，具备了“法律效力”。然而，在我们现实的学校教育体系中，体育课程被挪用、挤占的现象已经司空见惯，教师、学生对于由“思维的传统性”（情大于法）而导致的“传统型的思维”（体育课程无所谓）的运作方式（体育课程为其他“主干”课程让路）已经习以为常。正是这种集体性的“传统思维”导致了体育课程在很多学校无法得到“法制”层面的保障，以至于“不挤占”体育课程，成为推行素质教育的重要保障手段。一种原本非常正常的行为，在传统文化的影响下，变得非常的不正常，让我们不禁感慨传统文化强大的影响力。同样，对于学生体育成绩的评定，也成为传统文化大显身手的舞台，由“终结性评价”向“过程性评价”转变，强调学生的“进步”，使评价不再以唯一的标准来考核学生。但是这也使很多教师、学生对于体育成绩的判定产生了偏差，教师对于学生的喜好往往成为决定学生成绩的主导因素，在这个问题上“情”再一次战胜了“法”。在体育课程改革的过程中，以人情对抗法治和契约的事情还有很多，这从另一个侧面反映了体育课程改革的艰难。

三、外来文化的本土化

外来文化的本土化，是体育课程改革必须要妥善解决的问题。在体育课程改革的过程中，外来的诸般主义、思潮和制度，给我国体育课程带来了诸多启示。但是，彼此之间存在的显著差异，让我们还一时无法及时消化这些囫囵吞下的外来文化。恰恰相反，有时太迫切地追赶欲望，反而将我们带入泥泞的沼泽地，往往事与愿违。外来文化的本土化是我们需要也一直在解决的问题，但是透过现阶段我国体育课程改革，我们发现这种本土化的进程也并非是一帆风顺的，主要存在以下几个问题：

（1）现代文化的真空。正如我们前面所讲到的，当前中国正处于社会转型期，在这个时期，中国的文化出现了短暂的“文化真空”，传统文化的现代化进程并没有结束，主流文化与非主流文化区分并不是非常明显。作为体育课程而言，主流的学术思想还并没有形成，因此只能以“多元”来笼统地代表我们自身的课程文化，这也就使我们的课程改革指导思想出现了“马克思主义人的全面认知说”与“建构主义”和“多元智能理论”共存的局面。这就好比一个急需飞机的城市，已经将飞机购入，却没有建成相应的机场及其配套设施，飞机就在天上盘旋，怎么办？只能强行降落！结局只有两种可能：要么机毁人亡，要么侥幸成功。机毁人亡的后果（这种结局的概率要远远高于后一种）就是前功尽弃，花费了大量的人力物力之后再重新来过；侥幸成功的结局是在飞机降落的区域修建机场，使得更多的飞机顺利着陆。这样看来机场是必须要修建的，那我们为什么不修建好机场再把飞机请来呢？一种或多种外来课程理论被介绍到国内，由于缺乏使其“本土化”的土壤，只能先硬性地采取“拿来主义”，囫囵吞枣般地接受，然后再“静观其变”。这种情况与我们所举的事例何其相似?！唯一不同的是，这次我们拿来做赌注的筹码是我们的教育！飞机毁了我们可以再买，但我们的教育倘若毁了（课程改革失败了），我们拿什么来弥补？我们弥补得起吗？

（2）技术理性和人本精神之间的冲突所形成的“滞胀”。这本是两个问题：一是“技术理性和人本精神之间的冲突”，二是由于两者冲突所引发的另一种冲突。在我们的体育课程改革中，我们遇到的真正挑战来自于后者，而实际的挑战却来自于前者，这是一个带有明显因果关系的命题。西方社会（尤其是资本主义社会）历经400多年的发展，一直倡导“技术理性”至上的原则，资本主义迎来了辉煌的阶段，世界的现代化进程被大大加速，并且借助于这一原则，创造了人类历史前所未有的物质财富和精神财富（很多课程理论就是建立在这个时期）。然而，西方社会也逐渐（请注意是经历过以后的“逐渐”）意识到这种价值观所带来的负面影响，如价值观混乱和道德滑坡等社会现象，也相应地形成了突出人本精神的相关课程理论。这两种理论的出现是有一个先后顺序的，这是事物发展的客观规律。然而，当这些理论几乎同时被介绍到我国来，并且都试图指导体育课程改革的时候，课程改革领域内的战争已经不可避免。这与当年发生在旅顺的那场“日俄战争”多么的相似，截然对立的双方，在与之毫不相干的第三方领地上发生了激烈的战争！这听起来有些荒唐，却又是那么真实地发生在我们的周围！更加不可思议的是，这场战争引发了我们前面所提到的第二个命题“滞胀”。“滞胀”是痛苦的，我们的体育课程改革又何尝不是正忍受着这种痛苦！处于现代化进程中的中国，现代化还远没有完成，我们需要技术理性来推动社会的现代化步伐，但同时我们也要紧跟时代的步伐，避免走前人所走过的弯路。于是，一个急需技术理性思维的社会，一个从未真正品尝过技术理性甜头的国度，却在大肆批判技术理性的“罪恶”：一个并不缺乏人本精神的国家，却在大声疾呼自己缺乏的恰恰是“人本精神”！这或许就是现时代我国体育课程改革的真实写照，更是外来文化无法真正本土化所带来的痛苦，它给体育课程改革带来的影响或许只有两个字能够表达——混乱！

（3）后现代文化的虚无。后现代文化源起于西方后工业文明，后工业文明发源于西方高度发达的工业文明，工业文明则始于西方更为发达的农业文明，这是后现代文化的根源。当前我国处于一个什么阶段？工业文明还是农业文明？准确地说应该是从农业文明向工业文明过渡的阶段，也就是“前工业文明”。那么对于我们而言，什么是后现代？我们或许并不能真切地感知，我们只能知道的是我们距离后现代还差“工业文明”和“高度的工业文明”两个阶段。因此，当我们畅谈德里达对逻辑中心主义的解构、福柯对现代人的消解、利奥塔德对元叙事的否定——这些建立在高度物质文明基础之上的对人之主体和现代性的“摧毁”和“否定”，我们真的就不感到茫然吗？当前我们社会（课程）所面临的根本问题并非是“秩序下的压抑”而是试图建立“秩序”，也就是说，我们还没有“建构”又从何谈起“解构”呢？当我们总是从虚无的后现代文化立场出发，把“摧毁”、“否定”等后现代精神与传统农业文明的精神直接联姻或对接来指导我们的体育课程改革时，只会导致我国体育课程“以过去为定向”的时代错误，消解体育课程的现代化精神，断送其现代化进程。因此，解决好后现代文化的本土化对体育课程改革而言至关重要。

（4）外来文化的选择性。我们在对待传统文化的时候，不能将“孩子和洗澡水一起倒掉”，同样，在对待外来文化的时候，我们也不能将“鲜花和蚊蝇一起拿回”。对于指导体育课程改革的外来文化，我们也同样需要甄别。在引入国门的同时，我们要考虑它能否符合我国国情，能否顺利地本土化，能否为我所用？例如我们通常所说的“自主建构”，用来指导基础教育（尤其是小学阶段）就值得商榷。其实体育课程中的很多内容是必须要建立在“认知”基础之上的。一个技术动作的传授，我们很难发挥学生的主体性，采取自主建构的方式让学生掌握。毕竟，一个运动项目、一种技术动作是几百年、几十代人经验的结晶，自有其演化的规律，单凭学生的一己之力是很难（或者说不可能）在短期内融会贯通的。同时，体育课程是一门多学科综合、交叉的课程，涵盖了很多相关课程，对于学生（尤其是对于基础教育而言），这是一个庞杂的系统，其知识体系还远达不到“自主建构”的程度。从这个角度理解，我们在课程改革中回避“认知”强调“建构”，似乎又有“因噎废食”之嫌。

四、制度文化

体育课程改革的突破口体育课程改革并不能总是停留于理论的王国，它必须寻找一个切入点，找到一个正确的“突破口”，才能得以顺利实施。按照一般的哲学观点认为：“物质文化和制度文化决定精神文化，而精神文化又反作用于物质文化和制度文化。”物质文化的发展，并不以人的意志为转移，它具有非常强的客观性；而精神文化的发展，又很难受到控制，具有极强的主观性。所以，马林诺夫斯基曾经断言：“制度乃是文化分析的真正单元。”

在体育课程改革中出现的很多问题其实是宏观的和微观的教育制度以及与课程直接或间接有关的制度内在的冲突的外在表现，所有的课程都在适应其所处的制度环境的过程中发展了自己的组织形式，这些组织形式又反映了它所适应的制度环境。不同的制度以不同的方式影响着课程自身的选择，从而影响到体育课程改革的进程和发展。经济学家斯诺指出：“制度是社会的博弈规则，是人类设计的制约人们相互行为的约束条件”、“制度是人们创造出来的一种工具，用以界定人们的自由活动和自由选择空间以及确立人们的行为规范”。制度之所以能够对体育课程改革产生决定性作用，是因为制度本身的激励性，它不仅仅成为体育课程改革的约束性条件，更重要的是对于课程改革的选择提供某种激励。一种良好的制度文化氛围，能够将先进的精神文化转化为实际的课程实施；另一方面良好的精神文化及其相应的价值需求，若不能向制度层面转化，那么精神文化也就无所谓“良好”。

然而在现实的体育课程改革中，我们还没有很好的解决“制度文化”与课程改革的关系，还存在着许多问题等待我们解决。如“素质教育”的理念与突出知识传递的教学管理制度之间的冲突；发展的理念与基于结果的教学评价制度之间的冲突；师生平等的理念与强调传统与权威之间的冲突等。正是因为我们的课程改革还没有完全解决好这些问题，才导致课程改革中对于制度文化的改革显得尤为迫切。也正是以上种种考虑，作者坚信，我国的体育课程改革应当以制度文化为突破口，借助于制度文化的“桥梁作用”，既建立在物质文化发展之上又充分发挥精神文化的自主性。

正是由于这些潜动力因素在体育课程改革中发挥着至关重要的作用，它们虽然并没有直接作用于体育课程改革，但是毕竟起到了“风向标”的作用，它引导着体育课程改革的方向，掌握着体育课程改革成败与否的决定性因素。所以，在我们研究体育课程改革时，这些问题就不得不加以考虑。处于社会转型时期的中国，尽管在文化领域呈现出了某些纷杂之势，但是对于课程改革这样一个关乎“变革”的事情，还是利大于弊的，毕竟它为体育课程改革提供了一个较为开放的环境，营造了一个相对较为理想的外部环境。就当前世界体育课程改革总体趋势而言，本土文化终究还是指导体育课程改革的根本文化，任何脱离于“本土化”的改革终究会成为“无源之水”，难以取得成功。就当前我国体育课程改革现状而言，“本土化”主要呈现出了两种趋势：从纵向考虑，我们必须认真解决好传统文化的现代化问题；在横向上，外来文化的本土化依旧是我们迫切需要解决的问题。所以，我们认为在当前我国体育课程改革的形势下，既要借鉴国外的先进经验指导体育课程改革，又要注重传统教育理论在课程改革中发挥的作用；就课程文化领域而言，当务之急是要解决好外来文化的本土化问题。但从长远看，传统文化的现代化才是中国现代化进程中最重要的问题。至于改革的“切入口”，由于制度文化自身的优势所在，它理所应当成为改革重点所在。

第五节　体育教学改革文化动力作用机制及实证研究

一、关于系统动力学及其相关概念

（一）系统动力学

系统动力学（System dynamics）属于20世纪经济数学的一个分支，在20世纪50年代中期由美国麻省理工学院福雷斯特教授首创。系统动力学的形成与发展在20世纪70年代推动了可持续发展理论在世界范围内的兴起。系统动力学极力从系统内部的微观结构入手，在把握系统内部结构、参数及总体功能的前提下，分析并把握系统的特性与行为。系统动力学模型本质上是带时滞的一阶微分方程组，这种方法在利用计算机建模时借助于系统流图，其中流位变量、流率变量、助变量等都具有明确的物理意义，可以说是一种面向实际的结构型的建模方法。其主要特点是能方便地处理非线性和时变现象，能作长期的、动态的、战略性的仿真分析与研究。由于文化的复杂性以及特殊性，本文的研究正是基于系统的思维，运用系统动力学方法，对现实的体育课程文化系统进行研究。

系统思维方法从根本上区别于传统形式的分析。传统分析着重于将研究对象分成独立的部分（事实上，英文单词 analysis 的词根意义是“分成几个组成部分”）。与之相反，系统思维着重于研究作为系统一个组成部分的研究对象如何与系统的其他组成部分相互作用，系统定义为一系列相互作用产生行为的元素。这意味着，区别于将作为研究对象的系统孤立成一个个越来越小的部分，系统思维方法通过联系越来越多的组成部分之间的相互作用来研究问题。这在某些时候导致了与传统形式的分析截然不同的结论，特别是当研究对象具有动态复杂性，或者与内部和外部有许多反馈的时候。广义的系统包括开环系统和反馈系统，开环系统的输出对输入仅有响应而没有影响，反馈系统的输出对输入有影响。在开环系统中，过去的行动不会影响未来的行动，但是反馈系统则不然，它要受到系统过去行动的影响。复杂系统中的反馈回路（Feed back loop）形成相互联系、相互制约的结构。社会经济系统都是信息反馈系统。就社会—经济系统而言，反馈回路联结了关键变量（决策的杠杆作用点）与其周围其他变量的关系。决策导致行动，行动改变系统周围的状态，并产生新的信息一未来新决策的依据，如此循环作用形成反馈回路。

（二）系统动力学相关概念

（1）反馈回路。系统内包含有反馈环节的诸要素构成的闭环回路称为反馈回路。它是系统产生增长、衰减、目标追求和振荡等所有动态行为的根源，因而是系统最基本的结构。

（2）正反馈回路。它是发生于其回路中任何一处的初始偏离或动作回路一周将获得加强，它往往成为系统中非平衡、非稳定的因素。

（3）负反馈回路。它的特点是“寻目的性”，即力图缩小系统状态相对于目标状态的偏离，它是使系统趋于平衡、稳定的因素。

（4）系统边界。系统边界是一条将那些被认为来自系统内部的因素和来自外部的因素分开的假想的线，位于系统边界外的概念和变量在系统模型中不予考虑，而边界内的都是那些与所研究的问题有密切关系的概念和变量。正确制定系统边界的一条准则是：系统中的反馈回路应该是封闭的，要把那些与建模的关系密切的量都划在封闭回路中。

二、系统动力学的作用机制

系统动力学定义复杂系统为高阶次、多回路和非线性的反馈结构。一个系统由单元、单元的运动和信息组成。单元是指系统存在的现实基础，而信息在系统中发挥着关键的作用。依赖信息，系统的单元才能形成结构。单元的运动才能形成系统的行为与功能。信息作为一种比较严密的科学概念，直到20世纪初才被人们所认识和利用。香农的信息论对信息的存在性与度量方法进行了定量的数学描述。维纳通过研究生物体的内部调节功能与机器系统的自动控制作用发现它们存在着的某些共同规律，把生物系统中的信息反馈概念引入了机器系统，从而建立了控制论。福雷斯特考察了社会经济、生物与生态系统中存在的动力学问题，首先把信息反馈概念应用于社会经济系统。

系统动力学把世界上一切系统的运动假想成流体的运动，使用因果关系图（Causa loop diagram）和系统流图（Stock and flow diagram）来表示系统的结构。简单说来，系统结构是指系统要素是如何关联的。这个要素可以是系统变量，也可以是反馈回路或子系统。因果关系图以反馈回路为其组成要素，反馈回路为一系列原因和结果的闭合路径。因果关系图能清晰地表达系统内部的非线性的因果关系。反馈回路的多少是系统复杂程度的标志。两个系统变量从因果关系看可以是正关系、负关系、无关系或复杂关系。所谓正关系是指一个量的增加引起相关联的另一个量增加，反之则称为负关系。复杂关系指两个变量之间的因果关系时正时负。正负关系在因果关系图中分别用带“+”、“-”号的箭头表示。当这种关系从某一变量出发经过一个闭合回路的传递，最后导致该变量本身的增加，这样的回路称为正反馈回路，反之则称为负反馈回路。

三、体育课程改革的文化动力作用机制

可以根据本章第三节和第四节所阐述的内容，按照系统动力学原理，建立体育课程改革系统动力学模型（见图4-8），通过模型，我们可以清楚地了解，文化中的诸多因子是如何作用于体育课程改革的。

（一）体育课程改革反馈回路的界定

首先，我们要明确系统边界，即体育课程改革自身和影响体育课程改革的外驱力、内驱力构成了一个完整的系统，除此以外的因子，在本系统模型中不再考虑。然后，我们应当确定系统之中的反馈回路（在这个过程之中，也就相应地确定正负回路）。通过分析，我们不难发现，该系统中最基本的回路有两个，是由外驱力和内驱力作用于体育课程改革所产生的，我们分别称之为外一级反馈回路和内一级反馈回路。按照系统学原理，系统中的任何一个子系统都可以单独作用于母系统，因此，由外驱力中的6个文化因子所形成的6个子系统又分别与母系统体育课程改革构成了6个外二级反馈回路。同样的道理，在内一级反馈回路之下，其7个子系统又分别与母系统体育课程改革构成了7个内二级反馈回路。这样就形成了整个系统完整的反馈回路体系。因此，整个系统的反馈回路就由2个

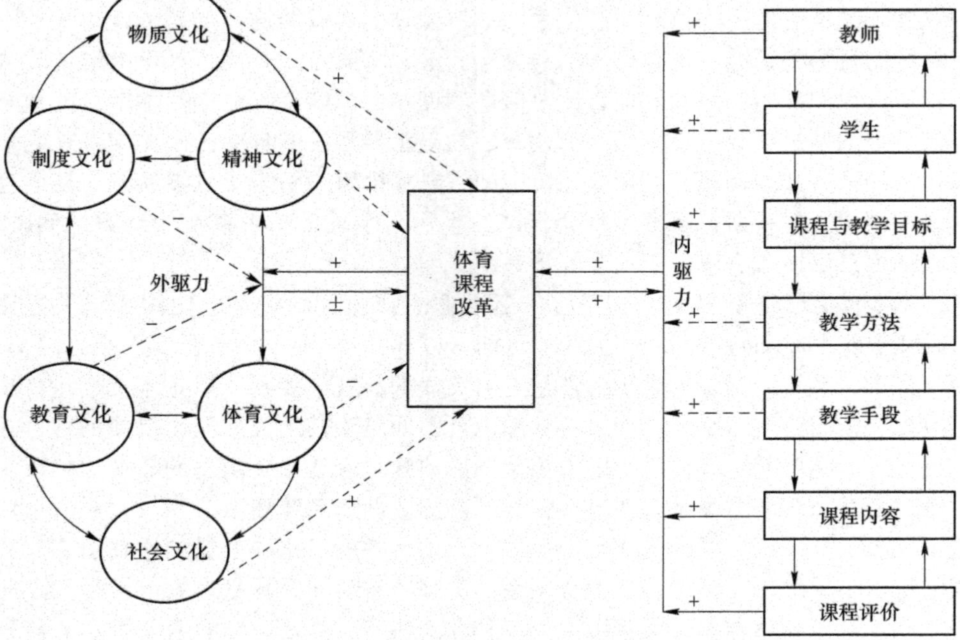

图 4-8 体育课程改革系统动力学改革

一级反馈回路（分别是内、外一级反馈回路）和 13 个二级反馈回路（分别是 7 个内二级反馈回路和 6 个外三级反馈回路）共同组成。

（二）体育课程改革系统动力学作用机制

按照本章第三节的分析，我们可以得知，外驱力作用于体育课程改革的时候，制度文化、教育文化和体育文化通常具有比较传统的文化特色，呈现出比较保守的特点，往往会使体育课程改革趋向于稳定状态（也就是我们一般意义上理解的“阻碍体育课程改革的发生”），因此，它具备了负（-）反馈回路的特征，相应地由它们构成的二级外反馈回路都为负（-）反馈回路。而物质文化、精神文化和社会文化又总是呈现出比较超前、激进的一面，往往会使体育课程改革趋向于非平衡状态（也就是我们一般意义上理解的“促进体育课程改革的发生”），因此，这条反馈回路还同时具备了正（+）反馈回路的特征，所以由它们构成的外二级反馈回路系统均为正（+）反馈回路。正是基于上述考虑，我们将外一级反馈回路定义为正负（±）反馈回路。由于在外一级反馈回路中，存在着体育课程改革和外驱力的相互作用，所以这条反馈回路应当是双向的。通过我们的分析，可以得知，体育课程改革一旦发生，必然会对于外驱力中所有的文化因子都产生一种积极的作用，这是课程（这一特殊的文化现象）的本质所致，这也就同时决定了这条反馈回路是正（+）反馈回路。

同样的作用原理也作用于内一级反馈回路，与外一级反馈回路和外二级反馈回路相比，内一级反馈回路和内二级反馈回路所表现出来的特征要相对简单得多。当内驱力作用于体育课程改革的时候，其7个文化因子都发挥了比较积极的作用，呈现出其活跃的一面，成为推动体育课程改革的重要动力因子，往往会使体育课程改革趋向于非平衡状态（也就是我们一般意义上理解的"促进体育课程改革的发生"），因此，这些反馈回路还同时具备了正反馈回路的特征，所以由它们构成的外二级反馈回路系统均为正（+）反馈回路。按照系统学的原理，母系统应当具备子系统所有的属性，因此，由7个内二级反馈回路共同组成的母系统内一级反馈回路，也就理所应当的呈现出了正（+）反馈回路的特征。同样的道理，体育课程改革一旦发生，其必然也会对于内驱力中所有的文化因子都产生一种积极的作用，这是课程作为其7个子系统的母系统所表现出的系统学本质所致，这也就同时决定了由它们构成的反馈回路是正（+）反馈回路。

正是在这些正负反馈系统和信息流的共同作用下，体育课程改革才得以发生，也才使得体育课程改革变得难以把握。当然，这些还仅仅局限于理论层次的分析，要想更加深刻地理解体育课程改革的动力作用机制，我们还必须深入到实践之中，进行实证研究。

四、体育课程改革的文化动力作用机制实证研究

体育课程改革的文化动力作用机制在现实的改革中究竟发挥了什么样的作用？这是我们一直想探询的重要问题。作者就这一问题，对体育课程领域的有关专家、学者进行了问卷调查，以求获取翔实的第一手资料。

作者就这一领域问题，制定了相关问卷（已经进行了信度和效度检验），并对19名国内该领域的权威专家和南京师范大学课程与教学论专业的15名博士研究生，南京师范大学体育科学学院进行多年相关研究的专家以及济南济微中学、小学部分体育教师进行了问卷调查，总计发放问卷50份，回收有效问卷49份，有效率达到98%，保证了调查的真实性和有效性。

（一）体育课程改革的主导驱动力和主导文化

在影响体育课程改革的主导驱动力的选择中（见表4-7），有42.9%的受访对象选择了外驱力；另有57.1%的受访对象选择了内驱力。这与我们前面所进行的理论分析是一致的，主导事物发展的主要因素还应该是内因。但同时，我们还应该注意到，选择外驱力的人数也超过了40%，这表明，在当今日益开放的社会中，伴随着交流的日益频繁和社会各个领域的相互渗透，外驱力也起着非常重要的作用。

表 4-7 体育课程改革的主导驱动力

选 项	选择人数/人	占比/%	有效比例/%	累积比例/%
1 外驱力	21	42.9	42.9	42.9
2 内驱力	28	57.1	57.1	100.0
总 计	49	100.0	100.0	

在体育课程改革的主导文化选择中，有 79.6% 的受访对象选择了本土文化；只有 20.4% 的受访对象选择了外来文化（见表 4-8）。这与我们前面的理论分析也是相吻合的，这说明无论是进行什么样的改革，都要坚持“以我为主”的思想，坚持走民族化、本土化的道路。这并不是意味着要排斥外来文化，而是即使我们借鉴外来文化，也必须要有一个“吸收”的过程，这个过程就是外来文化的“本土化”，这个转换在我们课程改革中是非常重要的一个过程。

表 4-8 体育课程改革的主导文化

选 项	选择人数/人	占比/%	有效比例/%	累积比例/%
1 本土文化	39	79.6	79.6	79.6
2 外来文化	10	20.4	20.4	100.0
总 计	49	100.0	100.0	

（二）体育课程改革的潜动力因素分析

（1）当前社会转型期对于体育课程改革的影响。在这个问题上（见表 4-9），有 73.5% 的受访对象选择了有利，14.3% 选择了非常有利；只有 8.2% 和 4.1% 的人选择了不利和非常不利。这表明，在这个问题上，大家还是保持了高度一致，认为当前我国的社会转型对于体育课程改革是有积极影响的，这也充分表明了，广大受访对象对于国家的信心和对未来的良好期望。

表 4-9 当前社会转型期对于体育课程改革的影响

选 项	选择人数/人	占比/%	有效比例/%	累积比例/%
1 非常有利	7	14.3	14.3	14.3
2 有利	36	73.5	73.5	87.8
3 不利	4	8.2	8.2	95.9
4 非常不利	2	4.1	4.1	100.0
总 计	49	100.0	100.0	

（2）当前体育课程改革对于文化领域所要解决的主要问题。针对这一问题，受访对象给出了一个令人意外的答案（见表 4-10），63.3% 的受访对象选择了外来文化的本土化，只有 36.7% 选择了传统文化的现代化。这似乎与前文所描述的主导驱动力矛盾，但是细细想来又不无道理。就我国当前体育课程改革现状而

言，确实是大量的国外教育理论充斥着体育课程改革，并且有相当一部分理论还仅仅停留在“引进”的层面上，并没有真正地实现“本土化”的过程，因此，就眼前的当务之急而言，外来文化的本土化确实是要迫切解决的问题。同时，我们还应该看到，有将近三分之二的受访对象选择了外来文化的本土化，这本身就表明，大家想迅速解决我国体育课程改革中出现的问题，使体育课程在短时期内实现一个质的飞跃，这种美好的愿望又往往带有一些急功近利的色彩，这或许也是当前我国体育课程改革的真实写照。其实，我国拥有着优良的教育传统，完全可以用来指导我们的体育课程改革。然而，传统文化的现代化是一个相对漫长的过程，它需要一个长久的积淀，需要的是踏踏实实地将传统文化的现代化进行到底。就长久而言，外来文化的本土化和传统文化的现代化应当共同促进我国文化的现代化进程。

表 4-10 当前体育课程改革对于文化领域所要解决的主要问题

选 项	选择人数/人	占比/%	有效比例/%	累积比例/%
1 外来文化的本土化	31	63.3	63.3	63.3
2 传统文化的现代化	18	36.7	36.7	100.0
总 计	49	100.0	100.0	

（3）当前体育课程改革对于教育领域所要解决的主要问题。针对这一问题，受访对象给出了一个有趣的答案（见表4-11），各有51%和49%的受访对象分别选择了两种不同的答案。这成为在本次调查中受访者观点所占比例最接近的一个问题。分析这个结果，我们发现，这并非是一个水火不容的结果，而恰恰证明了当前困扰我国体育课程改革领域的两大难题。只有解决好这两个问题，我们的体育课程改革才能得以顺利实施。同时，我们应当意识到，这是体育课程改革所必需的两条并行的主线，而不是具有先后顺序的。借鉴国外先进经验指导体育课程改革这一选项以微弱的优势领先于运用传统教育理论指导体育课程改革，既表明了当前我国体育课程改革的趋势，同时也说明了我国当前体育课程改革所欠缺的环节。

表 4-11 当前体育课程改革对于教育领域所要解决的主要问题

选 项	选择人数/人	占比/%	有效比例/%	累积比例/%
1 借鉴国外先进经验指导体育课程改革	25	51.0	51.0	51.0
2 运用传统教育理论指导体育课程改革	24	49.0	49.0	100.0
总 计	49	100.0	100.0	

（4）当前我国体育课程改革的突破口。在这个问题上，广大受访者还是取得了高度的一致（见表4-12），有73.5%的人选择了制度文化，22.4%选择了精

神文化，只有4.1%选择了物质文化。制度文化作为改革进程中最难以突破的领域，已经引起了绝大多数人的重视，这与本章第四节所分析的结果是高度一致的。精神文化由于其相对自由的特性，对于全国范围的体育课程改革，增加了太多的变数，不太好把握，因此，它只能位于次席。而物质文化之所以只占有4.1%的比例，据笔者分析主要是两方面的原因造成的，一是伴随着我国经济的整体发展和对于基础教育的投入不断加大，已经能够基本保障体育课程的物质条件，因此，对于体育课程改革的影响力较弱（这应当是主要原因）；二是由于此次受访者多为城镇居民，物质条件相对较好，缺乏对于物质条件还较为薄弱的农村的全面了解，也成为这一选项入选率如此之低的另一原因。

表 4-12　当前我国体育课程改革的突破口

选　项	选择人数/人	占比/%	有效比例/%	累积比例/%
1 物质文化	2	4.1	4.1	4.1
2 制度文化	36	73.5	73.5	77.6
3 精神文化	11	22.4	22.4	100.0
总　计	49	100.0	100.0	

（三）外驱力文化因子

对于体育课程改革影响的重要程度在外驱力文化因子中，我们一共给出了6个最重要的文化因子，分别是社会文化、教育文化、体育文化、物质文化、制度文化和精神文化。通过受访者所做出的判断，我们发现基本与本章第三节所进行的理论分析相一致（见表4-13）。大多数受访者认为社会文化、物质文化对于体育课程改革起到了推动作用，成为推动体育课程改革的动力，并且物质文化以7.02分排在社会文化6.14分之前，这表明，从体育课程改革整体发展来看，物质文化还是体育课程改革的重要基础，没有了它作为保障，也就无从谈起体育课程改革，这本身也符合“经济基础决定上层建筑”的判断，同时其标准差最小（1.909）也印证了这一点。而社会文化，从体育课程改革总的情况来看，也始终呈现出了积极的态势，这与教育领域必然要受到其他领域改革的影响是密不可分的。

而教育文化、体育文化、制度文化和精神文化都分别被判定为阻碍体育课程改革的阻力因素，多少有些让人觉得遗憾，但是又确实符合我国的实际国情。就像我们前文所分析过的，尽管我国有着悠久的教育文化，但这些优秀的教育传统对于体育课程这门强调“技艺性”的课程而言，却并非都是积极的，很多因素在制约着体育课程改革的进行。而体育文化，一方面受到文化传统的影响，更重要的一点是长期以来，学校体育始终存在于竞技体育的阴影之下，竞技体育巨大的成功占据了学校体育（自然也包括体育课程）在体育领域应有的位置，从而间接地影响了体育课程的发展。制度文化，主要是考试制度文化千百年以来，一直成为我国教育发展的“瓶颈”。因此，其阻碍一门当前考试制度（高考）中并不存在的课程也就“非常正常”，甚至显得理所应当，它得到最低分数也就不足为奇。对于精神文化，广大受访者还是显现出了比较矛盾的心情，从其标准差最大（2.848）可以看出这一点，给出了4.12的分数，接近于“无阻碍”。应当说单纯的精神文化还是显得相对自由，人们对于体育课程的理解和认同还是趋于促进体育课程的发展方向的，但是，在精神文化受到其他几种文化的影响之后，这种认同就发生了偏差，导致了精神文化趋向于保守的一面，因此，它也表现出了一定的负面影响。所以，最后对于这些阻碍因素由高到低的排序为：制度文化（2.82）、教育文化（3.63）、精神文化（4.12）和体育文化（4.53）。综合来看，各个因素之间的标准差相差并不是非常大，这表明，在这些问题上受访者还是取得了高度的一致。

表 4-13　外驱力文化因子对于体育课程改革影响的重要程度

选　项	总　数	平 均 数	标 准 差
社会文化	49	6.14	2.131
教育文化	49	3.63	2.447
体育文化	49	4.53	2.399
物质文化	49	7.02	1.909
制度文化	49	2.82	2.497
精神文化	49	4.12	2.848

（四）内驱力文化因子对于体育课程改革影响的重要程度

按照李秉德先生认为的教学系统由七个不同要素组成：教师、学生、教学目标、课程教材、教学方法、教学手段、教学评价，我们将影响体育课程改革的内驱力因子也相应地定义为上述7个因子。通过受访者的选择（见表4-14～表4-20），我们可以对影响体育课程改革的内驱力因子做出如下判断：有49%的受访者将教师排在7个因子中的第1位；44.9%的受访者将学生排在第2位；59.2%的受访者将教学目标排在第3位；55.1%的受访者将课程评价放在了第4位；57.1%的人认为课程内容应当排在第5位；而各占42.9%的受访者将教学手段和教学方法分别排在了第6位和第7位。这个调查排序应当说和我们的理论分析的情况基本相符。通过数据分析我们可以得知，教师和学生之间的重要程度相差无几（选择其占首位的分别为24人和19人；占次位的分别为13人和22人），这表明在当今的课程改革中，教师和学生作为课程改革的两大主体，其地位得到凸显。只不过由于是基础教育课程改革，由于学生受到身体、心理发育等因素的影响，其自主性还稍显不足，因此，教师的地位应当得到加强，教师的作用就显得重要一些。

表 4-14 内驱力文化因子——教师对于体育课程改革影响的重要程度

重要程度排位	选择人数/人	占比/%	有效比例/%	累积比例/%
第1位	24	49.0	49.0	49.0
第2位	13	26.5	26.5	75.5
第3位	9	18.4	18.4	93.9
第7位	3	6.1	6.1	100.0
总　计	49	100.0	100.0	

表 4-15 内驱力文化因子——学生对于体育课程改革影响的重要程度

重要程度排位	选择人数/人	占比/%	有效比例/%	累积比例/%
第1位	19	38.8	38.8	38.8
第2位	22	44.9	44.9	83.7
第3位	3	6.1	6.1	89.8
第4位	1	2.0	2.0	91.8
第6位	1	2.0	2.0	93.9
第7位	3	6.1	6.1	100.0
总　计	49	100.0	100.0	

表 4-16 内驱力文化因子——教学目标对于体育课程改革影响的重要程度

重要程度排位	选择人数/人	占比/%	有效比例/%	累积比例/%
第1位	4	8.2	8.2	8.2
第2位	6	12.2	12.2	20.4
第3位	29	59.2	59.2	79.6
第4位	1	2.0	2.0	81.6
第6位	4	8.2	8.2	89.8
第7位	5	10.2	10.2	100.0
总　计	49	100.0	100.0	

表 4-17 内驱力文化因子——教学方法对于体育课程改革影响的重要程度

重要程度排位	选择人数/人	占比/%	有效比例/%	累积比例/%
第1位	2	4.1	4.1	4.1
第2位	3	6.1	6.1	10.2
第3位	4	8.2	8.2	18.4
第4位	3	6.1	6.1	24.5
第6位	16	32.7	32.7	57.1
第7位	21	42.9	42.9	100.0
总　计	49	100.0	100.0	

表 4-18　内驱力文化因子——教学手段对于体育课程改革影响的重要程度

重要程度排位	选择人数/人	占比/%	有效比例/%	累积比例/%
第 2 位	1	2.0	2.0	2.0
第 3 位	3	6.1	6.1	8.2
第 4 位	6	12.2	12.2	20.4
第 5 位	7	14.3	14.3	34.7
第 6 位	21	42.9	42.9	77.6
第 7 位	11	22.4	22.4	100.0
总　计	49	100.0	100.0	

表 4-19　内驱力文化因子——课程内容对于体育课程改革影响的重要程度

重要程度排位	选择人数/人	占比/%	有效比例/%	累积比例/%
第 2 位	3	6.1	6.1	6.1
第 3 位	1	2.0	2.0	8.2
第 4 位	11	22.4	22.4	30.6
第 5 位	28	57.1	57.1	87.8
第 6 位	3	6.1	6.1	93.9
第 7 位	3	6.1	6.1	100.0
总　计	49	100.0	100.0	

表 4-20　内驱力文化因子——课程评价对于体育课程改革影响的重要程度

重要程度排位	选择人数/人	占比/%	有效比例/%	累积比例/%
第 2 位	1	2.0	2.0	2.0
第 4 位	27	55.1	55.1	57.1
第 5 位	14	28.6	28.6	85.7
第 6 位	4	8.2	8.2	93.9
第 7 位	3	6.1	6.1	100.0
总　计	49	100.0	100.0	

而教学目标、课程评价和课程内容以相对稳定的姿态分别位于第 3 ~ 5 位，表明在对于它们的认同上，绝大多数受访者还是保持了高度的一致，其在课程改革中的作用得到应有的认可。而教学方法和教学手段之间排序的不明朗（分别有 42.9% 和 32.7% 的人选择它们排在第六位；22.4% 和 42.9% 的人选择将它们排在第七位），则进一步验证了王策三先生的认识，在我国当今教育界，对于教学手段和教学方法，还有很多人将它们相混淆，对它们缺乏足够的认识。尤其是对

于教学手段，通过数据分析我们可以看出，对于教学手段的认识还显得非常不统一，其结果几乎涵盖了所有排序，这进一步表明，对于上述两个问题，我们应当加强研究。最后，多数受访者所确定的内驱力文化因子对于体育课程改革影响的重要程度排序为：教师，学生，教学目标，课程评价，课程内容，教学手段和教学方法。这个结果与我们分析的预期结果基本吻合，这也进一步证明了伴随着我国体育课程改革的深入进行，广大体育教育工作者，对于课程改革的内驱力因子所发挥的作用认识还是比较深刻、全面的；同时表明，在现阶段理论工作者和广大实践者在对于体育课程改革的理解上还是能够保持高度一致。

第五章

体育教学改革与文化融合的反思

第一节 文化视域中 2000 年体育教学改革的进步意义

1999 年教育部颁布了全日制义务教育、普通高级中学《体育（1~6 年级）体育与健康（7~12 年级）课程标准（实验稿）》（以下简称“新课标”），并且迅速在全国全面推广。这个课程标准的颁布，标志着建国后第 7 次体育课程改革正式拉开了序幕，它对我国体育课程的发展产生了深远的影响并且也带来了一系列的问题，“新课标”的出台，总体上讲符合时代发展的需求，具有明显的进步意义。

一、新体育课程改革的文化解读

1999 年的体育课程改革可以说是我国体育课程改革史上“里程碑”式的一次课程改革，这次课程改革开创了我国体育课程的很多第一次，让我们对于体育课程的理解发生了很多深刻的变化。

（一）文化促使体育课程价值观发生变化

体育课程的价值是什么？这是一个长期困扰体育课程的核心问题。体育课程的核心价值观长期以来呈现出了一种不确定的状态：从 20 世纪 20 年代的“军国民”主义思想，到 20 世纪中叶的“体质教育论”，再到 20 世纪 80 年代的“素质教育”。尽管我们的学科在发展，但是，遗憾的是我们始终无法把握体育课程的核心价值观，从而导致体育课程改革的不确定性。直到 1999 年教育部颁布的新课程标准中，才对这个问题有了明确而又被广泛认可的认识——马克思主义人的全面发展说（就体育课程而言，具体为“健康第一”指导下的“三维健康观”）。这次新课程改革，最终使体育课程摆脱了种种枷锁，回归到其本源价值观上，即追求人的全面发展，倡导对生命的尊重。尽管在这之前，我们也多次提到，教育的最终目的就是使人得到全面的发展，但是，在以往实际的课程实施中，我们并没有真正做到全面关注“人的全面发展”，或者说，我们注意的仅仅是其中的一部分。

（1）体育课程价值观的历史溯源。体育课程的价值取向在20世纪初的变化首先源自于杜威及其所领导的轰轰烈烈的新教育运动。正如瑞典教育家艾伦·凯对19世纪末、20世纪初的欧洲教育所作的估计，新教育运动将是“儿童世纪”的开始。尽管当时的中国体育课程才刚刚确立，还远没有体会出传统学科中心主义课程的意味，但却以积极的态势加入了世界范围内有重大影响的进步主义教育运动（也就是“新教育运动”），它使体育课程的价值取向发生了巨大转折（或许在我国并不存在“转折”问题，毕竟在这个意义上杜威是先于赫尔巴特出现的），传统的学科中心主义课程的价值取向受到了严重挑战，在体育课程领域引发了一场革命，兵式体操被废除，“儿童中心”盛行。然而，进入到20世纪30年代后，进步主义课程哲学受到了来自诸多方面的批评和指责，其焦点集中于对课程社会功能问题的理解，从而引发了要素主义课程哲学、永恒主义课程哲学及改造主义课程哲学的涌现，其实这些对于真正意义上的中国体育课程并未带来深远的或者是直接的影响，但是，由于中国体育课程的极度不完善，也只能伴随着一次又一次课程思潮的波涛，驶入了课程改革的漩涡之中。尽管并非处于主动的改革，但是，这种被动的接受也促使了我国体育课程价值观发生了又一次深刻的变化。

随后我国体育课程的价值取向主要经历了两次转型：首先是以要素主义课程哲学、学科结构主义以及泰勒的目标模式为代表的，指向理性、结构或既定的可测量目标的价值取向；随后是以进步主义课程哲学、批判理论等为代表的，指向学习者本身的内在体验、感悟、反思的价值取向。随着科学主义势力的不断加强，课程中充斥着浓重的急功近利的倾向，普遍追逐着功利价值。肇始于博比特，发展于泰勒的目标模式即为最具典型性的例证。目标模式以行为主义心理学和工业科学管理原理为理论基础，视学校为工厂一类的机构，主张可以以观察和测量、预测和控制的方式把经验组织成为课程，进而达到使学习如同工业产品一样具有严格、准确、规范的“标准”的目的。这样一种课程价值观以原子论为基础，试图像对原子一样对课程目标、课程内容、课程实施及其评价等做出准确、详尽的划分和评价，坚决把主观性因素排斥在其之外，强调课程价值的“中立性”。这也就导致了我国体育课程价值取向开始特别关注学生运动成绩的评判，“体质测试”开始进入体育课程之中，“达标”一度成为体育课程的“主旋律”。在这个时期，认识论问题的重要性逐步凸现，对于科学知识的考察和反省在哲学研究中所占的地位愈发突出。这对20世纪世界课程的价值取向产生了重要的影响作用，特别是对现代课程设计和现代教学有重要的启示。纵观我国体育课程在这个时期的课程价值取向，不能不提到“学科结构”运动。作为提高体育课程的学术水准的努力，它以课程改革作为教育改革的突破口，试图纠正以“适应生活”为目的的进步主义课程的价值取向的弊端。尤其是建国以后，我国几乎是完整地移植了前苏联的体育课程体系，再加上由于当时两国在意识形态、社会制度等诸多领域的相似之处，因此，前苏联体育课程的主导价值取向（学科中心），几乎是没有遇到任何阻力平稳地过渡到了中国，并且在相当长的一段时间，“理性主义”、“工具主义”始终占据着主导地位。

（2）体育课程价值观的重大转型。“新课程标准”并不是突如其来的“空降部队”，它是我国体育课程经历过多年的摸索、尝试之后的必然产物。它的提出，从某种意义上说，是真正属于我国“自主创新”的课程标准。其核心的课程价值观，也是最符合我国当前社会发展的，最贴近当前我国国情的，它与以往的体育课程价值取向存在着以下几个方面的明显不同。

首先，新课标扬弃了“理性主义”、“工具主义”、“客观性”等单一课程价值维度，而开始关注“人本主义”、“目的论”、“主观性”等复杂的价值体系，这就需要在一个更高、更新的视角来审视体育课程的价值取向问题。否则，难以把上述几对相关范畴完整地统一在一个价值体系之内。因此，它需要一个视角去全面审视这个机制体系。那么，这个视角是什么？笔者认为是文化。“对社会文化的生命力和完整性而言，承认个性、训练化及精神内容的理解，重视精神及文化科学有重要意义。”通过文化，可以发现蕴含在课程中的更深刻的意义，也可以确认课程与人的发展间的内在关联，进而使课程更具有发展价值。新课程改革把“提高学生的健康水平，促进学生全面和谐的发展，为培养社会主义现代化建设需要的高素质劳动者服务”作为课程改革的总目标，倡导全面、和谐发展的教育。这种全面发展的教育观只有在当前的大文化背景下，我们才能够对其进行贴切地把握。

其次，以更加“人性”的角度来理解体育课程的价值取向。在相当一段时间里，课程一直被理解为工具性的，与教师、学生之间存在着明晰的界限，课程对教师、学生来说无可选择，没有能动性可言，只能循此行事。然而，新课程标准的价值取向表明，体育课程正朝理想的、合乎人性的方向发展，开始关注教师、学生乃至家长、社区代表等在全部课程活动中的地位，期望其能够具有更为全面和强大的功能。新的课程标准一直在着力淡化着传统课程中的“主客体”之说（无论是以教学的哪一方为主体，抑或是所谓的“双主体”说），强调发挥课程之中每一个因素的最大潜能，调动一切可以调动的因素，来力图构建一种和谐的却又充满着凝聚力的课程场景。同时，将体育课程的场域扩大化，既有利于课程资源的综合利用，又代表着未来课程改革的一种发展趋势。当我们总是试图回避谈论着后现代课程观中的种种理念时（认为这些对我们似乎还很遥远），作为一种思想，它却已经开始渗透到我们的课程之中，“解构”、“去中心化”、甚至于“学校消亡说”都已经开始贴近我们的课程。充分发挥传统体育课程领域之外的因素（包括家长、社区）在体育课程中的作用，打破我们曾经自己为自己设置的枷锁，成为新课程改革价值取向的一个重要标志。

最后，重视体育课程的实践性、活动性。以往，体育课程被理所当然地理解为既定的形式，整队、准备活动、分组练习，所有的体育课程无论是小学一年级还是高中三年级，课程活动是单向的。这样一种课程的价值取向被认为是静态的，缺乏生气和创新的。新的体育课程改革在交互理论等的作用下，正在向具有内在活力、注重调动参与课程活动中的所有因素，特别是教师、学生的积极性的方向发展，使课程活动朝展开式的、实践的模式转化。这同样是新课程标准下体育课程价值观的一次转向。以往，体育课程存在着“难、繁、偏、旧”的状况，几十年的不变的“滑步推铅球”、“蹲踞式起跑”严重地挫伤了学生对于体育课程的兴趣，同时，这些对于学生未来成长道路上并无多大裨益的课程设置，又浪费这有限的体育课程资源。致使我们的学生学了十几年体育，却没有自己感兴趣的运动项目，至于培养“终身体育观”更是无从谈起。新的课程标准，正是努力试图打破这种沉重的课程枷锁，针对学生的兴趣爱好，增加了许多新兴的运动项目，不仅仅是为了十几年的学校教育而开设体育课程，更重要的是为了让学生未来的几十年能够养成良好的体育习惯。因此，正是在这种价值取向的带动下，“每天锻炼一小时，幸福生活 50 年”才被赋予了全新的意义，才显得更有价值，而并不是流于一句空洞的口号。

（二）文化促使体育课程对“人”的理解加深

“以人为本”成为新的课程改革中，出现频率最高的一个词汇，并且迅速成为课程改革的主流思想，尤其是“三维健康观”的提出，更加印证了这一点。对于“健康”的理解加深。这表明，我们的体育课程正在经历着一种深刻的转型：传统的体育课程以学生身体“健康”为唯一的目的，因此，体育课程的设置，便成为“为了体育课程”而设置的课程，对于学生健康的关注，成为为了“健康”的“健康”，尽管我们一再声称“为了学生的一切”，但实际上，我们关注的并不是学生，而是学生的“健康”，这仍然使我们无法摆脱“工具主义”的桎梏。而新的课程标准中的“三维健康观”，既包含了身体健康，也同时涵盖了心理健康和社会适应，这使我们学生的个体一下生动起来，使得我们对于“人”对于“健康”的理解一下丰富起来。由此，可以看出，这次课程改革我们对于“以人为本”的理解已经有别于以往体育课程改革中对于“人”的理解，可以说，我们对于“人”的理解更加深刻。

（1）由抽象到生动的“人”转变。最早将人本主义思想引入到哲学领域的是 19 世纪德国哲学家费尔巴哈。他是以抽象的人为出发点，即抽去人的具体历史条件和社会关系而仅仅把人看作是一种生物学意义上的存在。所以当费尔巴哈拒绝抽象思维而诉诸有血有肉的人时，这个人仍然是非历史的，并不是从事物质实践活动的人。因而在自然领域，费尔巴哈是唯物主义者，而在唯物史观这个领域，他并没有摆脱唯心主义的案臼。至于后来的弗洛伊德和法兰克福学派的弗洛姆，则更加强烈而明显地表达出了他们对于“以人为本”理解的非理性唯心主义本质。

正是这种长期以来我们对于人的抽象意义的理解，导致了在以往的体育课程中，我们所谈及到的“人”，无论是教师还是学生，总是让人觉得虚无缥缈，只能是一幅抽象晦涩的图画，而无法真正的理解把握它的实质。因此，这从某种意义上导致了“工具主义”的盛行。然而，当我们从马克思和恩格斯的历史观出发来理解“以人为本”时，我们发现，他们在以人为出发点时，对于“人”做出了严格的规定，他们认为，“我们的出发点是从事实际活动的人”。因此，在这次课程改革中，我们把现实的人，即教学活动中的教师和学生作为研究的出发点，也就是把教师和学生的现实生产劳动（教）、物质实践活动（学）作为前提，把教学实践作为体育课程的存在方式。也正是有了这种对于人的认识，才改变了我们对于健康的理解，这使得我们对于健康的主体认识产生了根本的改变，即健康是为了“人”的健康，而不是为了“健康”的健康。

（2）本体论意义上的“以人为本”。当我们以哲学的视角来审视我们的世界，人作为世界之本的意识就立即被召唤了出来。人的生活世界包含三个层面，即自然界、人类社会和精神世界，它们无一不是人类实践和创造的结果。马克思说过，自然是人化的自然，是“被抽象地理解的，自为的，被确定为与人分割开来的自然界，对人来说也是无”。“在人类历史中形成的自然界，是真正的、人本学的自然界”，所以人当之无愧地成为自然界之本，因为人是按照自己的意志、价值、理解塑造了自然界。而人类社会本身就是人的集合，社会之本无疑是人自身，因为人以生产实践而生存自立，而“人本身是自己物质生产的基础，也是他进行其他各种生产的基础”。马克思还指出，“人之事实一切实体性东西的本质”，“人就是人的世界，就是国家、社会”。人不仅仅是自然界之本，而且也是社会之本。而精神和意识本身就是人高度进化的产物，是人的思维的结晶，它以人的存在为载体，因此也就是以人为本的。

对于现实世界来说，人是本，而对于人来说，实践和感性活动是本。没有实践就不会生成人，因而也就不会有现实的世界。马克思曾经指出：“连续不断的感性劳动和创造、生产，正是整个现存的感性世界的基础。”实践是包括人在内的全部世界的基础，实践是人的实践，人是实践的主体，没有作为生命个体和生命需求而存在的人，也就不会有人的实践。所以从这个意义理解新课程改革，我们不难发现，新课程改革特别强调教学过程，突出师生之间的互动，对于教学活动的考核占据了相当的比例，并且增加了过程性评价。同时对于体育课程不再局限于课堂45分钟，而是将其延伸到了课外、社区，这些变化并不仅仅是某一内容形式上的变化或者技术手段的突破，而是新课程改革真真切切地对于“人”的理解加深才导致的变革。

（3）价值论意义上的“以人为本”。以人为本的价值论意义更多的来源于人本主义思潮。人本主义作为人的自我意识的体现，从价值意义上来表征对人的重视和善待。早在我国战国时代，齐国政治家管仲在其治国术中就明确提出了“夫霸王之所始也，以人为本。本理则国固，本乱则国危。”中国传统的民本思想，大抵是沿着这条思路传承下来的。但是真正以哲学形态来阐述人本主义思想的还是源自于欧洲，以康德为代表的古典哲学，重视人的生存和价值，强调人是目的而不是手段。但是真正发展成为今天我们所理解的人本主义这一哲学思想的还是在19世纪中叶，以叔本华和克尔凯郭尔为代表的哲学家，他们面对着资本主义科技理性过度张扬而造成的人的高度异化这一现象，采取了非理性主义的形态，开始关注人的个体生命、本性和本能，认为这是人的本真存在。

（三）文化促使人们对体育学科的认识发生了变化

体育课程作为学校教育中一门非常特殊的学科，有其自身的特点。但是长期以来，我们总是采取了“非此即彼”的方式来认识体育课程，将体育课程的学科性质过于简单化的理解，这对于把握体育课程的性质，促进体育课程的改革和发展是不利的，因此，在新的课程标准中，我们看到，对于体育课程的学科认识发生了积极的变化。

（1）文理兼备的体育课程。体育课程是姓“文”还是姓“理”，一直是困扰体育课程学科定位的“老大难”问题。一般来讲，现在将体育课程定位在“理科”的范畴之内，但是客观地说，体育课程还同时具备很多“文科”课程的性质。文科又称人文社会科学，顾名思义，以人类社会独有的政治、经济、文化等为研究对象。体育或许也可以算作一种特殊的文化现象，同时，体育本身与政治、经济又有着千丝万缕的联系，而我们的新课程标准中又一再强调，要拓宽学生的视野，让学生尽可能地了解、掌握与体育相关的知识，这些自然而然地就会涉及到体育课程的“文科”属性。而在另一方面，体育课程又表现出了明显的“理科倾向”。理科又称自然科学，也就是说，以客观世界的物质规律为研究对象。很明显，体育课程所关注的正是一些“客观世界”的规律，人体的各种生理机能、生长规律、最大潜能、适应能力等。因此，我们不难判断，体育课程是一门文理兼备的课程——这一重要特性会直接影响我们在体育课程改革中的思路。

（2）传统与现代的体育课程。学校教育，作为传承文明的重要途径之一自然也会影响到体育课程。在我国体育课程就同时具备了两个方面的特性。一方面，它要继承和发扬我国的优良体育传统——这主要是体现在民族传统体育领域。由于我国有着悠久的历史和众多的民族，因此，各个时期、各个地区的体育文化和传统既有相似的地方又有不同之处，这也加大了我国体育课程对于体育文化传承的难度。另一方面，体育课程还要与现代体育接轨。由于现代体育主要以西方竞技体育为主，这也就直接导致了在体育课程的教学内容中，充斥着西方体育的精神（诸如“物理体育”、“锦标主义”等精神）。同时，在新的课程标准中，还要求尽量给学生介绍一些新兴的体育项目，而这些项目又主要以休闲娱乐为主，像滑板、轮滑、攀岩等，这些体现着时代精神的现代体育项目引入到我们的体育课程中，势必会加速体育课程的“现代化”。因此，体育课程或许本身就是一个“传统”与“现代”相结合的产物。

（3）快乐与痛苦的体育课程。体育课程作为学校课程中为数不多的活动性课程，理应受到学生的喜爱，毕竟学生在体育的课堂中，可以完全地释放自己，展现自己。游戏，或许可以是唤起学生心中未泯的天真烂漫的最好“催化剂”。同时，在各种竞技性的活动中，学生可以真正的释放自己，得到最大限度的满足。然而，现实却并非完全如此。我们经常听到学生抱怨：“愿意参加体育活动，却讨厌体育课”。这从另一个角度阐释了体育课程的另一个方面：体育课并非总是充满着欢歌笑语，“游戏”并不是体育课的全部。体育课程作为一门课程，自有其学科体系。很多技术动作是需要经过艰苦的训练才能得以掌握的；绝大多数身体素质的锻炼总是枯燥乏味的；有很多教学内容是需要坚强的意志品质才能完成的。有痛苦也有欢乐才是完整的体育课程，痛苦的过程本身就蕴含着成功后的喜悦，当痛苦与快乐完美地结合在一起时，才是有血有肉、最真实的体育课程。

（4）严谨与灵活的体育课程。时下的体育课程中，现代竞技体育在体育课程中占据了相当大的比例，也造就了当前体育课程自身的特色“竞技性”。众所周知，竞技体育是具备严格的规则的，这是我们必须遵守的也是保障竞技体育不断发展的根本所在。同时，竞技体育中技术动作的掌握是有着明显的逻辑顺序的，例如，我们在讲授“三步上篮时”必须先教给学生运球和投篮等相关技术动作，这些是该技术动作的基础。另外，体育课程中还有一些内容是具有一定风险的，例如鱼跃前滚翻等，在做这些动作时，就必须要求学生严格按照我们所讲授的技术动作要领来实践——这是对学生最大程度的关怀。因此，在这些方面，我们不难看出体育的严谨性。体育本身或许也是一种艺术，当我们在比赛中看到很多运动员表现出的惊人创造力时，我们会被体育的魅力所折服，这同样也是体育课程能够展现给我们学生的。当我们的学生在比赛中能够充分发挥自己的创造力和想象力时，相信他们一定会充分享受到成功的快感。例如，我们讲授了“三步上篮”，但在实际的比赛中，由于有队员进行封堵、卡位，我们又学会采用低手上篮、空中拉杆等技术，我们的体育课又展示了其丰富多彩、灵活多变的一面，这正是我们希望学生享受到的。

由于对于体育课程的学科性质认识上发生了积极的变化，直接加大了此次体育课程改革的难度。无论是教师还是学生，都无法再用过去的纯“理科”或者“文科”的思维方式来把握体育课程，增加了课程改革的难度。但是，正是在这种难度的映衬下，体育课程才第一次在我国课程学科体系下，展现出了最真我的一面，有血有肉，有静有动，才是真正的体育课程。也正是这次体育课程改革之后，“头脑简单、四肢发达”等一些对体育课程的不客观评价逐渐淡出了人们的视野，取而代之的是越来越多的人意识到，体育课程在学校教育中是与德育、智育并驾齐驱的一个重要教育领域，这为今后体育课程的发展，奠定了良好的基础。

（四）文化促使社会对体育课程的认同观发生变化

伴随着体育课程改革的不断深入进行，全社会对于体育课程的认识也在悄然地发生着变化，今天的人们对于体育课程的理解与以往任何一个时期对于它的理解都发生了深刻的变化，而这种变化，更多地借助于人们对于体育课程的文化认同得以体现。

所谓认同观，就是一种区别的过程，认同也就是区分与其他的（包括身份、族群、性别等）不同而进行的对自我本身的一种建立。而文化认同，指个体对于所属文化的归属感及内心的承诺从而获得保持与创新自身文化属性的社会心理过程。而社会对体育课程的认同则是文化认同的一种具体实在的表现，它代表了社会对于体育课程的心理期待以及体育课程未来发展的价值取向和“归属”。因此，社会对于体育课程的认同发生了变化，也就代表着社会对于体育课程的价值观认可发生了变化，更重要的是它表明今天社会所认可的“体育课程”不再是过去的“体育课程”，它已经伴随着体育课程改革发生了明显的变化。

（1）社会对教育的认同观变化影响了体育课程。社会对体育课程的认同观所发生的变化，很重要的一点就是体现在了对于教育的认同观所发生的变化。“学而优则仕”，一直是中国教育很重要的认同所在，这种影响一直延续了几千年。真正使我国社会对于教育的认同观发生了变化，应当归结于两件事情：第一，素质教育的提出。关于素质教育的含义，国家教委《关于当前积极推进中小学实施素质教育的若干意见》中作了明确解释；“素质教育是以提高民族素质为宗旨的教育。它是依据《教育法》规定的国家教育方针，着眼于受教育者及社会长远发展的要求，以面向全体学生、全面提高学生的基本素质为根本宗旨，以注重培养受教育者的态度、能力，促进他们在德智体等方面生动、活泼、主动的发展为基本特征的教育。”素质教育与全面发展教育从根本上说具有一致性。全面发展教育就是要促进人的智力和体力的充分自由地、主动活泼地发展，就是要促进人的各方面才能和兴趣、特长的和谐统一的发展。同时包括人的道德水平、审美情操的发展。素质教育同样把教育工作的重点放在促进人的全面发展和综合素质的提高上，这两种教育观所达到的教育目的和人才培养目标在本质上是一致的。素质教育是对全面发展教育的完善。“应试教育”以应对考试，考取高分为教育的唯一目的；而素质教育则受教育者个体发展和社会发展的需要，旨在提高国民素质、追求教育的长远利益与目标。因此，体育课程也就理所应当的成为提高受教育者“素质”环节中的重要一环，体育课程也由此迎来了自身发展的机遇，并且成为素质教育的核心内容之一。第二，《学会生存》的影响。1972年联合国教科文组织的一份年度调查报告《学会生存》，成为20世纪世界教育的一次重大转向，国际教育发展委员会始终强调了两个基本观念：“终身教育和学习化的社会”。终身教育和学习化社会的影响波及体育课程领域，导致的最直接的结果就是，课程目标的改革。由以往的技术学习，逐渐向技能学习转换；课程所关注的不仅仅是学生在校期间的学习，同样关心的是未来学生走出校门之后的几十年如何进行体育领域的学习。在这一点上，体育课程发生了带有积极意义的转变，即从“为了学习的体育”（仅仅是应付学校的考试而进行的体育课程学习）向“为了体育的学习”（为了将来更好的参与体育活动，而必须学习一定的知识、技术、技能）转变。正是这种转变，使体育无论是教还是学，都从被动转化为主动。

（2）社会对体育的认同观变化影响了体育课程。社会对体育的认同观变化也同样直接影响了体育课程的改革。体育究竟干什么？国家将大量的人力、物力、财力投入到体育事业中究竟是为什么？难道仅仅是为了收获几个世界冠军，几枚奥运金牌吗？经过几十年的发展，我们的体育事业逐渐发展壮大，我们的社会、民众对于体育事业的认同也逐渐走向成熟、走向丰富。从过去单一的“体育即竞技体育”认同，逐渐向与民计、民生都密切相关的大众体育、学校体育过渡；从以往的“发展体育就是夺取金牌”向发展体育就是要提高人民的生活质量，提高人民群众的健康水平转变……正是这些积极的变化，才促使人们开始认真地关注学校体育、体育课程——这个几乎与所有人都密切相关的体育形式，这是社会所有成员都能够完全共同参与的。尤其对于基础教育而言，伴随着义务教育的普及，接受教育成为社会成员最基本的权力，而体育课程恰恰成为能够为社会成员提供比较全面的体育知识，相对丰富的体育设施的最佳途径，没有任何一项活动（无论是“全民健身活动”还是“亿万农民体育健身活动”）能够像体育课程一样如此普及、全面、深入地开展体育运动。同时，更重要的是，通过体育课程可以使社会成员掌握一定的体育技能、培养良好的体育习惯，从而为其“终身体育”打下一定的基础，使他们将来走向社会继续体育活动成为可能，这才真正符合“人民的体育”宗旨。因此，在我国的体育课程体系中，竞技体育逐渐淡出课程内容（或者说并不像以往那样作为课程的唯一选择），更多的与生活密切相关的大众体育、休闲体育内容成为课程内容的“主旋律”。正是我国社会对于体育认同观从单纯的竞技体育向社会体育、学校体育乃至“终身体育”的转型，极大地刺激了学校体育、体育课程的改革，使他们必须与社会的认同观保持高度的一致——这就是体育的呼唤，也是教育的使命。

二、以多元文化迎接“全球化”的挑战

1992 年时任联合国秘书长的加利曾经向全世界宣布：“真正的全球化已经到来了。”迄今为止，时间已经过去了十几年，在自觉与不自觉之间，人们（自然也包括中国）都在经历着这场深刻的变革，可以说，今天“全球化”已经深深地融入了我们的生活。那么究竟什么是“全球化”呢？全球化或许就是人类生活的一体化过程，是超越地区、尤其是民族国家主权的一种全球整体性发展趋势。它指的是：“当代人类社会生活跨越国家和地区的界限，在全球范围内展现的全方位的沟通、联系、相互影响的客观历史进程与趋势。”这种全球一体化的实质就是人类不断地跨越空间障碍和社会制度障碍、文化障碍并在全球范围内达成更多的共识。

这些影响同样波及体育课程的改革之中，它对于我国体育课程改革也产生了深远的影响。我国体育课程改革，在享受全球化带给我们的“好处”（诸如先进理论、经验的共享、先进技术的使用等）的同时，也在面临着全球化所带给我们的“挑战”，比如全球化所带来的“普遍性与社会性”、“一体化和分裂化”、“集中化与分散化”和“国际化和本土化”之间的矛盾。那么，体育课程将要如何应对呢？首先，我们要明确“全球化是个进程”，而不是一个结果，我们始终要处在一个动荡的变革之中，在这个过程之中，全球化导致的“趋同”是浅薄的，全球化导致的“逐异”却是深刻的。追逐不同是全球化时代最深刻的特征。它带来激烈的社会变迁，刺激形形色色意识形态的兴起，也必然伴随激烈的社会集团、意识形态乃至民族国家之间的冲突。在这种形势下，我国体育课程采取的必然应对措施就是“多元化”，以“多元化”迎接“全球化”的挑战，成为 1999 年体育课程改革的又一特色。

（一）多元文化使体育课程改革指导方法多元化

新体育课程改革是以“健康第一”为指导思想，借鉴了当今世界上最优秀的哲学、社会学、教育学和心理学的研究成果，辅以多种指导方法来完成的，其中最有影响力的是（除去我们一直坚持的马克思主义人的全面认知说）建构主义、多元智能理论和后现代主义。

（1）建构主义。建构主义是一种新的学习理论，是认知理论的一个分支，是学习理论中行为主义发展到认知以后的进一步发展。建构主义理论认为，世界是客观存在的，但对于世界的理解却是由每个人决定的，每个人总是基于自己的

已有经验而赋予世界以意义来建构现实。因此，知识不仅仅通过教师传授来得到，而是学生在一定的学习环境中，根据自己的态度、兴趣、需要，基于自己已有的认知结构，借助其他人的帮助即通过人际间的协作活动（包括与教师和同学之间的互动），利用必要的学习资料，通过意义建构的方式来实现。在建构主义者看来，学习不是学生对外部刺激所提供的信息被动做出的适应性反应，而是学生对当前外部刺激所提供的信息主动做出的、有选择的信息加工过程。学生正是在与周围环境的相互作用过程中，逐步建立起关于外部世界的知识，从而使其自身的内部认知结构也得到发展。就体育课程而言，在新课程体系下，建构主义的应用主要体现在以下几个方面：

1）建构主义的知识观。知识是以应然的形式存在，它并不是以实然的形式存在于个体之外。随着社会的进步、经济的发展、科学的不断探索，知识已不是永恒不变的真理，知识会得到新的发展，赋予更多的意义知识，即使是科学知识，也并不是人们对现实世界的准确、唯一的解释，并不是问题的最终答案。科学知识也只不过是人们对现实世界的一种较为可靠的解释或假设，每个人都是在自己已有的经验的基础上来建构、来解释现实，每个人都有着与其他人不同的内心世界、精神世界和亲身感受，同时有着不同于他人的观察、思考和解决问题的方式，最后形成自己看待现实的不同知识。知识之所以不能以实体的形式存在于个体之外，是因为真正的理解只能是由学习者自身基于自己已有的经验、背景和意义建构起来的。因此，在实际的课程教学中，我们应当允许并且鼓励学生按照他们对于技术动作的理解来学习、掌握、运用技术动作，比如在“小篮球”的教学中，学习“胸前传球”的技术时，教师只需要将基本的技术动作予以传授即可，很难用一个统一、明确的尺度去衡量所有学生，在这个问题上就需要学生进行相关知识的建构。

2）建构主义的学习观。学生的学习并不像行为主义所说的那样，认为学习是刺激与反应的过程，而是新旧经验之间的双向的相互作用的过程，是通过不断的同化和顺应的途径来建构学生对所学内容的意义的过程。学生获得知识是在一定的社会文化背景下，是在特定的情景下，充分利用学习的资源，是通过学习者之间的交流与合作而形成的意义建构的过程。在教学过程中，应当尽可能让学生充分地进行沟通，而不是以往的教师做出示范动作，由学生简单模仿的过程。要让学生在学习过程中，说出自己的感受，对于动作的理解，与教师、学生进行信息的交流与沟通，在此基础上，使学生能够自主建构。

3）建构主义的师生观。学生在日常生活中，在以往的学习中已经形成了丰富的经验，形成了对从自然现象到社会生活的一些自己的看法和主张。有些问题尽管没有接触过，但当问题出现时，他们往往可以基于相关的经验，依靠他们的认识能力，形成对问题的某种解释，这并不是胡猜乱想，而是基于他们的经验背景推出的合乎逻辑的假设。因此，教师不能无视学生的这些经验，将学生看成被动接受知识的容器，而要将学生现有的知识经验作为新知识的生长点，引导学生从原有的知识经验中“生长”出新的知识经验。教师不仅是知识的传授者，也应该重视学生自己对各种现象的理解，倾听他们现在的看法，洞察他们这些想法的由来，并以此为依据，引导学生丰富或调整自己的理解。这就需要教师与学生共同针对某些问题进行探讨，在交流与质疑的过程中，了解彼此的想法，从而做出某些调整。由于经验背景有差异，学习者对问题的理解常常各异，在学习者的共同体中，这些差异本身便构成了一种宝贵的学习资源。因此，在教学过程中，当教师注意到学生所做的技术动作与“标准”的动作产生差异的时候，不要急于纠正，而是要与学生进行沟通，以了解这种差异产生的真正原因，同时教师在教学过程中，应当采取更加灵活的态度，并不是完全按照教学计划复制课堂教学，而是根据实际情况对教学过程加以判断，以确定其实际进度。

（2）多元智力理论。多元智力理论是由美国哈佛大学的发展心理学家加德纳于1983年在《智力的结构》一书中最先提出。在加德纳看来，智力与一定的社会和文化下的人们的价值标准有关，这使得不同社会和文化环境下的人们对智力的理解不尽相同，对智力表现形式的要求也不尽相同。这样，加德纳便突破了传统的智力观：第一，智力不再是传统意义上的语言——言语智力和逻辑——数理智力为核心的智力，而是我们今天的素质教育所强调的实践能力和创造能力；第二，智力不再是传统意义上可以跨时空用同一个标准来衡量的某种特质，而是随着社会文化背景的不同而有所不同的为特定文化所珍视的能力，强调了社会文化在人的智力发展中的重要性；第三，智力不是一种能力或以某一种能力为中心的能力，要多维度地看待智力。加德纳认为就其结构而言，智力是多元的，不是一种能力而是一组能力，而且这组能力中的各种能力不是以整合的形式存在而是以相对独立的形式存在。

（3）后现代主义。后现代主义是后工业化社会出现的。后现代主义这个概念最早出现在艺术中，随后出现在哲学中，是一个庞大的思想流派。它是一个很复杂的概念，作为一种社会文化思潮对整个西方世界产生了重大影响。它对西方的简单、封闭、僵化的传统思维方式进行了激烈的质疑，同时也提出了一种全新的视角。后现代主义具有多元性、开放性、多重性、创造性、不确定性和流动性的特征。在后现代主义看来，这个世界是开放的、多元的，在这个以创新为时代精神的社会里，科学技术日新月异，各种新鲜事件层出不穷。创新已经成为社会、个人发展的动力源泉。同时也主张个性的解放，重视差异性，强调个体意识的主动性、创造性、知识的持续发展性和个体的解释性。关注学习者的生活世界、存在经验，反对传统过分的计划性和教条性。后现代主义的基本理论在此次课程改革中主要体现在以下几个方面：

1）后现代主义知识观。后现代主义知识观是对现代主义知识观主张知识的客观性、绝对性和认知过程直观反映的一种批判。后现代主义知识观认为，知识不是对事物自身属性或外部结构的反应，而是由外部客观刺激和主体认识结果相互作用而不断建构的结果。在教学中教师不是作为理性主义和权威者把预先组织的认知体系传递给学生，学生也不是被动地听从教师的一切命令，师生是共同建构的过程；后现代主义知识观认为，传统知识观割裂了主观与客观、生活世界与科学世界的内在联系并使之二元对立。它认为生活世界与科学世界本为一体，知识存在于实际情景中，二者是一一对应的关系。主体在面对外部信息时，其原有的经验积累、情感体验、智力结构的不同，因而认知结果也各不相同；在后现代主义看来，认知不是主体对客体直观的、理性的反映的过程，而是主体与主体之间的相互沟通、理解和合作。在教学中，师生之间不是简单的主客体关系而应为主体间的关系，学习者不再是被动的接受者而是可以对真理、价值本质怀疑的探究者与合作者。因此，在新课程标准中，我们倡导的是平等的师生关系，这不仅仅是对于学生主体的尊重，同样是对后现代知识观的理解。

2）后现代的课程观。后现代主义认为，课程从本质上讲是生成的、建构的。课程不是预先设定的，而是由课程参与者交互作用构成的。课程不是封闭、固定的，而是开放、可调节的，随着活动情景的变化而改变。课程目标带有一定的不确定性，在探究过程中可以根据实际情况不断地给予调整。课程在探究新知的过程中是不断地得到充实和完善，最后才能形成一体化的内容。学生成为课程发展的积极参与者，其感知、经验都被纳入到形成中的课程体系中，学生个体的探索和体验受到重视。后现代课程尤其关注灵魂、精神与意义，强调对学生的陶冶、解放与生成。它不仅将学生视为课程的建构者，而且着力培养其建构的意识与能力。尊重人们的意见和价值观的多元性，在各种观点、观念相互碰撞、融合的过程中寻求一致或理解。因此，在此次课程改革中，学生的地位得以凸现，学生作为教学活动中最重要的因素之一，被真正的加以重视。从这个意义来讲，部分否定了教师的“权威”，本身就符合后现代主义的思想。

（二）多元文化使体育课程教学内容多元化

新的课程标准中，体育课程内容呈现出了多元化的态势。教学内容的多元化满足了不同地区、不同学生的不同要求，赋予了体育课程更多的灵活性。同时这种教学内容的多元化，既符合了国际体育课程的发展趋势，又适应了现阶段我国体育课程自身发展的需求。它主要表现在以下几个方面：

（1）健康课程融入到体育课程之中。此次课程改革的很重要的一个变化就是过去传统的体育课程名称发生了变化，由“体育课”改为“体育与健康课”（7～12年级）。这种变化绝不仅仅是一次简单的名称替换，它标志着体育课程的一次重大转型，自然也就相应地使课程内容发生了变化。将“健康课”融入体育课程之中，尽管在国际上已有先例，日本等国家已经运用到本国的课程体系中，但对于我国体育课程而言，还是第一次。在课程内容中增加了“身体健康目标”，即形成正确的身体姿态，发展体能，具有关注身体和健康的意识，懂得营养、环境和不良行为对身体健康的影响。这些教学内容的加入，使得体育课程的价值本质得以回归，即体育课程是一门真正关心人的课程，体育的真正目的，也就是为了人的健康。因此，健康课程内容加入到体育课程之中，不但使体育课程的教学内容形成了多元化的局面，同时更使体育课程的根本价值得以完整与统一。

（2）课程管理体系发生变化。此次课程改革中，课程管理体系发生了重大的变化，由原来由国家教育行政主管部门统一制定体育教学大纲，管理全国各地体育课程与教学，改为国家放开对中小学体育课程的统一管理和硬性规定，取而代之以国家制定和颁布中小学校的体育与健康课程标准。课程标准作为一种国家性的指导文件，提出课程学习的目标与建议，给地方、学校选择和确定教学内容留有很大的余地和发展空间。这种课程教材的三级管理体制，真正实现了体育教学内容选择的自主性和灵活性。正是在“国家中小学体育与健康课程标准”、“地方体育与健康课程教学指导纲要”和“学校体育与健康课程教学计划”三者的共同作用下，体育教学内容发生了很大的变化，大量的具有地方特色的体育教学内容进入到正规的体育教学之中，成为校本课程。而正是校本课程开发的迅速发展，才使得体育课程的教学内容迅速扩充，呈现出一派繁荣的景象。

（3）确定教学内容的原则多元化。按照季浏先生所指出的，确定体育教学内容的原则应为“符合学生的身心发展特征”、“注意教学内容的实效性”、“关注学生的运动兴趣”和“注意教学内容的科学性”。这比以往确定教学内容的原则，少了一些硬性的规定，多了一些人性化、实用化的色彩。正是在这些原则的指导下，我们的体育教学内容也发生了一些积极的变化。例如，取消了在1995年《九年义务教育全日制体育教学大纲》中规定的并不符合小学一二年级学生身心发展特征的短距离计时跑和两分钟定时跑，并且打破了以往按照年级规定教学内容的方式，而是按照学生身心发展特征划分学习水平，再按照学习水平设置学习目标。同时，由于注重了教学内容的实效性，相应地删减了一些跟竞技体育密切相关的专业化过强的内容，增加了大量的休闲运动、户外运动以及在将来日常生活中学生能够真正实用的运动技能的学习。

（三）多元文化使体育课程评价多元化

（1）评价主体多元化。新的体育课程改革评价主体呈现出了多元化的态势，改变了以往的单一评价主体的现状，开始实行多主体评价，即加强学生、教师、学校的自评互评，开始倾听学生和社会对教师、学校体育教学活动的评价，使评价真正成为教师、管理者、学生、家长共同积极参与的交互活动。在以往的评价过程中，教师成为对学生评价唯一的仲裁者，学生的成绩完全由教师掌控；而学校则拥有对教师考核的“绝对权力”，教师从某种意义上只是对学校负责。而新课程的评价，则通过评价主体的多元化，将学生、教师、学校共同纳入到评价体系中，相互约束、促进，从而使体育课程的评价尽可能地做到客观、准确。

(2) 评价信息多元化。由于评价主体的多元化，也就使评价信息的来源更加丰富，导致了评价信息的多元化。它克服了以往评价信息来源单一，评价结论片面、主观等缺点。传统的单一评价信息来源使得评价仅仅关注教育结果与预定教育目标相对照所获得的最终结果，然而评价信息多元化使评价变得复杂得多，由于信息来源增多（学生、教师、家长、学校、社区等），评价无法完全定位于仅仅追求结果，它必须始终处于一个动态的过程之中——进行大量的信息甄别，这就使评价的价值取向超越了目标取向，成为一种过程性评价。

(3) 评价内容多元化。传统体育课程评价内容范围比较窄，只注重了评价对象某一个方面（最多几个方面）的发展情况的评价，容易以偏概全。而新的课程评价内容更注重考察评价对象各方面的学习情况，注重学生综合素质的考查，不仅关注学生的学业成绩，而且关注学生的创新精神和实践能力的发展，以及良好的心理素质、学习兴趣、积极的情感体验等诸多领域。体育课程的最终评价已经不完全取决于对学生运动成绩的考核，它还包含了对学生情感、态度、价值观的判断，这些评价内容的加入，使得评价本身变得丰富起来，才能够真正地全面达到“评价”本身的要求。

(4) 评价方法多元化。全球化带给体育课程最重要的影响之一就是评价方式的多元化，或者说从过去单一的量化评价向现在的质性评价和量质结合型评价转变。伴随着这些评价所发生的“质”的变化，一系列的评价方式逐渐被引入到体育课程评价中，学习过程档案袋、评价日程表、反思日记、成果展示等定性的评价方法和纸笔测验、量化考评以及运动达标等定量的方法被综合地运用在体育课程评价之中。评价方式的多元化，从本质上保证了对于客观性的真实再现，而且还原了教育所应有的生动的意义，将教育的复杂性和学生状况的丰富性得以完全展现。这些方法相辅相成，从本质上使体育课程评价发展到一个新的阶段。

三、体育课程发展促进和谐社会文化的构建

和谐社会就是社会系统中的各个部分、各种要素处于一种相互协调的状态。和谐社会就是全体人民各尽其能、各得其所而又和谐相处的社会，用社会学的术语来表达就是良性运行和协调发展的社会。中共中央在《中共中央关于构建社会主义和谐社会若干重大问题的决定》（以下简称“决定”）中指出：“……全民族的思想道德素质、科学文化素质和健康素质明显提高，良好道德风尚、和谐人际关系进一步形成……实现全面建设惠及十几亿人口的更高水平的小康社会的目

标，努力形成全体人民各尽其能、各得其所而又和谐相处的局面。”同时还在决议的第六部分“加快发展文化事业和文化产业，满足人民群众文化需求”中，指出“坚持把社会效益放在首位，坚持把发展公益性文化事业作为保障人民文化权益的主要途径，推动文化事业和文化产业共同发展。推进文化体制改革，加强城乡社区体育设施建设，广泛开展全民健身活动，提高竞技体育水平。”按照《决定》提出的要求，我们不难看出，体育课程是应当积极并且能够参与到和谐社会的构建过程之中的。

（1）体育课程对于和谐社会构建影响时间较长。体育课程伴随着基础教育始终贯穿于我国的教育体系之中，就目前我国的国情来看，至少要伴随一个人12年的时间（小学到高中阶段的学习）。12年的时间足以让一个人拥有一种思想，养成一个习惯，那就是接受“健康第一”、“终身体育”的思想，养成经常锻炼的习惯。而这种习惯的养成，也就是健康素质的提高，伴随着健康素质的提高，将是整个中华民族素质的一次整体飞跃。

（2）体育课程对于和谐社会构建影响范围较广。教育不是一个短期行为，它是一个可持续的发展过程，同时又是一个衍射面极广的行为。我们需要接受教育，我们的孩子也需要接受教育，我们孩子的孩子依然离不开教育，教育将会伴随着每一个人、每一个家庭。教会一个学生某种知识，从某种意义上就等于影响了一个家庭、一个群体，每一个人都是生活在社会中，他要面对家庭、朋友甚至是陌生人，他会在自觉不自觉的过程中将其传播，“星星之火”同样可以燎原！

（3）体育课程对于和谐社会构建影响程度较深。“这（体育）是一个国家富强、文明的标志。单纯有钱不行，单有经济实力也不行，必须把12亿人民的体质搞上去！”这表明，群众体育发展程度从某种程度上就代表着一个国家的综合实力，而发展群众体育的最佳途径之一就是学校体育的建设，在这个问题上，体育课程的作用举足轻重。同时，利用学校教育可以改变一个人的思想，而这种改变往往是在潜移默化中进行的，它不会受到太多的抵触。正像瑞士著名哲学家荣格在《荣格性格哲学》一书中所写的那样：“人格是一粒种子，它只有通过整个人生的漫长阶段才能得以发展。”正是寄希望于这种无声无息的改变，来影响每一个社会成员，进而推动整个社会的发展。

（4）体育课程拥有较健全的体系。从建国伊始，我国就致力于发展基础教育，经过六十多年的发展，我们的基础教育已经初具规模。可以说，体育课程借助相对完善的教育体系，（相对于其他体育形式）已经具备了最健全、完善的网络体系，这使体育课程为促进和谐社会的构建具备了得天独厚的优势。所以，我们必须借助于这一现有平台，充分发挥其优势，使其承担起构建和谐社会应尽的责任和义务。

纵观1999年我国体育课程改革，尽管出现的问题最多，遇到的阻力最大，但是我们必须承认，这是在我国体育课程史中，最具有改革精神的一次改革，同时也是力度最大、范围最广、影响最深的一次改革。就像每一次深刻的变革一样，伴随着改革总会出现一些这样那样的问题。在今天看来，我们的根本宗旨、指导方针并没有出现错误，只是在某些技术环节还有待于进一步完善。“革命总是要流血牺牲”的，体育课程改革也不例外，我们所走过的弯路，注定是要为改革所付出的代价，我想还是让历史来检验我们今天的付出是否值得。

第二节 对2000年体育教学改革的文化反思

一、新课程改革的文化基础

（一）新课改的指导思想

新课程改革的指导思想是马克思主义的认识论和马克思主义人的全面发展观。而新课程改革的理论基础为教学认识论。马克思主义人的全面发展含义的理解是人的体力智力尽可能多方面的充分的自由的发展，并在此基础上实现脑力劳动和体力劳动相结合。教学认识论涉及多方面的内容，教育活动以教学为主，在教学过程中以课堂教学为主，以传授间接经验为主等。只有这样，学生才能扎扎实实地学到知识，并提高多方面的能力，为其全面发展奠定良好的基础。“人的全面发展”在很大程度上是一种理想、一种追求、一种社会和人生的信念；同时“人的全面发展”是一个相对的动态的概念，而不是具有绝对的意义。

（二）新课改的理论基础

新课改是以建构主义、后现代主义还有多元智能理论作为其理论基础的。建构主义在对待学习和教学方面的主张是强调学习过程中学习者的主动性、建构性，认为知识不是被动吸收的，而是认知主体主动建构的。教学是教师和学生的对话，师生双方互相交流、互相沟通，相互启发、相互补充。后现代主义主张“非中心化”、“多元化”和“零散化”。这二者作为我国当前课程改革的理论基础，在课改的方方面面都有体现，主要表现为：课程开发主体的多元化，建立国家、地方和学校三级课程开发模式，例如，在新课标中就明确提出：“结合各地实际情况制订地方课程实施方案”以及“针对各校实际编制学校课程教学方案”，师生关系的平等化，师生关系变成一种全方位的交互式师生关系，新课标的基本理念中，特别强调了“以学生发展为中心，重视学生的主体地位”；教育目标多元化，教育目标提倡个性的发展，尊重学生的个体差异，尊重他人。此次新课改，特别划分了5个领域目标、3个层次的课程目标体系和6个不同要求的水平阶段，就是为了最大限度地尊重学生的个体差异；教材的多样化，在保证基本要求前提下，提倡教材层次性、选择性，以适应不同需要；教育评价的理性化，改变国家评价机构大一统的局面，在评价主体上教师和学生双方共同参与，评价方式变成“评语制”和“等级评定制”相结合。评价内容更加丰富灵活，主要针对“体能”、“知识与技能”、“学习态度”、“情意表现与合作精神”，不太强调过去非常重视的“身体素质达标”。总之，新课改中的评价是以一种更加多元化、更加积极、开放的面貌实施在改革中的。此外，加德纳教授提出的多元智能理论突破了传统智力理论，联系我国实际，以它作为新课改的理论基础，有助于转变教育观，端正学习观，有助于形成多样化的教学观，有助于促进教师的教学行为，并为素质教育提供强有力的理论基础。

所以，我们说实施新课改，应该是把马克思主义人的全面发展学说作为指导思想，以建构主义、后现代主义和多元智能理论为理论基础。

二、新课程改革的文化反思

改革按照现代汉语大辞典的释义即“改去，革除”。其最早出现在《后汉书·黄琼传》：“覆试之作，将以澄洗清浊，覆实虚滥，不宜改革。”现常指改变旧制度，旧事物。如土地改革，文字改革。鲁迅《华盖集续编·空谈》中曾经谈到：“改革自然常不免于流血，但流血非即等于改革。”因此，我们不难认识到，改革必定会带来某种变化，而产生这种变化的动因，既可以是“改”也可以是“革”。所以“改革”从某种意义上说，具有两面性，一是温和一些的“改变过去的某种东西”；另一种则是急风暴雨般的“彻底革除过去”。然而，在现实中，人们一提起改革，总是会自然而然地想到后者，忽略了前者。

新的课程改革工作一经展开，立即引起了巨大的反响，似乎一个崭新的时代已经到来。于是乎，广大学校体育工作者纷纷“破旧立新”，一时间“工具论”被打倒了，“学科中心论”再也无立足之地，“杜威的幽灵”又重新盘桓在课程领域，对于学校体育还要不要教授“技术”，我们进行了长时间的争论；对于还要不要对学生进行硬性的身体素质“达标”我们苦无对策（据统计近年来我们学生的身体素质情况令人担忧）；至于“竞技体育运动”有无进入学校体育的必要，我们还一直在争论，毋庸置疑，无论是课程的制定者还是实施者（主要指教师），都是怀着一颗善意的心，有着一个共同的良好愿望，即切实提高我国学校体育的整体水平，从“一切为了学生”出发来思考方方面面的问题。但是，效果却不甚理想，我认为我们在改革的过程中对于以下几个问题的处理还有待商榷。

（一）新课程改革中的文化传承

中国作为一个有着悠久的教育历史的国家，并不缺乏教育理论。从五帝时代的“成均之学”到《学记》《论语》《孟子》《大学》《中庸》以及先秦的诸子百家之说，应当说这对于中国学校体育来讲是一笔宝贵的财富。中华民族历经几千年的发展历程，在学校体育方面也形成了一套具有本民族特色的体育文化。中国人历来讲究“义”大于“利”，或许这正是中国的先哲们苦苦追求的“君子行径”。当在“义”与“利”之间需要做出抉择时，“义”的分量或许要远远大于“利”。也正是这样养成了中国人“彬彬有礼”的品性，这正是中国学校体育文化的基石。中国传统学校体育中因此少了一些“竞技性”，多了一些“自娱性”；少了一些张扬，多了一些沉稳。从“周易”到“八卦”，从“太极”到“五禽戏”，中国人讲究的“天人合一性”发挥得淋漓尽致。“天意不可违”，中国人从对天的敬畏，发展到与“天”（自然）的和谐共处。所以在中国传统的学校体育中是不讲究“超越自己”、“突破极限”的。这种思想在现在看来是得到全世界范围内的认可的。

其实在这次课程改革中，我们依然沿用了很多过去的体制，甚至是清末民初的学制，至今仍在沿用。例如，在1928年颁布的《戊辰学制》中使用的基础教育学制就一直沿用至今。再比如“工具论”和“目的论”之争，无可否认，在现在看来“目的论”是比“工具论”在某些方面，特别是在“尊重个体价值”等方面具有显而易见的优势。但是，“工具论”就真的一无是处了吗？真的需要退出历史的舞台了吗？我看未必。首先，我国学校体育的发展离不开“工具论”，应当说是“工具论”伴随着新中国的学校体育开始发展的，并且在那个特殊的时期取得了巨大的成功，为我国学校体育打下了良好的基础，并且短期内迅速地提高了人民的身体素质。在这一点上，“工具论”的指导思想居功至伟。而直到今天，提高人民群众的身体素质依然是学校体育的神圣职责，“工具论”的指导思想依然可以继续发挥巨大的作用，还是有其历史价值的。其次，任何一种指导思想都不可能完全作为唯一的“精神”指导这个社会的运行，而“工具论”完全可以作为“目的论”的有益补充，丰富我们整个学校体育的指导思想。再次，作为一种指导新中国学校体育50多年的指导思想，“工具论”已经深入人心，成为中国学校体育的鲜明特色之一（对错与否，我们姑且暂不下结论），这是一个无法抹煞的事实，我们又怎么可能一夜之间让其销声匿迹呢？

因此，现在我们在改革的过程中面对传承时，并不是需要解决如何做的问题，而是要认认真真地搞清楚为什么做的问题。

（二）新课程改革中的文化借鉴

作为课程发源地的西方（主要指欧美国家），长期以来一直作为世界课程领域的领跑者，当我们在发展的过程中遇到问题时，很自然地就将目光投向了西方。西方近代教育学的真正奠基人是夸美纽斯，其代表作《大教学论》是教育学成为一门独立学科的标志，从1632年到20世纪初西方的近代教育学已经发展了近400多年，具备了自己的特色，并且逐渐摸索出了符合当时社会要求的教育科学体系。从夸美纽斯到洛克、卢梭、赫尔巴特、斐斯泰洛齐一直到杜威，西方近代教育学的发展依然受到西方的（特别是欧洲的）“元哲学”影响。西方的教育学始终在强调教育的开放性，强调教育的超越性，强调教育的实践性以及教育的创新性，这或许并不是西方教育学家所刻意追求的，更多的是一种天性使然。

西方学校体育最早是由洛克在《绅士的教育》中提出，顾名思义，“体育”还仅仅是为“绅士”所提供的特权服务。然而伴随着受教育对象的扩大化、平民化，“体育”的内容也发生了变化。缘起于英国的户外运动的现代体育（雏形）也同样经历了从“贵族”到“平民”的过程，越来越多的人热衷于现代体育，直接导致了现代体育（雏形）最终进入了教育领域，这极大地丰富了近代学校教育的内容。

西方学校体育最大的特点是规则明确、公平竞争、尺度客观、评价准确，被誉为“物理体育”。西方体育运动总是给人强劲的竞争感，诱发人勤奋进取，最大限度地满足人原始驱动力——攻击性的宣泄，同时也造就了现代人的竞争意识。这要归功于长期以来，传统西方实体型思维方式所表现出的还原论、机械性、客观性、主客二分等特点，以及理性至上的认同观主导着西方学校体育的发展。

可以说，西方的学校体育始终是其一步一个脚印沿着自身的发展轨迹成长起来的，他们的课程设置、学科体系无不彰显着西方世界的文化认同观。而刚刚在中国起步的学校体育，其生存的土壤与西方学校体育是迥然不同的，这也就直接导致了我们在借鉴过程中的“拿来主义”有时会适得其反。由此我们不难看出，在学校体育的发展过程中，中国和西方走的是完全不同的两条道路，这里没有哪条道路更加正确的分歧，发生的只是历史发展的必然结果。这就给我们在借鉴的过程中增添了难度，适合于别人的未必适合于我们。因此，发展中的中国学校体育在向西方学习的过程中，需要重点解决的并不全是“为什么借鉴”的问题，而应当将目光更多地投向“如何借鉴”。

（三）新课程改革中的文化本土化

教育本土化，伴随着我国教育的现代化进程，正在逐步成为当前我国教育领域所要迫切解决的问题。现代化虽然是一个世界性的概念，是世界范围各国家发展的不可逆转的趋势，但它要具体在每个国家实施，必须要经过一个本土化的过程（在我国则是中国化的过程）。离开本土化，现代化就成了“空中楼阁”，无法落实到各个国家和地区。同时，本土化并不是割裂与传统文化的关系，它所强调的是传统文化在新的历史条件及社会条件下的更新、变迁，这种更新、变迁恰恰是由外来文化的冲击造成的。在这个过程中，传统文化融汇了本来价值取向与之有较大差别的外来文化，迫使双方都发生一些转变。一方面传统文化改变了自己的固有形态，糅合进了外来文化中的有利因素；另一方面，外来文化改变了自己的表现形式，以适应传统文化的要求。两者之间的双向流动、更迭才使得彼此都有生存发展的契机。因此，“本土化”是外来文化与本民族传统文化相互沟通、融合的过程；是外来文化及传统文化改变自己的初始形态以适应社会文化发展要求的过程；也是两种文化发生碰撞必然要出现的一个过程。

同时我们不难发现，中国传统的学校体育理论更多的是经验型、思辨型理论；而西方近代学校体育所提倡的是一种理论型、实证型教学理论，两者必然会发生矛盾。所以我们可以进行“道尔顿制”、“文纳特卡制”试验，我们也可以引进赫尔巴特的五段教学法、单级教学法、分组教学法以及当时国际教育界流行的任何教学方法，但是我们最后发现，我们所得到的并不是我们想要的，因为我们无法真正地融入到整个西方的现实文化中去（尽管这是根本无法实现的）。自从培根首次突破了经院哲学的框架，强调感性与理性的联姻，主张由归纳而达到对事物的一般认识。正是这些“新兴”的科学体系的确立，才导致了后来赫尔巴特为教育学所做出的划时代的贡献：为教育学找到了它的学科基础，完成了从定性到定量的转变。应当说，从此西方教育学才走上了一条科学化发展的道路，而西方教育的“科学化”正是在这个时期奠定了坚实的基础。同时，在西方学校体育文化中还注重强调了“个人本位论”，这正是以提高人的地位，尊重人的价值，崇尚人的自由的人文精神在学校体育上的反映。这与深受儒家文化影响的“内敛型”中国学校体育应该是可以形成鲜明的互补的。一主静，一主动，一重养，一重练，一好忍，一好显，一东一西，相得益彰，看似不同，其实殊途同归。

现实中的学校体育改革需要的是取长补短，必须坚持走“本土化”的道路，毕竟我们需要的是原汁原味的“中国式改革”。

（四）新课程改革中的“文化跨越”

曾几何时，“跨越式发展”又重新出现在我们的社会中，并且影响到整个教育领域（学校体育当然也不例外）。一时间，一切皆可“跨越”，学校体育似乎迎来了发展的“黄金时期”。可是，几年下来，我们兀然惊醒：我们“跨越”了吗？我们能够“跨越”吗？

回过头来仔细考虑，这似乎并不单纯是学校体育的问题，它直接牵扯到“文化”，即“文化滞后性”的问题。“文化滞后性”（Culture lag）最早是由美国社会学家乌格朋提出，其突出的表现在传播技术与传播价值的不一致上，即技术的传播一般总是先于价值观念、规范等的传播。以这次基础教育改革为例，无论是小学还是中学（初、高中）的新课程标准中，都无一例外地出现了“健康第一”、“三维健康观”、“学生的主体性”（即强调“以人为本”）等一些具有鲜明时代特色的课程理念。毫无疑问，这些课程理念是先进的、符合时代发展的客观要求的，但是有很多也是有悖于我国传统的学校体育教育理念的（姑且不论对与否）。长期以来，受“工具主义”思想的影响，学校体育的最重要的任务，被广大老师理解为“增强学生体质”（虽然这在今天也同样是重要的，但已经被淡化了许多），传授规范的技术、技能，加强“体育”的学科性建设，我们很少甚至于几乎没有考虑过学生的“心理健康水平”和“社会适应能力”。从体育教师做学生一直到接受正规的师范教育，几十年来一贯如此。当新的课程改革浪潮席卷全国，作为新课程理念的技术载体——新的课程标准，落实到每一位教师手中时，我们的体育教师看到课程价值中明确规定了要“提高心理健康水平”和“增强社会适应能力”时，恐怕感到更多的是一种茫然无助，一种近乎于无知的困惑。这并非是我们教师能力的缺陷，而是一种实实在在的“文化滞后”。

马克思曾经说过：“任何事物都有其发展的自身规律。”邓小平也曾经说过：“百年大计，教育为本。”由此，我们不难看出，教育（学校体育）是一个复杂的，是需要用时间来检验的漫长、繁杂的系统工程。任何试图违背历史发展规律的“超越”都是徒劳的。其实，现在我们所热衷的一些西方先进理论，也并不是一朝一夕就形成的，它们更多的是西方教育工作者在不断地面对失败、困惑，进行反思、总结的结果，每一步前进的步伐应该都是建立在失败的残酷事实之上的。而我们，并没有经历这些过程，简单的“拿来主义”固然可以简化摸索的过程，但却难免陷入“只看到贼吃肉，没看到贼挨打”的尴尬境地。况且，有很多理论在西方也并没有完全得到学术界的认可（比如后现代主义的一些相关理论），如果我们为了“跨越式”的目标，过于草率地将一些不成熟的理论，不假思索地应用到这次关系到整个国家、社会、民族的基础教育改革中，也许就是对我们整个国家、社会、民族的极端不负责任，同时也是对神圣的“教育”的一种亵渎。“跨越式”发展或许是一个良好的愿望，是一个追求的目标，但是，当前的中国学校体育更需要的是脚踏实地，一步一个脚印的“耕耘者”，毕竟“十年树木，百年树人”。

改革永远是一项艰巨的任务，是需要极大的勇气和毅力完成的。然而，改革也未必全是急风暴雨般的，何不让我们换一个思路，冷静地分析问题、解决问题。改革也许并不全是急风暴雨般的“破旧立新”，我们完全可以采用一种温和的方式，即在保持本民族的优良教育传统，充分借鉴外来先进文化的前提下，坚持走本土化道路，一步一个脚印地将基础教育体育与健康课程改革进行到底。毕竟，改而不革同样也是一种改革。

三、制约体育课程改革的文化因素

（1）体育课程受制度文化的制约。由于学校体育受政策导向的影响，使很多在新课标中所描绘的情景，终究成为了空中楼阁。在高中阶段的新课标“运动机能”中指出：“认识多种项目的价值”、“关注国内外的重大体育赛事”、“利用互联网资源为体育服务”、“了解国内外重大体育事件”，但是由于长期以来受高考政策的导向，使得这些目标根本无法实现。无论是从学生、教师、家长的任何一个角度出发，高考带给了他们太大的压力，“一切为高考让路”成为了高中教育的宗旨。作为一门高考不涉及的学科，在高中教育中是根本没有其学科地位的，自然也就无从谈起受到“重视”。因此，我们总是在批评学生的身体素质连年下降，总是认为学校体育应当承担更多的重任，但是，这种还带有浓厚封建色彩的高考制度不进行改革的话，学校体育始终将是学校教育中的一个“陪衬”。

（2）体育课程受经济文化的制约。教育本身就是要受到社会生产力水平、生产关系、社会需求等一系列因素的影响。杜威就曾经认为：“学校是社会生活的一种形式，教育是生活的过程”，是经验的继续改造，也是社会改造的唯一方法，因而学校是整个社会进化的一部分。在杜威的《民主主义与教育》一书中，认为学校是有意识的、审慎计划的教育年轻人而拥有的唯一方法。人们要防止学校教育与生活脱节，防止学校教育的孤立化、书本化。在学校中学习活动的安排，应该尽量使正式的教育活动与非正式的教育活动两者相结合。而学校教育的重要功能就是“有系统、有目标地实现人的社会化”，由此我们不难看出，学校教育（理所应当的包含学校体育）是明显受到社会发展水平制约的。

因此，我们不由联想到我们当前的课程改革。我们此次的新课程改革，主要是以借鉴西方发达国家的课程改革经验为主（我们姑且不论这些经验是否都完全值得我们借鉴），因此，在体育新课改中的很多内容都打上了西方社会的烙印，如“利用互联网资源为体育服务”、“了解和掌握一些新兴的体育项目”、“注重分组教学”等一系列内容。这也使得我们不禁要问：在现阶段我们的社会发展水平真的发展到了西方发达国家的水平，学校体育能够承担起这些吗？众所周知，我们国家当前还处于发展中国家阶段，到2020年我们才能达到当今中等发达国家的水平，因此，很多在西方发达国家看似非常普及的教学硬件（比如计算机、互联网）在我们国家还远远达不到普及，这也使得学校体育面临着“巧妇难为无米之炊”的尴尬。同时，目前比较流行的新兴项目，普遍具有高投资、高难度、高标准（对场地）的特点。比如要求比较低的时尚项目轮滑，据调查一双最普通的轮滑鞋也要100元左右，看似投入不高的100元对于我们很多只有两个篮球的学校和广大学生（请注意我们讨论的是全面的基础教育，并非某些富裕地区或者某些“窗口”学校）来说，也是一笔不小的投资，这就使得新课标只能“看上去很美”。还有，新课标中一直建议“小班制”授课、分组教学，这应该是受西方教育界改革的影响。西方自17世纪夸美纽斯开始，就开始推行班级授课制，历经了300多年的历程，伴随着资本主义社会从萌芽到繁荣，可以说西方社会的教育对于班级授课制已经到了“熟谙”的地步。而反观我们，自1903年《奏定学堂章程》颁布，中国才开始了大规模的班级授课制，这期间还包括了连年的战乱。对于班级授课制，我们从开始接触到现在，总共不过百余年的时间，对于它，我们或许并不陌生，但是还远远不熟悉。并且事实证明，对于中国这样一个人口众多、教育资源又相对短缺的国度，班级授课制似乎是最好的选择，当前我们要做的或许不是赶走它，而是需要更好地驾驭它。

（3）体育课程受传统文化的制约。从总体上讲，中国的传统文化是一种内陆型文化、农耕型文化、宗法型文化，这就决定了它是一个以伦理为中心的系统，宗法等级伦理纲常贯穿于中国社会各个层面的基本精神，使社会生活各个部分都打上了人伦色彩，纳入伦理意识系统中。正是这种特殊的文化类型使得整个中国文化在整体上呈现出求稳求同显保守，重继承轻创新，重过去轻现在和未来，重义轻利等特征。

这也就决定着学校体育在中国社会的发展注定是要受到抵制的，是缺乏原动力的。学校体育对于存在了几千年的中国来讲是一个新鲜事物，况且它又是伴随着那个年代中国人所不齿的“夷人”的洋枪利炮传入中国的，无论是从文化底蕴上还是从感情上，中国人都是难以从思想上接受的（尽管形式上，我们也在进行“摸索性学习”）。

中国文化有其强烈的归属性，有其自身的特点，但有些对于学校体育的发展来讲却是致命的。诸如重人文、轻自然的思想，即“子不语怪、力、乱、神”；重道轻艺，即“德成而上，艺成而下”，这是千百年来中国社会的观念形态、价值取向、思维方式，是肇始过去与融合于现在并直达未来的一种意识趋势和存在，是凝聚和积淀起来的民族性格和社会心理意识。它已经深深地根植于中国社会，根深蒂固，不可动摇。

很遗憾的是，学校体育这一“技艺性”的课程，恰恰属于“下类”，是难以让读书人接受的（甚至于这种影响一直延续到现在）。因此，即使学校体育能够在学校里站稳脚跟，但依然无法成为学校教育的“主流体系”。我们可以想象，缺乏主体参与的学校体育要想获得发展是多么的困难。教育体系中若缺乏了主体还能成其为教育体系吗？

同时，由于长期的“头脑简单、四肢发达”的思维定势和“小三门”的学科地位，更导致了学校体育的发展举步维艰，更别说承担起提高全民族身体素质的重任了。所以我们说，学校体育在中国的发展缺乏一种让其自身发展的“原动力”，而这是一种深层次的文化困扰，文化的“二元分割”直接阻碍了中国学校体育的发展。

（4）体育课程受教育文化制约。

1）受师范教育的制约。这本是一个不应该成为问题的问题，即当前的课程改革缺乏相应的师资配备。这是在改革的过程中最容易听到的争吵：课程专家抱怨在课程改革中广大体育教师的专业素质达不到要求；广大教师又埋怨课程专家们太“官僚”、脱离实际。

这种针尖对麦芒似的矛盾，其产生的根本原因是我们并没有相应的对师范教育（体育专业）进行相应的改革，缺乏一种实际的人才储备。而作为对于培养基础教育师资力量的上位培养体系——师范教育，至今还沿用着课程改革之前的人才培养模式。我们将传统的“体育课”改为了“体育与健康课”，在课程的设置过程中，增加了“健康课”的内容，这本身也无可非议，但是我们相应的师范教育却没有增加相关内容的学习，这直接导致了实际教学过程中的困难。例如，在新的课程标准“预防和控制疾病能力”中要求，“了解传染性疾病的传播途径和预防措施”、“了解非传染性疾病的起因和预防措施”、“提高对艾滋病和性病的认识”。这些要求，显然过高地估计了我们基础教育的师资力量。毕竟，在师范教育中，我们对于这些知识本身就传授的不多，况且“传染性疾病”和“非传染性疾病”本身就是一个很宽泛、庞大的概念，或许只有医科大学“科班出身”的专业人士才能做到。这也就出现了很尴尬的一个场景：连“HIV”和“AIDS”都搞不太清楚的体育教师需要对广大学生“提高对艾滋病和性病的认识”！

另外，我们的学校体育学、教育心理学在进行本科教育时更多地还是继承着前苏联的教育理念，这并非是否定前苏联的教育成就，而是赞可夫和布鲁纳本身就是两条永不相交的平行线！在我们对于师范教育的教育实践进行评价时，依然还要求进行心率测试、精确到“秒”的教案，这就有点像由“工具论”抚养长大的孩子，成年后却让他管“目的论”叫妈妈，尽管孩子也叫了，但是毕竟总是感觉别扭，缺乏一种真正的天性使然。

当然，这也许不仅仅是师范教育的问题，同时还牵扯到“教师继续教育”的问题，但是我们只能说，面对相对滞后的师范教育和相对超前的课程改革时，我们的学校体育真的是无力回天。

2）受教育发展不平衡的制约。我国是一个幅员辽阔、地区发展差异相当大的国家，尤其是东部与西部，城市与农村，这种简单的二元对立状况，必然导致教育内部发展不平衡。据统计，我国现有体育场所万余个，而农村仅占20.20%；截止到1992年全国有不足一半的县级体委每年体育事业的经费达不到人均一角！很多学校连最起码的师资、场地、器材都难以保证。正是受到这些客观因素的影响，也导致了新的课程标准在很多地方实施起来举步维艰。面对这样的情形，我们的西部、农村学校体育又怎能像东部经济发达的沿海开放地区那样，进行小班式授课、分组教学，又怎能“尊重学生的兴趣，培养学生的运动爱好和专长”？

除去地域性的差异之外，学校体育在我国整个教育领域的地位长期得不到重视，也导致了教育内部发展不平衡。学校体育长期以来在学校教育中始终处于“小三门”的尴尬位置，由于受到主观因素——重道轻艺的影响，学校体育这一“技艺性”的课程，恰恰属于“下类”，是难以让读书人接受的（甚至于这种影响一直延续到现在)。同时客观因素——不是制约升学的重要因素也在制约着学校体育，既然一切向“升学率”看齐，那么一切也就理所应当的要为“升学率”让路。因此，学校体育始终是学校教育的“非主流”因素，不论是投入的人力、物力资源都是非常有限的，这从某种意义上说严重地制约了我国学校体育的发展我们可以想象，当面对新的课程标准如此多的领域目标、内容时，学校体育或许感到的只能是无奈。

四、体育课程的文化功能

伴随着基础教育改革，我们发现，我们的体育课程真的太累了，面对着一项又一项根本无法完成的任务，我们的体育课程只能苦苦地支撑，或许是到了我们应该给体育课程“减负”的时候了。毕竟它能做到的也只是很有限的一部分，也只有给学校体育以准确定位它才能得以踏入正确的发展轨道，才能健康顺利地成长。体育课程作为体育事业的一部分，它理所应当地传承了体育的某些功能。按照曹湘君先生将体育功能进行的分类，我们可以得到体育有如下的功能：健身、娱乐、促进个体社会化、社会感情、教育、政治和经济等功能。这种分类方法在很长时间内得到了国内大多数学者的认同。但是，笔者认为这种分类方法，极容易造成体育功能上的混乱，以及体育功能外延的无限制的扩大。因此，笔者更加倾向于将“体育”作为主体（以往总是将体育作为考察的客体)，通过从体育课程的“濡化”和“涵化”两个方面对体育的功能加以考证。

（一）体育课程的濡化功能

20 世纪初以来，随着人类学家实地研究的深入，以及对文化传递方式的深刻考察，“濡化”这一词语为越来越多的人所接受，成为文化学和文化人类学中的一个基本概念。

我们通过研究发现，体育课程的很多行为都存在上一代趋同于下一代，表现出一定的连贯性，体育课程行为方式的这种延续部分也是通过可以称之为濡化的过程来保持的。就体育课程自身而言，濡化是部分有意识、部分无意识的学习过程，靠老一代（教师）指示、引导并强迫年轻一代（学生）接受传统的思想的行为过程。

那么体育课程究竟是如何被濡化？如何形成区别于其他文化的价值和行为？我们认为体育课程的价值和行为主要来自三个相对独立的来源，认为这三个来源都使得体育课程的思想观念局限于一定的范围，并提供了促使个体熟悉其所属文化的有独特性质的动力。但这三者间的关系并不是完全一致的，有时是互相冲突的。

（1）个体主体，以个人的经验、期望、愿望等为特征。每个人的意识和亚意识相结合的方式都是不同的。追求体育课程的内在价值者都不约而同地把该课程目标指向人本身，把体育课程作为丰富人生、实现主观性的有力手段。在这类体育与健康课程的价值取向中，都包含有人性本善的人性论假设，课程的功用被定位在培养、发展人性上，由于各自观点的差异，从主观角度构建课程的价值体系也不尽一样。其主要表现形式有三种：以激活个体的生命意识、唤醒其存在感为目的构建的课程，如某些竞技性活动；二是以活动，特别是以生存活动为目的建构的课程，如与身体密切相关的活动，跑、跳、投等课程；三是以情感、意志的展现为目的构建的课程，如某些团队项目。

（2）社会群体，以公共知识与个人所具有的知识相对为特征。社会群体需要其成员掌握一定的规则等。例如在20世纪30年代，中国近代学校体育课程所表现出的“军国民主义”体育思想，就是完全为了适应当时抗日战争的社会需求，完全以民族精神为价值导向的。这与时下第八次基础教育改革中所提倡的体育与健康课程的“三维观”——以迈向小康社会的中国社会需求为主要价值导向，尽管它们在外在表现形式存在着差别，但从本质上来讲，又是殊途同归的。

（3）人类生活在其中且作用于其上的环境，环境的主要功效在于对行为的可能性加以限定。在最近的基础教育改革中，体育与健康课程明确了“以人为本”的指导思想，这充分反映了制订课程方案、政策和教材管理者及课程实施监督者这一层面的课程主体的价值取向。在21世纪初的体育教学思想中，打上了“以人为本”的鲜明的时代烙印。

因此，我们可以借用鲍登濡化模式简图（图5-1）来形象地说明这个问题。

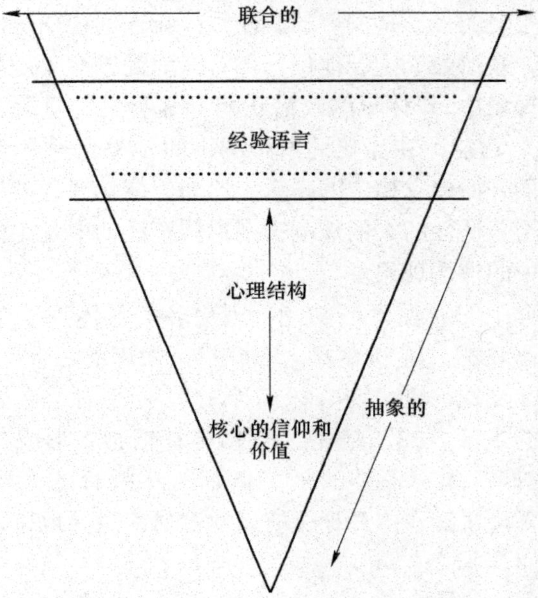

图5-1　鲍登濡化模式简图

这一模式表示出了濡化的过程及认知结构在这个过程中的变化。在鲍登看来，濡化是在两个维度上进行的，一是抽象，二是联合。在环境中自发地获取知识，属于联合，这种知识与个体的思想感情紧密地结合在一起，也是与所属群体中共有的先入为主的成见联系在一起的。对事物的一些认识转化为精确的涵义，并且完美地组织起来，是由抽象来进行的，与联合不同，抽象的结果并不反映所属群体的自发的经验，而是反映较大群体的——有可能是全人类的——知识的表述系统的。联合和抽象作为表征文化的两种不同的维度，是所有的文化都需要的，尤其为濡化所不可缺少。

我们不难判断出，无论是东方还是西方的体育其根本目的就是“健身、娱乐功能”（核心的信仰和价值），通过各个民族不同的文化阐述（心理结构），借助于其不同的外在表现形式（心理语言），经过联合和抽象的“加工”而得到了今日我们对于“体育”的不同理解。体育从上古时代萌芽，得以一直延续到今天，无非就是其最根本的濡化功能在发挥着最原始却又是最真实的作用。而自体育课程诞生之日起，它也就相应地继承了这一体育的最原始的功能。

（二）体育课程的涵化功能

涵化是与濡化相对应的一个文化学术语。体育课程的涵化，意指由多种不同的文化组成的群体，因持久的相互集中的接触，两者相互适用、借用，结果造成一方或双方原有的文化模式发生了大规模的文化变迁。

体育课程的涵化在很大程度上取决于体育接触的环境、条件和频率；接触的相对地位，即谁是主要的、谁是次要的。比如，在建国初期，体育课程在跟政治频繁接触的过程中，政治处于主导地位，体育课程处于次要地位，因此，体育课程所表现出的涵化现象中，“体育的政治功能”显得尤为重要，甚至已经超过了体育课程的“濡化”功能。在涵化的过程中，两种文化通常会保留其各自的独立性，但在一些方面开始建立稳定的联系，比如，体育课程的道德教育功能，更多的就是单纯地运用普适性的大的规范来阐述体育活动中发生的问题，而联系它们的纽带则是体育中的道德现象。

而当前体育课程中的“教育”功能，则更多的是体现了体育课程的涵化功能。无论是“培养运动的兴趣和爱好，形成坚持锻炼的习惯”、“具有良好的心理品质，表现出人际交往的能力与合作精神”、“提高对个人健康和全体健康的责任感，形成健康的生活方式”还是“发扬体育精神，形成积极进取、乐观开朗的生活态度”，它们都无一例外的是“体育”在教育的大环境下与道德、心理、社会等领域的直接接触，体育理所应当地占据着主导地位，也就显而易见地体现着它的涵化功能。

所以，我们有理由认为，除去体育课程自身的“濡化”功能所涵盖的“健身、娱乐功能”之外，体育课程所具有的其他任何功能，都是一种“涵化”的功能，已经超出了体育的“本我”功能，并且伴随着社会的发展，这些功能势必会处于一种不断的变化之中，而作为学校体育的“濡化”功能或许会相对稳定地存在着。

由此我们不难看出，正是由于受体育课程其课程价值本身制约，我们的体育课程确实无法担负太多的重任，况且作为基础教育中的体育课程也许更需要做好的是其作为整个大基础教育中那小小的一部分，如果我们能做好自己份内的应当说也是一件不简单的事情。当爱尔维修提出“教育万能论”时，我们或许会报以否定的态度来批驳它。然而，我们的体育课程当前所面临的不恰恰就是“万能论”的“紧箍咒”吗？学校体育只是基础教育的一门课程，真得无法独自承担太多的东西。也许在我们的基础教育中，体育课程只要在其自身课程体系的指导下，承担起体育的“濡化”功能，即健身、娱乐功能，我们的体育课程就是成功的体育课程。

基础教育中的体育课程作为我国当前社会中大多数成员所必须经历的一种体育形式，无疑会对一个人的终生体育观的养成起到重要的作用；对于全民族身体素质的提高，它也具有不可推卸的责任：对于整个中国体育事业的发展，它同样义不容辞。套用一句俗语“学校体育不是万能的，但是没有学校体育是万万不能的”。可是，任何一件事情都不是孤立的，它需要来自方方面面的帮助与配合。体育课程也需要来自社会、其他教育领域的帮助；更需要来自社会体育、竞技体育的支持。我们的体育课程改革还刚刚起步，还需要面对很多问题，希望广大体育工作者能够以一种求实、严谨的态度将这场事关重大的改革进行到底。

第六章

体育教学改革下的教学评价

第一节　体育教学评价研究回顾

新中国成立60多年来，我国学校体育随着共和国前进的步伐，走过了令人难忘和值得回顾的历程。特别是在改革开放20年间，我国的学校体育发生了历史性的变化，取得了显著的成就。在每一次教学改革历程中，学校体育的教学评价都会随着改革的步伐发生着较为深刻的变化。自新中国成立以来，在体育教学评价方面的发展，呈现出两条评价主线，一是体育教学质量的评价以及对体育教师教学工作的评价；二是学生体育学习成绩的评价。

一、对于体育教学质量的评价

从20世纪50年代到70年代。当时的体育理论主要是从前苏联引进的，教育评价仅局限在对一堂体育课的一般分析和专题分析阶段，一般分析主要从课的任务、内容、组织教法、学生完成任务的质量等方面进行，专题分析是选定一个专题（如练习密度）进行分析，主要用于定量指标，如体育课运动量的测定与分析。此阶段对体育课的测定与分析曾对提高体育课教学质量起过重要作用。但也存在定量方法缺少一整套评价指标体系等缺点。随着我国教育实践的蓬勃发展，以及现代各种学科的相互渗透，教育心理学、教育统计学等学科的广泛应用，到了80年代，逐渐实现了向评价阶段转变。在这一阶段采取了综合评价体育课的方法，并制定了完整科学的评价标准，但这时的评价仍主要针对体育课进行，多次举行全国的体育课的评估活动，对体育课的教法、组织形式有了较大改进，给体育教学注入了新的活力。评价课的方法吸取了分析课的优点，又有许多发展与创新，突出表现在设计了体育课整体评价方案，增加了一些新的评价内容，在继承分析课的生理负荷和练习密度测定分析的基础上制定了相应的定量评价标准，做到定量分析相结合，采用了一些较先进的方法手段。自90年代以来，所呈现的综合评价阶段，这一时期的突出特点是对教学评价的内容大大扩展，包括影响体育教学效果的所有因素，有教学效果的评价、教学内容的评价、教学环境评价以及教师教学评价、学生学习效果评价等，评价的类型也从单纯的终结性评价发展到形成性评价和诊断性评价。评价的方法手段也更加科学，突出了定量评价。

二、对学生体育学习成绩的评价

在体育教学评价中，体育课成绩的评定是学生学习评价的一个重要部分。国内对体育课成绩的考核标准及评定方法，作为体育教学指导性文件的《体育教学大纲》均提出了原则性的要求或规定。因此，体育学习评价的研究也大多围绕体育教学大纲中规定的体育课成绩评定方法来进行的。

（1）《准备劳动与保卫祖国体育制度》达标阶段。建国后，从 20 世纪 50 年代初到 60 年代中期，前苏联的体育理论对我国学校体育教学影响很大，在学习前苏联的最初阶段主要是模仿。1950 年《小学体育课程暂行标准（草案）》从当时的实际出发，没有规定统一考核项目与标准，只提出了体育成绩考核的原则，符合我国过渡时期的特征。1954 年国家体委颁布了《准备劳动与保卫祖国体育制度》（简称《劳卫制》），1956 年在全国推广实施，并在当年教育部制订了新中国第一部统一的《中学体育教学大纲》（简称《大纲》）和教材。体育教材是以《劳卫制》为中心的田经、体操、球类等综合教材体系。通过体育教学，要求更多的学生达到《劳卫制》标准。《大纲》明确提出保证初中学生毕业前达到《劳卫制》低年级的合格标准，高中学生毕业前达到《劳卫制》一级的及格标准。50 年代末期，提出学习前苏联要结合本国实际，于是，1961 年教育部修订了《中小学体育教学大纲》，在总结 1956 年大纲考核的基础上，承认地区差别，提出了体育成绩的考核项目供各地参考，使评价的客观性有了提高。此阶段出版了小学体育教材和中学体育教材，这是一套含体育教学大纲的体育教材，其特点是明确提出了学校体育应以增强体质为出发点的指导思想，武术列为体育教材，体现了民族特点，加强了爱国主义教育。教材也体现了与《劳卫制》民兵训练相结合的意向。体育课成绩的考查，未设全国统一的考核项目和标准，只列了一部分最主要的项目供参考，并规定体育课为考查科目。这时虽然没有要求学生一定要达到《劳卫制》标准，但《劳卫制》仍在实行中。直到 1964 年试推行《青少年体育锻炼标准》才逐步取消了《劳卫制》。总之，这一段时期体育教学评价仅局限于对学生体育课成绩的考核及通过观摩课进行的对体育课教学质量的评估，这样具有很大程度的局限性。当时不论是“技能论”还是“体质论”，对体育课成绩应包括技评与达标成绩这一点似无原则分歧。

（2）体育锻炼标准达标阶段。20 世纪 60 年代中期到 70 年代中期，许多学校把体育课改为军事训练课或以劳动代替体育课，体育课成了军训和劳动课，整个学校体育教学处于瘫痪状态。值得一提的是，1973 年国家体委颁布试行《国家体育锻炼标准》，1975 年获国务院批准试行。《国家体育锻炼标准》的不断修改和完善，对当时我国学校体育教学评价发展起到了重要的促进作用。

（3）初步发展阶段。20 世纪 70 年代至 80 年代末期，体育教学评价随着学校体育的发展而逐步活跃起来。1978 年，教育部重新修订颁布了《中学体育教学大纲（试行草案）》。颁布了《全日制十年制中小体育教学大纲（试行草案）》，首次在考核项目中设置了素质项目，促进了“课课练”在体育教学中的应用，使增强学生体质的目标在体育教学中得到落实。《大纲》规定了考核项目和标准，其中技巧、单杠、双杠的考核项目标准同《国家体育锻炼标准》保持一致。但《大纲》还存在不完备之处，如《大纲》与新颁布的《国家体育锻炼标准》在要求上还存在不一致的地方；考核标准已不适应当时体育发展的需要等。这时的体育教学评价除对学生体育学习成绩评价外，也对体育课的教学质量进行分析与评估，但还仅限对一堂体育课的全面分析和专题分析，全面分析主要从课的任务内容、组织教法、学生完成任务的质量等方面进行，专题分析则选定一个主题进行分析，而且主要用定量指标，如课的生理负荷量和密度的测定与分析。此阶段对体育课的观摩分析曾对提高体育课教学质量起到重要作用。

（4）综合评价阶段。自 20 世纪 90 年代开始体育教学评价进入综合评价阶段。1992 年《九年义务教育全日制中小学体育教学大纲（试用）》都采用体育课出勤率及课堂表现、体育基础知识、身体素质和运动能力、运动技能与技巧等四方面构成的“结构考核”，使体育教学评价的内容更趋合理。

（5）体育教学评价的发展。进入 21 世纪，我国修订了全日制义务教育普通高级中学体育教学大纲，并相继颁布了《体育与健康教学大纲》和《体育与健康课程标准》。《体育与健康教学大纲》对体育与健康课的成绩考核提出原则要求：考核要以健康第一作为指导思想，把学生的学习态度和锻炼习惯，以及运动技能均纳入评价视野之内，强化了评价的教育功能，淡化了管理功能，充分体现了体育教学评价的另一功能。总之，体育教学评价理念的发展经历了从目标取向的评价（泰勒与布卢姆为代表）到过程取向的评价（以斯滕豪斯、斯克瑞文为代表），再到主体取向的评价（以古巴与林肯为代表）等几个不同的历史时期。教学评价的重心也从教师的教学行为评价转移向学生的学习行为评价，学习评价已位居整个教学评价的核心地位。学习评价的功能主要是帮助学生提高对学习内容、学习过程和学习效果的自我理解和自我评价能力，使其成为在教师的指导与帮助下，自主地建构知识、技能体系的能动的学习主体。其次，通过学习评价为教师提供改进教学工作的反馈信息和评定学习成绩所需的详实资料，可见学习评价并不等于学习成绩评定，学习成绩评定也不能替代学习评价，它可以是学习评价的一个组成部分，这样的学习评价，其实就是教学过程所必不可少的重要环节。

我国的体育教学评价从20世纪50年代的单一的运动技术考核，到80至90年代的结构考核，2000年的重视学习态度评价，把过程评价纳入评价内容，并参考学生自我评价和相互评价的意见，到2001年强调突破只注重终结性评价而忽视过程性评价的状况，强化评价的激励、发展功能而淡化其甄别、选拔功能，并对体育教学评价提出相应的改革建议。这反映在我国教学评价已经取得了可喜的进展。多年来，随着我国教育教学改革的进程，体育教学评价已经有了长足的发展。

第二节　体育教学评价的概念与功能

一、体育教学评价的概念

体育教学评价是对体育学科教学活动的完整过程的评价。体育教学评价是教学评价理论在体育教学中的具体应用，是一般评价活动在体育领域的具体表现。对于一个完整有效的体育教学过程来说，教学评价是体育教学过程中不可缺少的重要环节，它具有对体育教学活动及其效果进行判断，通过信息反馈调控教学过程，保证体育教学活动达成体育教学目标的功能；是以既定的体育教育目标为依据，运用教学评价理论、方法和技术，系统地、科学地收集处理体育教学信息，对体育教学设计、教学过程和教学成果进行客观描述的过程、价值判断的过程、心理同构的过程。体育教学评价对于体育教育发展和改革，对于体育教学管理和决策，都有至关重要的作用。

体育教学评价作为衡量体育教学活动效果的重要工具，不仅可以揭示出体育教学工作中的是与非，合理与不合理，从而加以肯定与否定，同时还具有指导和促进体育教育工作朝着正确的方向发展的作用。它直接关系到教学目标的设计、教学理念的更新、教学方法手段的利用、教学内容的选择等诸多理论与实践过程。

（一）体育教学评价概念的界定

“体育教学评价是依据一定的体育教学目标及其有关标准，对整个体育教学过程进行系统的调查，并评定其价值和优缺点以求改进的过程。”“体育教学评价是依据体育教学目标和体育教学原则、对体育的教与学的过程及其结果进行的价值判断和量评工作。”

上述体育教学评价的概念中包含以下5个基本含义：

（1）体育教学评价是依据体育教学目标和体育教学原则来进行的；体育教学目标是对体育教学“是否获得了预先设定的成果”、“是否完成任务”的评判依据；体育教学原则是对教学“是否做得合理”、“是否合乎体育教学基本要求”的评判依据。两个评价依据都具有客观性和规范性，也都具有体育教学评价的信度和效度。

（2）体育教学评价的内容是教与学的过程和结果；体育教学评价的对象是作为受教育对象的学生的学习，包括学生的学习水平和品德行为等；体育教学评价也要对教师的教授进行评价，包括教师的教学水平、教学效果和师德行为等。

（3）体育教学评价的工作内容是“价值判断和量评”工作；价值判断是定性的评价，主要是评价教学方向的正误、教学方法的恰当与否等；量评工作是指定量性评价，主要是评价可以量化的学习效果，如身体素质增长和技能掌握的数量等。

（4）体育教学评价贯穿教学目标确定、内容选择、组织实施的各个环节；目的是及时修正体育教学目标、解决体育教学中出现的问题以及实现体育教学资源的合理配置与组合，追求最佳效果和目标的达成，是一项实践性和操作性很强的工作。

（5）体育教学评价是以体育教育的价值观为标准，以达到体育教学目标的程度来评量体育教学成绩和效果，它要求对体育教育和体育学习的知、情、意各方面全面性的考察。

综上所述可以看出，广义的体育教学评价是以体育教学的全部领域为对象，它涉及体育教学的一切方面，包括体育教学与社会、家庭，体育教学与美学、心理学，体育教学与美育、德育、智育、体育以及体育教学体系、体育教学目标、体育教学内容、体育教学方法等。狭义的体育教学评价是以学生为评价对象，专指在学生的体育学习领域中在知识与技能、过程与方法、情感态度与价值观等方面给以价值上的判断。形成现代体育教学评价是依据《体育课程标准》的价值、理念、目标，运用科学可行的方法和手段对体育教学要素、过程和效果进行价值判断的活动。通过体育教学评价，促进学生不断进步，促进教师不断提高，促进学校不断发展，促进课程不断完善，以达到体育教学价值增值的目的。

二、体育教学评价的功能

体育教学评价具体来说，有导向、激励、协调、控制、管理等方面的功能，概括来讲，则是通过广泛收集分析各方面的信息，综合判断教学现状所达到教学目标的程度来决策教学实践活动的运行。例如，教师可以通过反馈信息，来协调教学程序、改进教学方法、做出正确的决策，使教学沿着既定的教学目标前进。学生则可以通过信息反馈，来决策自己的学习是否存在问题，通过评价校领导还可得到教学决策信息，从而加强教学工作的管理。

（1）反馈校正功能。反馈校正功能在体育评价中起主导作用。在素质教育中，体育教学评价应始终贯穿于整个教学过程，利用各种评价方法和手段，不断地对学生的学习和教师的教学进行评估，及时地向学生和教师传递结果信息，迅速地发现和解决教和学中出现的问题，以便及时修正教学方向、改进教学方法和手段，实现对教学和训练的最优化控制。体育评价的反馈校正功能的充分利用，一方面提高了教师对整个教学过程的了解、熟悉程度以及主控能力，使教师能够真正处于教学的组织、指导和引导地位，把握教学的进程；另一方面，学生可以利用评价的反馈校正功能，经常进行自我评价，改进自己的学习，最大限度地发挥主体作用，变被动学习为积极主动地学习。如在排球传球技术的教学中，传球手型的掌握是整个教学的关键。在教学的初期，教师就不断地对学生所做的动作进行评价，通过教师的评价和学生的相互评价及自我评价，教师可以适时根据学生出现的各种错误手型，分析在教与学两方面产生偏差的原因，并及时找出纠正办法，随时将学习的要求及评价的结果反馈给学生。学生在评价过程中，不断明确和掌握正确的传球手型的概念和要领，就能够及时建立正确的动作表象，比较容易形成规范的动作技能，从而顺利完成学习任务。在教学过程中，教师扮演的是引导者和评价者的角色，通过评价体系积极地向学生传递、反馈相关信息；而学生通过评价体系了解自己与所要达到的学习程度和要求之间的差距，再通过对学习过程的修正将信息反馈给教师，教师再进行进一步的调整和改进。整个教学过程是一个以教师为主导、学生为主体，在师生之间不断交流评价信息和纠正偏差的过程，其中，反馈校正功能起着主导作用。

（2）导向激励功能。导向激励功能在体育评价中起调控作用。评价在素质教育中已不仅限于起单纯的传递结果信息的作用，比较多的是利用评价来对整个教学过程进行导向控制，使之向某一特定的教学目标发展，最终实现所要达到的素质提高的目的。比如，通过对集体项目评价方法的改变（由个体单独评价转为分组群体评价，也就是说每个学生的成绩要参照其所在的小组的平均成绩来确定），这就促使学生在学习和训练过程中有意识地去加强小组成员间的联系和交流，注重相互间的配合，逐步提高学生群体的体育成绩和集体主义观念，达到集体项目整体技战术水平的要求。同时，还可以利用教学评价来调控教学方向，巩固或引起学生的兴趣，提高师生之间的亲和力，促使学生能够尽快地进入教学程序，融合到教学过程中来。如在体操教学中，需要学生掌握“头手倒立”动作。教学前，教师对“头手倒立”技术的考核标准进行反复讲解，让学生通过了解其技术动作的考核要求来熟悉这个动作的质量和规格，引导学生尽快地熟悉“头手倒立”技术动作的要领，迅速掌握这一技术。

应该说每一个学生对体育都有学习的欲望，但由于身体偏弱或基础较差等原因，总有一些学生不能很快地融入到集体学习和操练的氛围中来。对于这些学生，有针对性地利用其原有的内部和外部的各种动机作用，采用不同的教学评价方法，可以激发他们的学习积极性。比如，对于内向、易害羞的学生，在指出错误的同时，多运用正面的表扬和鼓励，有意识地降低评价的标准，鼓励他们勇敢地去完成动作；对于性格外向、胆大的或接受能力比较强的学生，在表扬时就应更多地指出其不足，提醒他们要注意做好动作的每一个细节，逐步提高难度，不断激发他们去追求新的学习目标。

（3）全方位的鉴定评定功能。全方位的鉴定评定功能在体育评价中仍占有重要地位。在推进素质教育中，目前虽仍需要对学生的体育能力和体育水平做出客观的终结评定，但与传统的教学评价相比已有了很大的不同。首先，在评价内容上，不再是单一的技能和技术的考评，评价已经涉及学生的心理方面的状况。比如对学生体育学习态度的评价已普遍受到重视和运用，反映了学校体育已经把体育教学与心理健康和培养学生终身体育思想有机地结合起来；其次，在评价方法上，以运用统一的标准来要求每个学生的一般标准评价已逐渐减小了在评价中的权重，承认个体差异，以其进步的幅度作为评价标准已成为体育评价的重点，“进步分”在学生成绩中的比例已越来越高；同时，体育评价的主体也呈现多元化的发展，不仅是教师对学生进行评价，包括学生个人的自我评价和学生之间的相互评价的“生评生”现象已日渐频繁；评价手段的运用也多种多样，改变了传统的理论笔试和实践达标、技评等客观评价方法，运用了语言表述、集体讨论等主观评价方法，体现了“以人为本”，注重对身心各方面进行全面评价。

教育评价在体育教学中的运用，是以素质教育为首要任务，注重强调教师的主导作用和学生的主体作用，教师主要通过评价来监控整个教学过程，而学生则通过评价来有意识地调节和改进自己的学习。素质教育下的体育教学，已经成为教师辅助学生最大限度地发挥自我调节作用而进行的体育技能练习和体育能力培养的过程，体育评价在这一过程中起着举足轻重的作用。

第三节 体育教学评价的划分与形式

一、体育教学评价的划分

体育教学评价是现代教育和教育科学发展及改革的产物，它与人们以往所熟知的一般的体育教学检查和评定不同，有一套较为完整的理论和方法。现从各种不同的角度、依据不同的标准，对教学评价进行分类。

（1）综合评价和单项评价。根据所涉及方面的不同，体育教学可以把教学评价分为综合评价和单项评价。综合评价是指对某一学校整个体育教学活动进行完整的、系统的评价，如对某一学校体育教学质量的全面评价；单项评价是指对体育教学活动的某个侧面进行评价，如对学生学业成绩的评价。这两类评价是整体和局部的关系，不以单项评价为基础，体育教学综合评价很难完成；但不从整体把握体育教学也会影响到对单项评价结果的解释。因为学生的体育学业成绩很可能必然地与教学活动的所有方面都有着密切的联系，单项的评价必然寓于综合的评价系统之中。单项和综合的教学评价都是必要的。

（2）对学生的评价和对教师的评价。参与教学活动的主要是学生和教师双方，据此，体育教学评价可分为对学生的评价和对教师的评价。学生和教师作为教学活动的主要参与者，他们的表现最集中地体现了教学过程的性质和教学活动的结果。因此，对师生双方在教学活动中表现的评价是教学评价的重点。

（3）内部参与者的评价和外部参与者的评价。参与教学评价的主体评价者，有内部参与者和外部参与者两大方面。内部参与者除学生和教师外，还有教师的同事和学校领导；外部参与者除家长外，还有社会与学校有关方面的人员等。依此划分，体育教学评价有由师生双方自我进行的自我评价，也有学生对教师或教师对学生做出的评价，还有同事评价和学校领导评价。在外部参与者方面，包括家长评价和其他“局外人”可能做出的有关教学的评价。

（4）主观评价和客观评价。从教学评价运用的方式看，有以评价者通过听课、谈话，以主观体验方式而进行的主观性评价，也有以通过客观的测量和测验收集资料而做出的客观性评价。从达到的结果看，又有定性的评价和定量的评价之分。但是实际上所做出的教学评价，往往是通过主观和客观的结合，定性和定量的结合而进行的。

（5）相对评价和绝对评价。由于体育教学评价的标准不同，又有相对评价和绝对评价之分。相对评价是以被评价对象为集合，考虑该集合目前状态，在确定标准之后将各个体与之相比较。绝对评价是以被评价对象为集合，不考虑该集合体的现状，使其同标准对比，让各个个体知道与目标的差距。相对评价和绝对评价的标准的性质区分在于前者是表现在正态分布中的、一贯稳定的、个人和个人之间的差异，它在原则上属于“心理测定性”，后者是以达到目标的形式，设定所期待的、通过教育活动来实现的学习内容，并且就每个人来测定这些目标是否达到，它在原则上属于“教育测定性”。

（6）初始评价、形成性评价和终结性评价。斯克里芬于1967年在论述教育课程计划的发展时，曾提出有形成性评价和终结性评价两种类型的评价，后经布卢姆运用于教学活动中，进而丰富发展为三种类型的教学评价：初始评价（诊断性评价）、形成性评价和终结性评价。这个分类已被广泛接受，也比较适合我国的教学实践。

初始评价（诊断性评价）的目的主要是通过了解学生的准备状态，以便更好地编班分组，妥当地安排教学计划。它经常要通过专门的“摸底”，一些测验在教学活动开始前或开始时进行。

形成性评价在教学过程中进行，目的是通过对仍在发展和进行中的教学活动进行价值上的判断，探究教学中所存在的问题或缺陷，以便形成适合于教学对象的教学方法或教学手段。形成性评价既是向学生提供学习上的反馈来改进学生的学习，又是对教师进行评价，以改进教师的教学。由于形成性评价所特有的诊断和改进教学的功能，目前已成为教学评价的重要内容，发展很快并受到人们的高度重视。

终结性评价是在教学活动完成之后，对教学成果进行的评价，是对已经完成的教学加以价值判断，目的是为做出各种决定或决策提供资料或依据。人们习惯采用的教学评价基本上都是终结性评价。我们普遍采用的学生成绩报告单就是终结性评价结果的典型表现。

以上是一些最为重要的教学评价的类型，通过这样的划分，我们相信体育教学评价的含义将更为清晰。人们还可根据不同的需要，从更多的角度对体育教学评价进行分类。

二、体育教学评价的形式

（1）即时性评价与阶段性评价相结合。课堂教学评价主要是通过发展性的评价来促进体育教学工作的不断进取，课堂教学评价既可以针对某一堂课进行即时性评价，也可针对阶段性的课堂教学或整个课程的课堂教学进行评价。即时性评价可采用每堂课后有教师在教学日记或教案上作简要评述的方式进行，从而起到即使回忆课堂教学活动全过程，发现问题与不足以便及时纠正的作用。即时性评价也可以有领导、同行、专家或学生进行评课讨论的方式进行，以便于相互指导、交流与沟通、反馈信息、激励教师扬长避短。即时性评价是最直接、最具体、最及时的评价方法，因此也是应用非常广泛的行之有效的教学评价形式。根据学校的实际情况，可以采用随机的方式在每学期进行若干次即时性评价，可以激励和促进体育教师不断的追求进步与发展。在进行即时性评价的基础上，学校或者教研组还应组织进行阶段性或总体评价，对体育教师进行的体育课堂教学进行帮助与指导。经评价的结论和建议及时反馈给授课教师，以便教师在以后的课堂教学中有更大的进步。

（2）定性评价与定量评价相结合。目前的体育课堂教学不仅可以进行定性评价，还可以进行定量评价。定性评价主要是通过评课活动进行讨论、分析和评述，也可定评价指标进行等级制评定。定量评价则是通过评价量表的形式进行评价，给出客观分数，以判定课堂教学质量的好坏。定性分析和定量分析在使用上各有优劣，定性评价在很大程度上缺少量的判断，主观随意性加强，但能给教师提出建设性意见；定量评价则强调量化，可以提供客观的数量上的标准，但必须要在量化的数据进行定性分析后，才能给教师提出改进建议。如果把两者有机地结合起来，则能够科学准确地对课堂教学做出评价。

（3）他人评价与自我评价相结合。传统的体育教学评价以他评为主要的方法，评价主体有领导和同行。新课程改革中提出的发展性课堂评价则注重教师对评价的积极参与，强调评价主体的多元化，将教师自评与领导评价、同行评价、学生评价有机地结合起来，有效评价体育教师的课堂教学，真正起到提高教学质量的目的。总之，在新课程改革中，我们必须紧紧地围绕课程改革的方向，以关注学生健康成长为目的，运用恰当的评价理论和评价形式，遵循即时评价与阶段性评价、定性评价与定量评价、过程评价与终结性评价相结合的原则。根据实际情况，制订出切合实际情况的评价方法，科学地、全面地并具有激励性地进行体育课教学评价。

第四节　体育教学评价的原则与方法

一、体育教学评价的原则

（1）客观性原则。构建现阶段体育教学评价体系，是在相应评价理论的指导下，以我国学校的现实状况为出发点，系统全面客观地分析评价中存在的诸多因素，使评价体系的各组成要素具有客观性，真正体现能够有效促进体育教学效果的特点，特别是在进行体育教学评价过程中，要客观公正合理，能够对教师的教和学生的学作出客观的、实事求是的判定。

（2）可行性原则。评价体系中的指标要符合体育学科的特点和学生的身心发育特点，所制定的标准应该具有可行性。在制定评价目标和指标体系前，应对我国学校体育教学现状进行系统调查和分析，对体育教学评价现状进行深入了解，从中找出存在问题与不足，又要肯定存在于体育教学评价中的优势所在，在此基础上构建评价体系。所选择制定的评价指标能够反映体育教学的效果，并能够与体育教学呈正相关。

（3）科学性原则。整体评价指标体系必须完备，使评价体系能全面反映评价目标的要求。选择指标时应尊重教育规律，使指标体系内的指标相互独立，同一层次各项指标不存在包含和被包含的重叠关系，也不存在因果关系。

（4）可比性原则。体育教学评价体系中的各项指标必须反映评价对象的共同属性，应具有可测性，即指标作为具体目标，要用具体可操作的语言进行定义，通过评价方法的使用，能够观测和了解得出明确结果，评价指标设置应尽量简明，便于操作，并且具备可比性。

（5）全面性原则。体育教学评价要对评价的对象各个方面作出全面的考察和描述，应能够对被评价者进行综合评价和全面考察。对评价指标中各个指标的信息都要收集，最后进行全面的分析，作出恰当的判定。

（6）导向性原则。体育教学评价体系要能够指导体育教学工作发展方向并能促进体育教学活动开展，要充分发挥教学评价的导向功能，及时反馈信息，以便使教学得到及时改正和提高。教育评价的目的是为了提高教育质量，促进学生的全面发展。要通过评价揭示体育教学活动中存在的合理性和不合理性，从而加以肯定和否定，为教师改进教学工作提供改进意见，为学生的体育学习提供有益的帮助。

二、体育教学评价的方法

我国以往教学评价的方法中，对于学生学习的评价方法比较单调贫乏，普遍采用的是终结性评价、定量评价和绝对评价。这些评价的方法往往只在阶段学习或学期结束时进行的，突出了评价的甄别功能而忽视了评价的有效反馈功能，对激励学生的学习，提高教学效果以及改进教学的作用不大。传统的教师评价采用的是终结性评价方法，只依据一次或少数几次的教学活动来认定，这样的评价忽视了体育教师教学水平的提高过程，不能以动态的、发展的眼光来看待体育教师教学水平的提高。体育教学评价方法的改进，需要从以下几方面进行：

（1）定量评价与定性评价相结合。由单一的百分制扩展到“100 + X”分评价、等级评价、评语和特长定量与定性相结合的评价。评价中可以量化的部分，使用“指标 + 权重”方式进行；不能量化的部分，则应采用描述性评价、实作评价、档案评价、课堂激励评价等多种方式，以动态的评价替代静态的一次性评价，增强评价的科学性，改变过去单一的定量评价。只有定量的评价无法客观反映学生的发展状况，不能了解学生在发展过程中的需求，所以必须把定量评价与定性评价相结合。传统的体育教学评价过分强调定量评价，这种评价只能起到甄别与选拔的作用，体育与健康课程将目标定位在增强学生身体、心理健康和社会适应能力等整体健康方面，如果仍然采用定量评价方法显然不能适合教学评价的需要。

（2）终结性评价与过程性评价相结合。终结性评价是一次性评价，评价往往看作是教学活动的终结，只重视结果，目的是给教师或学生评优评差，或评级评分，其功利性显而易见。而过程性评价是把评价体现在教学的全过程，是多次反复的评价，其中包括了终结性评价。过程性评价重视评价的功能，要求把评价的结果反馈给学生和教师，其目的是通过评价控制教学过程，从而达到督促和鼓励学生学习，修正和改进教师教学方案的作用。在过程评价的基础上，再展开终结性评价，不仅能贴紧教学的总目标，而且可以有效地调节教学各阶段，使教学过程进一步趋向合理。中小学教学评价不能仅关注结果，更要注重学生的成长过程（如行为观察、情景测验、成长记录等）。有机地把终结性评价与过程性评价结合起来，使学生成长的过程成为评价的组成部分。在体育与健康课的教学实践中，学生目标主要是在“过程”中完成的，学习态度、情意表现、合作精神、创新能力等各种非智力因素如果不在教学过程中进行评价，而在学期末进行终结性评价是毫无意义的。因此，体育教学评价方法必须多元化，即诊断性评价、过程性评价和终结性评价结合应用，这样才能准确而公正地评价体育教学效果，既保证评价结果的信度和效度，又能调动学生学习和教师教学的积极性。

（3）自评、群体互评、家长督评和教师综合评价相结合。自我评价的理论基础是教学论和学习论。传统的教育评价注重他人评价，忽视教师和学生的自我评价，在对教师评价中，任课教师长期工作在教学第一线，对教学活动的情况最为了解，对教学质量的优劣也较为清楚，所以对课堂教学质量的评价离不开任课教师的自我评价。任课教师自我评价的作用是明显的，任课教师由于评价的心理压力，以及主观因素，往往过高估计自己的教学工作，评价的客观性不够。因此，还需要他评，如同行教师评价，他们熟悉业务，结合任课教师提供的信息，按评价标准进行评价，能较全面而客观地反映任课教师的教学水平，因此，既要同行教师参与评价，也要任课教师参与评价，把他评与自评结合起来，这样才能使评价顺利地进行，得出正确的评价结论。对于学生来说，学生只有真正地掌握自己，驾驭自己，才能提高自己，学生是教学目标的实践者，只有亲身体验的内容，才能正确地评价它，特别是那些无法用定量表现的内容，包括情感、意志、态度、兴趣等，都是外在不易显露的心理倾向，只有通过自我评价才能获得证实的材料，一个善于运用自我评价的学生，他可以依据教学目标随时评价自己，使自己始终保持在教学目标指引下的定向学习状态。为使学生更好地实现自我评价，要求他们结合教师的教学目标制定自己的学习目标，以此作为自我评价目标。同时，这也有利于学生养成正确自我评价的能力，这也是学校体育在贯彻终身体育思想所要求的。

（4）激励性评价的应用。目前，在中小学体育中普遍存在着厌倦上体育课的现象。运动是人的天性，青少年应该喜欢从事体育运动，为什么随着年级的增长，厌倦情绪却与日俱增，这方面有很多原因，教法不当、教材内容安排不科学等。其中最重要的一个原因在于我们的教学中错误地运用了统一教育评价标准，例如：有的速度素质好，不练也跑得快，有的怎样练也跑不快，致使学生在学习中看不到自己的成效和锻炼效果，大大伤了他们的学习主动性，因此，我们应针对上述问题，实施个体化评价，改变评价内容和方式，充分运用评价结果来激励学生，使学生看到自己的进步。比如在评价过程中，对后进生、中等生只做自身纵向比较，特别是对于后进生注重的是发展，设立潜能生进步表、中等生提高表、优秀生荣誉表，使每一个同学看到自己的进步和提高。

（5）绝对评价与相对评价相结合。相对评价有利于学生看到通过自己的努力所取得的进步，建立学习的自信心和自尊心，现今体育教学所关注的正是学生的进步与发展，因此在体育教学评价中不仅采用绝对性评价，更强调相对性评价的作用。

（6）体育教师评价以发展性评价为主。体育教师发展性评价主要依据教师现有的工作表现，确定体育教师的个人发展方向，定期制定个人发展的目标，并依据评价提供的信息，激发体育教师自我完善的需求，明确继续发展与终身发展的目标；为体育教师提供自我发展的机会，促进其未来发展。

第五节 体育教学评价的内容与指标

一、体育教学评价的内容

体育教学是学校体育工作的主体，是完成学校体育任务的基本途径。如何构建体育教学评价的内容，既是当前教学评价理论探讨与研究的重点问题，也是教学评价实践工作中迫切需要解决的问题。体育教学评价的对象既包括学生，也包括教师。既是对学生体育学习能力和学习成绩做出评价的过程，也是对体育教师的教学能力和教学效果进行评价的过程。教学效果既有学生对掌握体育知识、技能、技术等认知领域的，也包括学生的体育态度、习惯、兴趣、意志、品德及个性发展等情感领域的。对教师的评价，既要对教师的素养和教学技能进行评价，也要对体育教学的各个环节，尤其是课堂教学质量进行评价，因为学生的学习效果是直接由课堂教学质量决定的。体育教学评价内容的大体构架如下。

（一）体育教学中学生评价

教学评价首先考虑的问题是从教学的基本目标和教学过程中的各种目标出发，对学生的现状及到达目标的程度进行考查。因此，体育教学评价的首要任务之一是对教学主体——学生的评价。《基础教育课程改革纲要（试行）》明确指出："评价不仅要关心学生的学业成绩，而且要发现发展学生的各方面潜能，了解学生发展中的潜能，了解学生发展中的需求，帮助学生认识自我，建立自信。"学生评价强调要时刻关注学生的发展，培养学生的自尊与自信，淡化学生之间的评比，提倡学生学会用课程标准、教育目标和自己的过去进行比较，并从比较中客观地了解和评价学生，从而为学生的自主体育学习创造机会和条件。所以，体育教学中学生评价包括以下几方面：

（1）体育学业评价。体育学业评价的内容包括体育基础知识、身体素质和运动能力、运动技能、学习情感等四个方面，只有将四个方面评价的结果综合为一体，才能形成对学生个体体育素养的全面有效的评价，具体如下：

1）体育基础知识。对体育与健康知识的理解和运用。体育运动中每个项目都有其自身的规律，运动时只有遵从其规律，才能有助于提高身体素质。

2）身体素质和体育意识。积极参与各种体育活动并基本形成自觉锻炼的习惯，基本形成终身体育的意识，能够编制可行的个人锻炼计划，具有一定的体育文化欣赏能力；运用体育知识进行科学的锻炼身体和自我评价，掌握提高身体素质的能力及运动感觉、知觉能力，运动技术的运用和运动参与程度；对外界环境的适应能力和对疾病的抵抗能力。

3）运动技能。掌握健身运动的基本方法和技能；能科学地进行体育锻炼，提高自己的运动能力；掌握常见运动创伤的处置方法。

4）情感表现与合作精神。学生对待学习与练习的态度，以及在学习和锻炼活动中的行为表现；学生在体育学习中的情绪、自信心和意志表现，对他人的理解与尊重，交往与合作精神；是否能通过体育活动改善心理状态、克服心理障碍，养成积极乐观的生活态度；是否能运用适宜的方法调节自己的情绪；在运动中体验运动的乐趣和成功的感觉，表现出良好的体育道德合作精神；正确处理竞争与合作的关系。

5）运动中思维的创新，即学生在运动过程中对运动技能、技战术、学法、教法提出疑问，进而产生更为科学、合理的学习、练习的方法。

既要评价最终成绩，又要评价学习过程和进步幅度，以及学生在学习过程中的自我评价、互相评价相结合，需要说明的是体育学习的评价也是对评价对象的认识过程，对学习体育运动习惯养成的一个干预过程。

（2）学力的评价。学力是指获得行为的能力、才能或行为倾向，即学生学习的能力。学习评价的目的是调查了解学生学习能力的状况及个别差异，为完成既定的教育、教学目标提供有用的信息资料，为培养学生各方面的能力服务。

（3）品德评价与个性评价。思想品德：热爱中国共产党、热爱社会主义祖国，培养美感和文明行为，逐步养成遵守纪律、尊重他人、团结友爱、互相帮助等集体意识和良好作风。个性发展：培养勇敢、顽强、朝气蓬勃和进取向上的精神，注重能力的培养，启迪思维，培养学生主动性和创造性。

尽管出勤和表现不能反映学生的体质和运动能力，但是它却是反映学生思想品德、组织纪律、心理状态的重要依据。作为教学评价的内容，需要从多个侧面，采用多种方法对学生的品德和个性进行全面测验与评价。而在教学中的品德和个性评价则是重于教学内容的科学性、思想性等对学生思想品德和个性发展与变化的影响测定与评价。

（二）体育教学中教师评价

《体育与健康标准》中认为体育教师评价是通过对体育教师教学工作的质量和效果、体育教师的专业素质进行客观、公正、及时的评价，为体育教师提供具体、准确的反馈信息，以促进教师改进教学工作，不断提高体育教师自身的专业素质和教学水平。从中我们可以看出《标准》对体育教师的评价提出了明确的目标。因此，体育教学评价中教师评价应主要体现在教师工作的质量和效果以及体育教师的专业素质上。

（1）体育教师的专业素质评价。

1）道德素质。体育教师道德素质是教师素质评价中必不可少的重要一环。其内容主要有政治理论的考核成绩、工作态度、教书育人、遵纪守法、坚持四项基本原则、参与民主管理、为人师表、良好的文明行为习惯等方面的评价。

2）知识结构。体育教师的知识结构直接影响教学的质量。对教师知识结构评价的内容有：体育教师必须具有系统全面的体育专业知识，并了解相关学科的基本常识；体育教师应比较系统地掌握教育学和心理学的基本原理和原则，了解学生身心发展的规律和教育规律，将理论与实践相结合，以便顺利达到预期目标。

3）能力结构素质。体育教师的能力素质具体包括完成教学工作量的能力；独立进行教学活动的能力，如制订教学计划、选择教学目标与内容、教材安排与组织、对教学内容的理解与挖掘、教学方法和现代教学技术手段的使用；教育管理学生的能力，如组织课堂教学、处理协调师生间的关系等；表达能力，包括教师要用标准的普通话，语言要清晰，逻辑性强，对学生要有感染力；创新能力，即善于独立思考，不断改革求新；开发和运用体育资源的能力，是教师教育能力的具体表现。这里所说的资源是教材内容本身教育性、娱乐性、健康性、健身性资源的开发。同一个项目、不同的练习方法和练习组合产生不同的教学效果；教育科学研究能力，即善于搜集资料，运用多种科研方法，理论联系实际，将教学工作与教学科研结合起来。

（2）体育教师教学工作情况评价。教师的工作情况评价是全面衡量教师工作的重要手段，一般可分为教学工作量评价和教学成绩评价。体育教师的教学工作量包括备课、上课、课外活动辅导和运动队训练等。教师教学工作成绩的评价包括课堂教学质量、教学改革成果、教学经验总结或教学研究论文、学生学习质量（考核成绩的及格率、优秀率、平均成绩）等几方面。课堂教学质量评价是教师教学工作情况评价的中心环节。

（3）体育课是体育教学的基本形式，也是体育教学评价的重点。其具体内容一般包括以下几个方面：

1）教学思想。主要指教师在教学过程中能否坚持教书育人的原则，是否有改革创新的精神，是否促进学生的全面发展。

2）贯彻课程标准或执行教学大纲情况评价。课堂教学的教育目标是否符合课程标准或教学大纲的要求，教学是否紧紧围绕教学目的进行，是否完成了课程标准或教学大纲所规定的教学任务和教学内容，是否有达不到要求的现象。

3）教学内容的评价。教学内容是否紧紧围绕教学目标进行安排；是否达到科学性和思想性的统一；是否将思想品德教育寓于体育教学内容之中；是否科学安排运动负荷；教学组织是否合理。

4）教学方法和教学手段的评价。教师能否依据教学的具体任务和内容特点，有针对性地选择教学方法；教学方法的选择是否符合学生的身心特点，是否有利于激发学生的学习兴趣和学习动机；教学方法是否具有启发性，是否有利于培养学生的独立思考、分析问题、解决问题的能力和创新精神；教学手段的运用是否增强直观性，是否有助于提高学生的学习效率。

5）教学技能的评价。讲解语言规范，准确简洁，正确运用术语和口诀，示范动作正确优美；沉着冷静机智地处理课堂突发事件，使教学顺利进行。

6）教学效果的评价。是否能很好地完成教学任务；学生是否掌握教学内容，是否充分发挥学生的学习积极性和主动性，是否培养学生勇敢、顽强、竞争、合作的心理品质；是否能激发和保持学生运动的兴趣，促进学生体育锻炼习惯的形成。

二、体育教学评价的指标

（1）学生体育学习评价指标。学生体育学习评价指标体系以简明的方式，比较全面地提供学生体育学习的变化过程，是根据评价指标体系设计原则而建立起来并能反映学生体育学习状况的指标集合。评价指标所要判断或度量的问题是学生体育学习的主要方面，并通过其总体效应来评价与刻画学生体育学习的总体状况。在评价指标体系中，凡是学生体育学习中涉及的因素都力求得到体现，并予以相应的重视程度。指标体系作为一个整体能够基本反映学生体育学习的主要方面或主要特征，能反映和体现体育教学的内涵，其评价指标数量尽可能地进行了压缩，以达到简便易于操作的目的。建立的学生体育学习评价指标体系的一、二级指标如图 6-1 所示。

（2）教师教学评价指标体系构成。教师教学评价指标体系应能比较全面地反映教师教学的全过程，即评价指标体系要围绕教学活动："教学设计（备课）—实施（上课）—辅导与反馈（反思）"来建立。据此，教师的教学评价应包括分析其课前准备、教学条件、教学设计以及实施过程和课后的反思，并观测体育教学目标的达成情况。以上这些因素是教师教学评价指标体系中不可或缺的部分。依照上述思路，在参考众多专家学者研究成果，特别是"米斯评价教师授课质量指标"和"巴班斯基评价教师教学大纲和指标"的基础上，对教师教学评价指标体系进行了指标设计，开始先初步提出了七项教学评价的内容，即：教学目标设计、教学内容选择、教学组织、教学基本功、教学方法、教学效率、教学效果。之后通过与专家访谈，对七项指标进行了筛选、归类处理，最后将教师教学评价指标体系确定为四个一级指标：教学准备、教学过程、教学评价、教学效果。确立的教师教学评价指标体系的一、二级指标如图 6-2 所示。

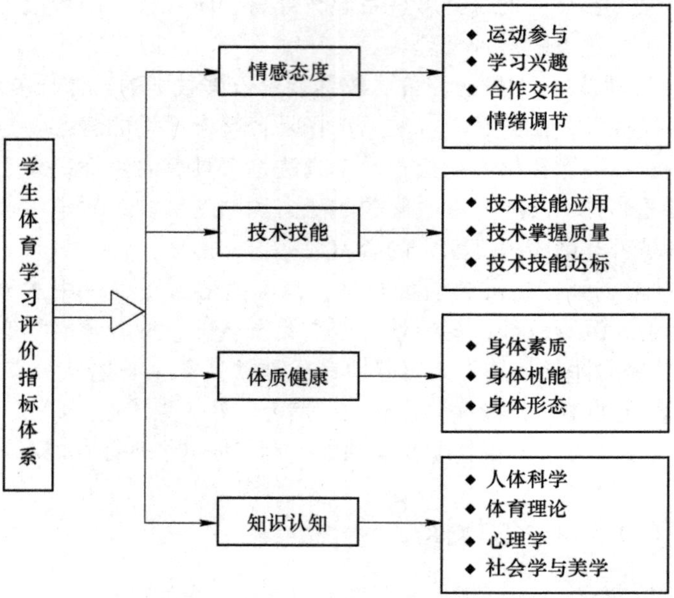

图 6-1 学生体育学习评价指标体系

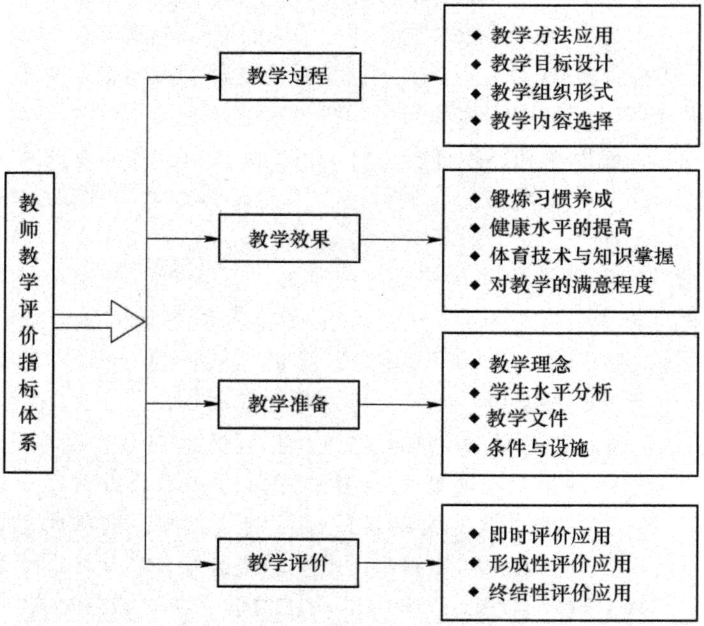

图 6-2 教师体育教学评价指标体系

第七章

高校体育文化建设与传播

第一节　我国高校体育文化建设发展现状

一、高校体育物质文化建设现状

高校体育物质文化属于高校校园文化的表层结构，是高校体育文化活动开展的基础和保障，它包括运动场馆、体育设施、体育雕塑等。高校体育运动场馆是高校广大师生锻炼、休闲、组织各种大型有益活动的场所，也是高校体育文化建设的基础。随着高校教育事业的发展，我国高等教育已由精英化教育过渡至大众化教育，在校学生的人数剧增，高校原有的体育场馆、基础设施已完全不能满足学生教学与锻炼的需要。

二、高校体育制度文化建设现状

制度是一种行为准则，是人们共同遵守的规程。高校体育制度文化属于中层部分，指校园体育制度、章程和组织机构体系，是规范参与校园体育活动的师生和校园体育组织、设施等的行为方式部分，反映学校体育价值、体育精神、体育文化，是一种制约文件。纵观建国以来，我国政府重视学校体育法律、法规建设，特别是改革开放以来，我国相继公布了一系列有关学校体育的法律与法规。1990 年 3 月《学校体育工作条例》经国务院批准由国家教委、国家体委发布正式实施，《学校体育工作条例》的颁布实施，从法规角度进一步确定了学校体育的地位。1993 年 2 月中共中央国务院制定了《中国教育改革与发展纲要》，1995 年 3 月和 8 月《中华人民共和国教育法》、《中华人民共和国体育法》等法规的相继颁布与实施，为学校体育事业的发展指明了方向并提供了法律依据。1999 年 6 月中共中央、国务院颁布了《中共中央国务院关于深化教育改革全面推进素质教育的决定》中指出："学校教育要树立健康第一的指导思想，切实加强体育工作，使学生掌握基本的运动技能，养成坚持锻炼身体的良好习惯。确保学生体育课程和课外体育活动时间，不准挤占体育活动时间和场所。举办多种多样的群众体育活动，培养学生的竞争意识、合作精神和顽强毅力。”

从我国现行的学校体育法规从数量上看，已有了一定的规模，但从内容上看还没有形成一套完整统一的学校体育法律法规体系，原则性表述较多，可操作性不强。而且，不少学校体育法规没有明确法律责任，没有明确的罚则，即使有明确法律责任的，对违法行为制约不够。如《学校体育工作条例》中规定体育课程是必修课程，大学生体育不合格者不允许其毕业，保证学生每天一小时体育活动时间等，但事实上，还有不少的学校受诸种因素的制约没有完全执行，对这种有法不依、执法不严的现象也无法追究。由此可见，高校体育制度文化建设还任重道远。

三、高校体育精神文化建设现状

（1）学生的体育知识。知识是人们在实践中获得的认识和经验的总和，是构成文化的重要主体。让学生掌握更多的体育知识，可以加深他们认识体育的价值，了解体育对人、社会的积极作用和贡献，有助于学生形成良好的体育观，提升学生的体育文化素养水平，进而推动校园体育精神文化繁荣发展。学生通过体育教师的教授、课外体育锻炼、课余训练、体育竞赛、广播、电视和报刊等途径获得体育知识。由调查得知：体育教师传授的体育技能知识占85. 0%、理论知识占9. 0%、其他占6. 0%，学生希望获得的体育知识有健身方法12. 25%、体育新闻35. 30%、健康知识50. 25%、其他2. 20%。这些数据表明：教师传授体育知识的方式比较单一，知识面窄，只注重运动技术，与学生希望获得的体育知识有较大的差距。

（2）高校的体育风气。风气是指社会上和某个群体中流行的爱好和习惯，对人的行为能产生一定的影响。良好的体育风气，使校园充满生机和活力，有助于师生形成积极进取和发奋努力的心态，能陶冶学生情操，促进良好校风、学风的形成。调查结果显示，能自觉进行体育锻炼的学生有420人，仅占31. 02%，大多数没有体育锻炼自主性；经常阅读体育报刊、观看体育节目的学生317人，仅占23. 41%；体育活动以班为单位进行并由体育教师负责的占50%。这些数据表明大多数学生参与体育活动的积极性还没有被调动起来，还没有形成主动运动的习惯，大学校园还没有形成理想的体育风气。

（3）高校的体育文化宣传。运用学校体育传媒，不仅可以推广、传播体育知识，创建浓郁的体育氛围，增强人们对体育的关注程度，而且通过宣传我国体育健儿在国内外体育比赛中克服困难为国争光的事迹，可以激发他们的爱国热情和民族自豪感，引导他们形成正确的世界观、人生观和价值观。在体育比赛中，公平竞赛、公开竞争、求真求实、遵守规则强化了校园体育精神文化建设，形成强大的舆论导向，潜移默化地增强学生健身意识，使他们真正认识到国民体育发展水平是人类文明和社会进步的主要标志。

调查结果发现，仅有20%的学校组织师生观看大型国际比赛电视直播。学校体育宣传栏占40%，仅有40%的学校每年举行体育节，学校广播站广播体育方面的内容占50%，学校建有网络体育教学设施仅占10%，学生对学校体育宣传工作满意度仅占17.28%。这些数据表明：学生对学校组织观看大型国际比赛电视直播、学校广播站广播体育方面的内容以及学校体育宣传等工作不满意的占50%~90%。各学校的体育宣传设施少，宣传方式单一，宣传力度薄弱，宣传效果不佳。

（4）高校体育行为文化建设现状。学生参与体育锻炼的方式直接影响学生体育锻炼习惯形成，因此我们对学生体育锻炼形式进行了调查（表7-1、表7-2）。数据表明，影响学生的体育行为前四位的因素是：体育兴趣71.25%列第一，媒体48.58%列第二，同学39.66%列第三，家庭成员10.48%列第四。

表7-1　学生体育行为方式现状（男生 $n=706$，女生 $n=648$）

体育行为方式	男生频率	男生比例/%	排序	女生频率	女生比例/%	排　序
与同学一起锻炼	297	42.06	1	338	52.16	1
独自锻炼	166	23.51	2	94	14.51	3
教师指导下锻炼	111	15.72	4	152	23.46	2
其他	132	18.70	3	64	9.868	4

表7-2　影响学生体育行为的因素调查（男生 $n=706$，女生 $n=648$）

因　素	男生频率	男生比例/%	排序	女生频率	女生比例/%	排　序
体育兴趣	503	71.25	1	453	69.90	1
媒　体	343	48.58	2	316	48.77	2
同　学	280	39.66	3	256	39.51	3
家庭成员	74	10.48	4	67	10.33	4

另调查得知，有31.76%的学生吸烟和偶尔吸烟，有62.56%偶尔饮酒和饮酒，经常不吃早餐的占28.29%，睡眠不好的占59.53%。这表明多数学生保健意识不强，忽视了自我保健，这从侧面反映了高校相关教育目标和内容存在着漏洞。

（5）高校体育价值文化建设现状。大学生对体育在健身、娱乐、审美以及在心理素质、道德、智力培养等方面所体现出来的价值认识程度如何，直接影响着大学生体育行为。调查结果发现，大多数学生对体育有正确的认识，同时也看到大学生对体育的认识仍然停留在传统的表面上，体育对人造成的深层次影响，大多数学生还难以领会。对于体育的健身、娱乐等表面功能，学生持肯定态度的占84.71%和84.34%。但是，体育对智力、情感、个性的影响，持肯定态度的学生只有56.65%、44.02%、25.41%。这些数据告诉我们，学生的基础体育理念是可塑的，但仍需进一步的正确引导。如果只停留在原有基础上，校园体育精神文化环境就只能维持在传统体育观的层面上，严重制约了其繁荣与发展。

第二节 我国高校体育文化建设路径

高校体育文化建设是一个长期积淀的历史过程和系统工程。在我国处于加速转型的历史时期，它除了与经济全球化、政治多极化、社会变革引起的文化多元化和扩招后的高等教育大众化等外部因素高度相关，还与学校的培养目标、管理制度、校园环境，以及教师、学生等因素密切相连。在这些因素中，有些是体制性的，有些是观念性的，有些是操作性的，有些是法律政策性的等。本节立足社会加速转型期我国高校体育文化建设现状，着重从建设高校体育文化的五种基本形态，即物质文化、制度文化、精神文化、行为文化以及价值文化的可控性因素展开对策研究与论证，旨在为处在加速转型期的我国高校体育文化建设提供一些可资借鉴的思路与方法。

一、高校体育物质文化建设策略

（1）科学布局，美化高校体育物质文化环境。高校体育运动场和体育馆既是学生和高校教育工作者锻炼、休闲、聚会的场所，又是反映学校物质文化的形象工程。快速转型期，随着各高校招生人数的日益增加，学校教学基础设施建设力度加大，高校的校园环境得到了很大的改善，为满足高校体育教学与训练的需要，许多高校都需新建运动场和体育馆完善体育设施。高校体育场馆和基础设施建设是高校校园建设的重要部分，校园场馆的布局应科学、合理，与校园环境协调一致，反之则影响校园的整体规划和体育场馆的使用率，给学生的锻炼造成消极因素。科学合理的布局是高校体育场馆设施发挥其价值的关键，同时也是整个校园环境协调的重要部分。因此，高校体育运动场和体育馆的布局应该是与学生宿舍和教师宿舍的距离应当适宜，便于学生和教师去参加各种体育活动；再次，要考虑与教室、实验室等课堂教学设施的适宜距离，体育活动是一种较为活跃的社会实践，如果与教室、实验室等课堂教学设施的距离太近，势必会相互产生影响。

（2）精心设计体育人文景观，提升高校体育物质文化品位。在文化的环境构建中，物质文化是精神文化的基础和保障，而精神文化又对物质文化起着导向作用。依据学校体育建设的需要，在校园内适当挖掘体现学校体育文化的人文景观，也可大大丰富高校体育物质文化，达到对学生潜移默化的作用。

高校的人文体育景观的设计与建筑也是人们对体育的理解和诠释，充分体现了人们的智慧。每所高校由于其办学历史、办学理念、办学区域、办学方式不同差异，以及传统校园文化与时尚体育文化的影响程度不同，而各自形成具有一定特色的高校体育文化。这种特色的高校体育文化最为直接的表达与诠释就是高校体育场馆的建设与体育雕塑等的建设。高校体育人文景观是提高高校体育文化品位的基础，是高校体育文化的外在标志，对于形成良好的校园体育锻炼氛围和宣传高校体育有着积极的作用。校园内的每一座体育雕塑都是宣传体育运动，倡导体育精神，活跃体育气氛，激发体育的热情。

（3）建立教师进修保障机制，优化高校体育人力资源。高校体育教师是高校体育物质文化建设的重要主体。由于我国教育体制的弊端，高校领导对体育教育的重视程度不够的现象由来已久，体育教师的进修机会在过去几乎没有，而今也非常少见。所以，加速转型期，政府要以立法的形式保障体育教师的进修机会，高校要有计划、有目的地定期选取一定数量的体育教师进修学习，从而带动本校其他体育教师综合素质的提高。

同时，要加强“人文奥运”、“以人为本”的理念在高校的指导作用，深化高校体育教学的改革，为体育教师的发展提供更多的机会，加速体育教师观念的更新；其次，要着力构建“体育是一种教育文化”的学术环境，定期举办体育理论研究研讨会，加强体育教师之间的合作，提高体育教师的人文素养；再次，要加强大学生体育观的转变，使学生树立体育是一种生活方式、生存动力的科学意识，提高对体育课的重视程度。

二、高校体育制度文化建设策略

（一）结合实际，建立健全高校体育规章制度

高校体育规章制度是各高校根据学校自身的实际情况，依据国家制定的有关学校体育法规，确保学校体育活动实施的行为准则。高校体育规章制度制定的目的是：

（1）完成国家有关体育法规规定的体育教学任务、训练与竞赛以及群众体育活动的开展。

（2）继承与发扬学校优良的传统体育文化，使学校的校园体育文化具有一定的特色，对人才培养产生一定的影响。

由此，各高校体育规章制度必须与学校体育实践紧密结合，解决学校体育所面临的问题，规范学生和高校教育工作者的体育行为，以及指明学校体育的发展方向。

这就要求在制定法规过程中，既要处理好当前与长远的关系，又要处理好需要和可能的关系，促进学校体育事业的发展。一般来说普通高校的体育规章制度主要有：

（1）《体育课堂常规》，主要内容是规范在体育课堂教学过程中教师的教风和学生的学风，以及一些体育知识学习方面的特殊要求。

（2）《运动场馆、体育设施、器材管理制度》，主要是规范运动场馆的管理，内容主要包括固定的运动场馆开放与关闭时间，进入运动场馆的一些特别要求和注意事项，体育设施与器材的维护与更新等。

（3）《运动竞赛制度》，主要是规范课余训练和校内外体育比赛的管理，内容包括教练员、运动员守则等。

（4）《学校体育发展规划》，主要是根据学校体育发展趋势，制定符合学校自身发展的体育基础设施建设规范、师资力量培训、体育课程改革等。

健全与完善高校体育各项规章制度，目的在于规范高校体育实践，使其做到有法可依，有章可循。

（二）以人为本，力求高校体育制度人性化

高校体育规章制度的制定是为了更好地服务于高校体育的发展。体育和哲学一样，是关心人的学问，但哲学是从人的价值、意义等方面入手，关心人生命的意义，而体育是从人的生命健康的角度，关心人身心的发展和优化人的生活方式，是对人的生存发展的基本的关怀。中国的体育文化蕴含了丰富的人文精神，2008 年提出的“人文奥运”是人们对体育文化的人文精神的深刻认识。校园体育文化在本质上是一种以广大人民群众生存、享受、需要为出发点、归宿点和最高价值目标的人文形态，校园体育文化自始至终都体现着一种人文精神，蕴涵着一种人文目标，昭示着一种人文价值理念。由此，高校体育文化赋予了深刻的、丰富内涵的人文精神。高等学校作为教育的专门机构，其主要的职能就是通过各种途径组织形式对学生进行教育，促进学生整体素质的发展。高校所有体育文化活动都是围绕“育人”为宗旨而开展的，以促进参与主体全面发展为目的，使之形成科学的世界观和方法论，树立正确的价值观和人生观，使高校体育文化与高等教育结合成有机的整体，对广大师生起到潜移默化的教育作用。高校体育规章制度要体现人性化，就要求所有制度的制定都应从教育的角度出发，以培养学生坚强的意志，团结协作的精神，提高体育文化素养，使学生在体育活动中接受教育，体会成功的感觉。

在强调高校体育规章制度制定的人性化的同时，也要注意加强对规章制度的宣传和普法，重视“立法”与“实施”并行。由于历史和社会等客观原因，人们对体育规章制度的法律意识不强。许多个人甚至单位，不把学校制定的体育规章制度当一回事，随意地破坏和践踏学校体育规章制度。由此，当务之急是要对

教师、学生进行学校体育法规知识教育，提高法治意识。同时，要加强学校体育规章制度执行力度，成立专门的机构督促和监督学校体育规章制度的贯彻落实，逐步树立“有法可依，有法必依、执法必严，违法必究”的观念，增强学校体育规章制度的实效性。

另一方面，高校体育制度的人性化建设，还要处理好高校体育资源的公益性服务与高校体育产业化的关系，纠正高校体育文化产业化的误区。改革开放以来，社会经济快速发展，人的物质需求得到满足后，对文化的需求越来越高，以娱乐、休闲、益智为主要特征的体育文化产品和服务，在人民的文化消费结构中居于重要的位置。受市场经济的影响，有些学者提出了高校体育文化产业化，高校体育文化产业化指的是把高校体育所有资源作为商品按市场规划经营，以营利为目的。高校体育资源的主要部分就是体育教师和体育场馆，许多高校就利用体育场馆的租赁，体育教师的体育锻炼指导性服务，从而进行市场经营活动，把这种经营活动视为体育教师增长经济收入的主要渠道。从而导致广大学生由于进入场馆锻炼的费用太高，自身的经济承担不起而放弃锻炼，相反体育场馆闲置在那里，严重降低了场馆的利用率和增加了场馆的维护成本。调查统计表明有24.30%的学生是因为经济原因而不经常参加体育锻炼。高校体育产业化混浊了高等教育事业是公益性的教育事业，学校体育场馆的建设，是由国家投资和社会捐助的，主要是为满足体育教学训练，以及学生课余锻炼为目的。因此，学校体育资源，不应视为商品按市场规律进行经营，其体育资源应免费向大众提供服务，即使收取费用也不应以营利为目的，注意不要偏离它的公益目标，改变它的公益性质。

（三）责任到人，切实发挥高校体育文化部门职能

我国学校体育从中央到地方都是实行教育行政部门和体育行政部门的共管机制，体现出体育与教育交织的双重性特征。在学校内部对学校体育文化建设进行管理或协助管理部门有体育教学部、学校行政部门、校医院、后勤部门、学工部、校团委、宣传部、校工会、学生体育协会等，正是由于部门太多职能界定不清，从而导致校园体育文化建设过程中多头管理，各自为政，办事效率低下。而且各部门的工作也主要是围绕体育教学和训练与竞赛而开展。高校体育文化的健康发展，必须有科学、合理的组织、管理体系为保障。

高校体育文化组织、管理体系可分为两个层次：一是根据学校体育文化发展需要，成立的专门的学校体育文化建设部门，它主要是由学校各相关职能部门组成，如校体育运动委员会；二是具有相同兴趣、爱好和追求共同的体育价值观念的学生群体，自发成立的学生体育社团，如各项学生体育协会。这些部门要根据校园体育文化的功能和特点，使其与知识性、专业性、娱乐性相结合，使自发与指导恰当地统一起来。

学校各级行政职能部门要重视学校体育文化建设，首先要对学校体育文化建设做出总体发展设计，据各部门的职责进行分工，分别指导与落实。在开展高校体育文化活动时注意坚持教育性、创造性原则，充分发挥高校体育文化的功能。组建与培养一支学校体育文化建设的骨干队伍，保证社团组织的连续性并且能够与时俱进，不断地从事研究，指导和具体组织校园体育文化活动。同时，积极支持、热情扶持、适时引导大学生体育社团建设。大学生体育社团具有较强的影响力和广泛的群众基础，能组织丰富多彩的校园体育文化活动，为广大师生提供了发展个人爱好、展示自我的平台，通过社团组织的灵活多变的活动促进大学生树立共同的目标和价值追求。引导与扶植大学生体育社团建设时，要切实加强管理，制定社团的宗旨和章程，理顺组织体系，建立民主、平等的人际关系、构建浓厚的民主气氛，开展社团活动注重加强学生主动学习能力的培养。

三、高校体育精神文化建设策略

（一）强化健康体育文化观念

高校体育文化建设要摆脱原有的以竞技体育文化建设为中心的建设观念模式，建立以健康体育文化观念为中心、多元化齐头发展的校园体育文化，积极开展各种以促进学生健康发展为目的、以健身、娱乐为内容的校园体育文化活动。例如：改革以竞技为主要内容的校田径运动会为校体育文化艺术节，另外把各种有利于学生身心健康的体育文化活动也纳入到校体育文化节中，提高文化底蕴。淡化竞技观念，强化健康、娱乐观念，降低体育文化活动对参与者身体素质和技能的要求，使学校体育文化活动成为大多数学生和教师能够参加，而不是只有少数体育素质好的人参加的体育文化活动。同时，在高校体育精神文化建设中应积极倡导健康的体育精神如爱国主义、集体主义、拼搏进取精神和竞争开拓精神等，把体育精神与学风建设融合为一体，引导和完善学生形成正确的人生观、价值观、世界观。

（二）加强大学生体育诚信观念教育

在我国的文化中，道德对政治、法律、文学、体育等都具有深远的影响和重要的指导意义。从某种角度来看，道德的理性发展常有替代政治、法律而起作用。中国文化的泛道德性，使体育成为教化民心的一种手段，即所谓的礼乐之治。现代奥林匹克运动的倡导人、法国教育家顾拜旦评价体育文化的价值时，曾说道：“任何一个研究过古代奥运会的人都会发现其深远的影响在于两个基本因素：美和尊严。如果现代奥运会要产生我们期望的影响，它也是应该显示美，激发出人们的宗教热情，一种能无限制地超载我们今日最重要的体育竞赛所表现出的任何东西的美和尊严。”

正是体育这种“美和尊严”内在的价值和体育竞赛提倡的是公平竞争，使每一个参与高校体育文化活动的个体都在创造美、感受美；使每一个参与体育文化活动的个体心灵得到感化，情操得到陶冶；使每一个参与高校体育文化活动的个体学会尊重他人，尊重自己，在公平竞争的框架上与对手既竞争又协作，从而达到超越体育竞争本身的意识，获得对手及人们的尊敬，促进精神文化的发展。

因此，我们在建设丰富、先进的高校体育精神文化时，要注意加强大学生的体育诚信教育、体育道德行为规范、培养其养成健康良好的生活习性和行为方式，同时，还要加强学校体育制度制定的公平性，在执行过程中的公正性和规范性，促进高校体育精神文化建设。

四、高校体育行为文化建设策略

（一）全力规范教学性体育活动

高校体育教育教学活动是高校体育文化活动最基本的表现形式，也是高校体育文化的核心内容，是学生接受正规的体育教育和训练的主要途径。高校体育教育教学活动在相关的学校体育法律、法规制度的规定下有严格的要求和目标，高校体育教学为完成既定的目标任务，在相对固定的时间和空间里由专门的体育教师对学生进行体育知识技术、技能的传授、指导身体练习，同时高校体育教学活动也是师生相互交流与了解的主要途径。

在体育课的教学中要深化体育教学改革，确立以学生的学习和锻炼为中心，培养学生树立体育意识，养成锻炼习惯，提高锻炼能力的指导思想。在体育课程建设上注意体育文化、卫生保健知识的传授，使学生具有全面的体育文化修养，同时，在教材的选择上，应注意提升教材的科学性、实效性和趣味性。

（二）大力开展健身性体育活动

1995 年 6 月国务院颁布了《全民健身计划纲要》，明确规定：以全国人民为实施对象，以青少年儿童为重点，是实现社会主义现代化目标相配套的社会系统工程和跨世纪的发展规划。强调青少年学生的体育锻炼是全民健身活动的基础，国家教委于 1995 年 7 月发出了《贯彻〈全民健身计划纲要〉的意见》，加强学校体育卫生工作是使学生科学、持久地参加体育锻炼的根本保证。高校体育是学校体育的最后阶段，大学生经过多年的体育教育已有了较高的体育知识和运动技能，体育价值观念已形成，并且具备了较强的自身锻炼能力，养成了一定的锻炼习惯。因此，高校的全民健身活动是我国全民健身活动的高层次，引领着我国全民健身活动的发展方向，为我国全民健身活动培养体育人才与骨干。而且由于高校广大师生教职员工的学习与工作时间较为固定，全民健身活动较容易组织起来，容易形成规模，全民健身活动在高校校园里的普及和推广，便于各种休闲、时尚、娱乐的非竞技性的体育项目在高校的开展，如大力开展阳光体育活动，广大师生可以根据自己的兴趣、爱好与运动能力，选择参与各项休闲、娱乐体育，使体育成为其工作、学习和生活的一部分，以推进素质教育，调节广大师生的工作、学习节奏。

（三）举力开展竞技性体育活动

竞技性体育活动指的是高校开展的以竞技体育项目为内容的各种体育竞赛活动。高校开展的竞技性体育活动大多数属于非正规的竞技体育活动，虽然这些活动都有一定的规则指导，但某些条款都是根据参加者和学校体育设施条件实际而协商制定的。开展竞技体育活动的目的是为了活跃校园气氛、丰富广大师生的课余文化生活、增进交流、培养坚强的意志和集体主义精神，而不是为达到一定的功利目的和规定程度的运动技术水平。高校竞技体育活动开展的方式多种多样：有学校与学校之间、学校与外界社会体育社团之间、校内的各学院之间、各年级之间各班级之间。其组织者可以是学校体育专门机构、学生体育协会或者学生自己。高校竞技体育活动覆盖面广对高水平竞技体育影响较大，直接关系到体育人才的培养与选拔，竞技体育活动由于其激烈的竞争性、技巧性、可欣赏性，深深地吸引着高校青年学生和广大教职员工，在高校体育文化中仍是主流文化。

积极开展校内与校际体育竞赛活动是高校体育行为文化建设的主要途径。校内体育竞赛不仅是推动学校体育活动广泛开展、促进学生运动技术水平提高的有效手段，也是校园体育文化的组成部分。学校通过组织校内体育竞赛，可以达到丰富学生的课余生活，提高学生对体育的兴趣和爱好，增强学生的课余生活，提高学生对体育的兴趣和爱好、增强学生的体育意识、活跃校园体育气氛的目的。学校可以据自身的情况，选择适合普通学生的竞赛项目，采用多种多样的竞赛形式，调动学生竞赛和参与的积极性。同时根据学校的运动项目水平和师资条件，组织校体育代表队，加强训练，参加校际体育竞赛活动。一方面促进运动技术水平提高；另一方面提高学校的知名度，同时寻找自身体育工作的差距，扬长避短，推动学校体育工作和学校体育文化建设更上新台阶。

（四）合力开展竞智性体育活动

体育竞赛依据是否以身体练习为内容分可分为两大类：一类是通过科学系统的身体训练，充分挖掘人的生理潜能，去战胜对手或创造优异的体育运动成绩的竞技性体育竞赛；另一类是通过人的创造性思维和创新精神，把智慧融入一些竞赛道具，通过它们的竞争而达到战胜对手发展智慧。竞技性体育竞赛其实包含于竞智性体育竞赛之中，因为充分挖掘与发挥人的生理潜能，对人体进行科学的训练和培养，其本身就是一种创智过程，其智慧只不过是通过人的身体活动来表现而已。但是，我们通常所说的竞智性体育活动指的是除身体活动之外的体育竞赛，通常这种竞赛活动要借助一定的道具去完成。竞技性体育竞赛活动包括各种棋牌类、电子竞技类、体育知识竞答类等。这种体育竞赛活动的开展由于受年龄、性别、场地器材、时间、天气、经费、人数各方面的限制相对较小等，而且这类体育项目的逻辑思维能力强，与广大学生积极思考、勇于挑战的品质相一致，在高校中易于开展。组织这类体育竞赛活动相对于组织身体对抗性体育竞赛活动而言规程要求没有那么严格，过程没有那么激烈，所以要容易一些。竞智性体育活动的开展，弥补了学生因身体素质差异而不愿参加体育活动的缺陷，积极地推进和宣传了体育人文精神。

五、高校体育价值文化建设策略

（一）更新观念，树立体育是一种文化的价值理念

体育是任何一种通过身体运动谋求运动个体身心健全发展的竞技性、表现性、娱乐性、教育性的社会活动，它对个体进行有目的、有意识的培养或改造。人既是活动的客体，又是活动的主体，其本身充满着理性思考和哲学思维，是一种以人的体育行为为特征的社会现象。因此，体育是一种文化。而校园体育同样是师生意志客观精神的体现，它具备了构成校园体育文化观的文化形态（包括贯穿于整个体育发展过程的哲学思想、传统文化意识、教育等），又具备了构成校园体育物质观所带来的必然结果（包括作用于人的生理、心理、智力，反作用于社会精神、效益、财富等），它体现的是师生追求、良知、社会责任感和价值观。

（二）利用传媒，加大高校体育文化的宣传力度

高校体育除了利用体育课堂教学、业余体育训练、校园体育竞赛等对学生进行体育文化宣传外，另一个对学生进行体育宣传的重要渠道就是校园体育传播媒体。体育文化在当今世界的流行主要是依靠电视、广播、网络、报纸、杂志等传播媒介进行扩散传播。校园传播媒体在高校校园内进行信息的传递、知识的传播有着十分重要的作用。首先，它是学生自己的媒体，由学生自己来主办，与学生的兴趣与爱好要求是一致的，有较强的时代性，能引起在校学生的高度关注，学生通过校园媒体了解学校体育文化活动的一些基本情况和动态消息。我们承认，每天自觉地坚持锻炼 1 小时以上的大学生微乎其微，可大多数的学生都渴望习得科学锻炼身体的方法和体育卫生、保健方面的知识，也极其关注学校体育文化活动开展的情况。由此，校园内的传播媒体是我们宣传学校体育文化、传播体育知识的重要渠道。

高校校园内的传播媒体主要有：校电台、校园网络、校报。要充分利用这些物质资源进行校园体育文化的宣传和体育知识的传播。在电台和网站上，开辟专门的校园体育节目和网页，定时地向大家传递校园体育文化知识，及时更新校园体育文化活动信息，使大家及时了解学校体育活动开展的情况，使学生从无意识地关心学校体育文化建设，到有意识地关注学校体育文化建设，再到积极参与学

校体育文化建设中来。

利用电台、网络进行宣传学校体育文化与广大学生进行互动交流，能最全面、最直接地了解学生对高校体育文化的需求，能在较广覆盖面的范围内，收集有关高校体育文化建设的信息和建议，使得高校体育文化建设集大家的智慧，发挥所有人的聪明才智，同时也是民主、平等建设校园体育文化的重要途径。高校体育传播媒体的建设应该在校宣传部的直接领导下，校体育教学部和校学生体育协会的协助下，学生自己组织、操作、策划。学生在组织、策划宣传校园体育文化时，相关部门要给予技术和经费上的支持，这样才能保证电台、网络、报纸的正常运行。

第三节 高校体育文化的交流与传播

近几年，在计算机技术与通讯技术的快速发展中，网络媒体以全新的方式成为信息传播的主要载体。人们足不出户便可以了解到各种信息，社会也逐渐步入了网络时代。在网络环境下，我国高校教育行业面临机遇与挑战，特别是高校体育文化的传播方式和特点发生了改变，各种信息、媒介扑面而来，为高校学生体育意识与体育素养的培养提出要求，进而从本质上对高校体育文化传播带来一定的影响。

一、高校体育文化传播的转变

（1）单向传播到双向传播过渡。网络的发展为人们提供了全新的信息平台，并且在网络环境下各种媒介产品的出现，也在一定程度上使得体育文化传播的环境产生改变，带动转变体育文化传播方式和特点。网络环境下媒介的发展非常迅速，各种传播渠道拓展后，体育文化逐渐从单向传播转变为双向传播。现如今，各大卫视都开播体育频道。以央视体育频道为例，作为全国最大的体育传播机构，体育频道积极搜寻新的传媒资源，加强自身在网络环境下的地位。央视体育频道的节目选择、媒介产品推出，都在一定程度上引起高校体育文化信息的改变。学生或者体育教师可以利用电视媒介或者微博、微信、官方网站，就体育信息进行交流，对体育文化进行挖掘，从根本上促进体育文化的发展与传播。

（2）媒介融合现象深化。网络环境是传媒环境发展与成长的基础保障，网络环境在发展中受到诸多因素的影响，从根本上带动传媒行业的进步。在网络环境下，学生与教师接收体育信息的方式变得多样化与个性化。学生体育意识的培养、体育行为的训练是高校体育事业与体育文化发展的主要内容。随着互联网的发展，网络平台逐渐成为高校体育文化建设与发展的途径，体育文化传播的有效性也受到网络的影响。因此，加强对高校体育文化传播有效性的探究，是当前教育事业最主要的任务之一。文化传播为从根本上适应这一现状，需从各个方面进行整合发展，其中最为主要的是采取媒介融合的方式，加强对传媒产品的利用。大学生作为当今传媒发展的主要群体之一，对媒介的运用较多，所产生的影响力也较大。首先，在内容方面参与媒介融合，高校可以设置相应的体育网站、官方微信、官方微博等，并且创办相应的专刊，让学生进行交流与讨论；其次，在传播形式方面体育文化传播的方式已经发生改变，从文字到视频，从静态传播到动态传播，在不同时期，不同的传播方式都在促进高校体育文化传播的创新与发展；再次，传播渠道方面，各种传媒产品的出现丰富了体育文化传播手段，比如微博、微信、3D 产品等，是当前体育文化传播中的闪光点。

（3）文化传播以传媒为主。我国高校传统的体育文化传播方式过于单一，往往按照自身发展特点进行信息的传播与交流。在网络环境下，传媒的出现带动了高校体育文化传播的发展与进步，逐渐形成学生在哪里，信息便在哪里的现象。除此之外，在网络环境下，信息传播逐渐转变为信息服务，学生能够不受时间与空间局限自由接受、传播和点评体育文化。与此同时，网络技术的快速发展，使得各种智能产品出现，也使学生与教师随时随处可获取体育信息。

二、高校体育文化传播发展策略

（1）积极整合网络平台。在网络环境下，文化传播的方式发生改变，不再是单纯的新闻传播或者体育专题报道，而是利用网络技术添加大量的文字、图片、视频、音频，并且以博客、微博等传媒产品作为发展的主要推动力。因此，为从根本上推动大学生对体育文化有所了解，高校可以利用微博、微信等媒介产品，加强体育教师的网络知识与文化素养，使其能够在课堂上对体育赛事进行讲解，利用媒介产品与学生进行互动与交流，为体育文化的传播创造有利的条件。除此之外，高校还可以整合各种网络平台，丰富课堂教学。只有如此，才能从根本上促进网络环境下高校体育文化的有效传播。

（2）建立多渠道体育文化传播方式与途径。高校在对体育文化进行传播的时候，首先要紧跟社会经济的发展，加强传统模式与网络形态的结合，充分利用两者的优点，使其具备权威性与便捷性。另外，要加强对各种媒介产品的应用，提高学生的兴趣与积极性，实现资源共享。除此之外，应以媒介融合作为体育文化传播的主要途径，比如，学校可以征订体育报纸，根据学生的兴趣进行选择；在体育文化知识中还可以添加其他因素与成分，比如体育游戏、体育商城等。另外，各种媒介产品的应用是促进体育文化传播的基础，高校可以利用该类媒介产品发布信息，带动大学生对体育文化的理解与认识。

（3）提高大学生的体育文化素养。大学生体育文化素养是体育文化传播有效性的主要表现。学校可以开办专门的体育讲座，邀请知名人士参与其中，向学生传递体育知识及其文化内涵，加强大学生对体育文化的了解。另外，学生还可以利用各种媒介产品，提高自身的体育文化素养，利用各种媒介与他人分享，共同促进体育文化的传播。高校还可以开设体育文化素养课程，以理论结合实际的方式提高体育文化的传播与创新。

第八章

高校体育文化与现代化

第一节　体育文化的现代化转型

体育文化是基于人类从事和参与体育运动而衍生出来的一切活动及其成果的总称。体育是人外在地改造自身机体机能与内在地改造心、智、德的高度统一。人在主动融入体育文化的过程中，未必改造了自身的机体与机能（如体育欣赏行为与球迷行为等），却必然进行着自身个体的心、智、德的改造与变化。在这一过程中，体育文化的精神内核发挥了自有的作用，通过文化所固有的“号角”功能和激励功能，对人的心理结构—文化模式进行影响和干预，从而完成了对人的个体内化改造过程。体育文化具有良好的精神内涵，其中包括竞争精神、人文精神、科学精神、平等精神、公平精神、法治精神、超越精神等，对于正在努力进行扬长避短、融会贯通的我国文化现代化转型，具有无可比拟的促进和渗透作用。因此，深刻认识体育文化与我国文化进步的基本规律，正确把握体育文化与我国文化现代化转型两者之间的相互关系，是实现运用有效手段快速推动我国文化转型和进步的基本前提。

一、当代体育文化的时代精神内涵

当代体育文化是建立在西方体育文化基础之上的现代体育文明，因此具有浓厚的西方文化色彩。西方文化思想中的重自由、重平等、重竞争、重科学、重法治、重契约等倾向，在当代体育文化中一览无遗。

（1）平等精神。“体育无国界”，是对体育坚持开放、平等理念的最好诠释。在任何体育竞赛或活动中，体育都始终躬身践行着无国别、无种族、无性别、无信仰歧视等，人们一律平等参与、公平竞争的价值导向，使人们在体育竞赛中享有最大的尊重权利，从而使现代体育成为了世界文化交流活动上的最大最好舞台。

（2）竞争精神。古希腊高度发达的物理学和数学，给予了人挑战自然的信心和力量，由此也造就了以高度、远度和速度至上的古奥林匹克——以互相竞技为根本的运动会。现代体育的精彩无限，也得益于体育竞赛的过程激烈和结果的显而易见。有了竞争，就有了无限制前进的动力和目标，使挑战极限——人类通过体育认识自我、改造自身的终极愿望得以满足和实现。

（3）法治精神。在体育竞技场上，竞赛规则统摄着一切。它不容置疑、不容挑衅的高度权威性，贴合了法律的天然本质，赋予了体育鲜活强劲的生命力。体育运动尊重规则、遵守秩序的本质要求，使法治精神的旗帜在体育的领空高高扬起，既捍卫了体育的纯洁，也捍卫了人性的尊严。

（4）超越精神。“更高、更快、更强”，是体育运动的不懈追求。体育运动充满了生生不息的动力和蓬勃向上的活力，培养人们勇敢顽强的性格和迎接挑战、不畏艰险的品质。在体育运动中，人们不断克服困难、跨越障碍、挑战极限、战胜自我，体现了超越一切、勇往直前的积极人生态度。

（5）合作精神。体育文化是社会文化的有机组成部分，充斥着人与人之间的关系问题。良好的体育行为，既是公平竞争的产物，也是分工合作的结果。体育的沟通合作过程可以有效地增强人与人之间的认同感、归属感，是消除对立、弥合分歧、缓解矛盾的有效媒介。

（6）科学精神。体育本身是一门科学，它横跨于自然科学和社会科学之上，有着自身的规律和特点。因此，任何成功、合理的体育行为，都必然是在体育科学基础之上的行为。人们也只有遵循体育科学规律，崇尚科学精神，才能在体育行为中实现自身追求的目标。

（7）人文精神。《奥林匹克宪章》里写道：“奥林匹克主义是将身心和精神方面的各种品质均衡地结合起来，并使之得到提高的一种人生哲学。奥林匹克主义所要开创的人生道路，是以奋斗中所体验到的乐趣，优秀榜样的教育作用和对一般伦理基本原则的尊重为基础的。”奥林匹克人生哲学就是体育要为人的和谐发展服务，通过参加体育活动，使人能够在体魄、心智和精神方面全面发展，使人成为完美的人。

（8）创新精神。体育的发展史，就是一部创新史和进步史。体育的技战术进步、规则的发展和设备设施的进步，都是不断创新的结果，也是永无止境的过程。体育竞赛的最精彩之处，在于其结果的不可预测性和不可重复性，是运动员在每一次的比赛中都发生的变化和创新造就了体育欣赏行为的无比享受和愉悦。

二、体育文化精神在中国文化现代化转型过程中的现实意义

在我国文化现代化转型中，对传统文化的弱点克服，需要从当代体育文化精神中获取新的生命力和原动力。发端于中华武术的我国传统文化中的“尚武精神”，就曾对中华民族的延续和发展起到了强劲的支撑作用。面对新时期中华民

族重新崛起的奋斗目标，我们也切实需要借助体育文化精神，来冲击、突破过去长期被沉闷、文弱、守旧、封闭等气息所笼罩和包围的文化生活环境，以振兴民族精神，重塑民族风貌。

新中国的体育事业一直在向世界看齐。尤其是在我国的市场经济体制得以确立发展以后，体育事业真正实现了大发展大繁荣，“与世界同步发展”成为了我国体育前进的基本要求。无比开放的姿态，主动融入世界体育文化潮流的步伐，使我国体育在与世界体育的交流和竞争中推陈出新、海纳百川，革除自身传统不利因素的束缚，积极吸收西方先进体育文化的营养，在汇集全民的政治热情和民族热情的基础上，实现了中国成为“世界体育大国”的目标。新中国的体育之路是一条开放之路、交流之路、竞争之路、合作之路，它在与西方体育文明的冲突、融合中所升华凝结而成的精神内涵与理念体系，对当前我国文化的现代化进程具有现实的指导和促进意义。

（1）坚持体育的平等参与精神，推动中国文化现代化的理念转型。平等参与是当代体育文化的首要精神。它反映的是人在体育上的一种应然的权利，一种理想的追求，即人人都有参与体育活动、进行锻炼获得身体健康，或者进行竞赛以达到最高体验或良好心理状态的权利。这种参与或享有应是平等的、自由的，在参与各类体育竞赛与活动中保证社会的每一个人都能平等地参与，不得有任何歧视或特权的存在。愉悦的享受，彼此尊重，互助共进，有利于全民参与体育的热情得以极大的释放。综观世界，发达国家在现代化建设过程中，无不在平等、自由的思想下，摒弃身份意识，突出能力本位，从而最大限度地调动社会每一位成员的参与性和积极性。并在不断融会科学、民主的新质内涵的过程中，吸收了各国的文明成果，促进了民族意识与现代化观念的统一，从而使其民族凝聚力和创造力得到空前发展。在中国文化现代化的转型过程中，同样必须高扬平等、自由精神的旗帜，以社会个体的人的现代化为核心，以推进民主、强化公民意识为保障，在全民理念深化、思想统一、情感迸发的基础之上，有力地激发全民关注和参与现代化进程的热情，不断增强推动事业发展的民族凝聚力和创造力，从而为新时期民族精神的重塑和再造注入新的精神力量。

（2）坚持体育的公平竞争精神，推动中国文化现代化的机制转型。“不以不正当的手段取胜”，是奥林匹克运动的神圣誓言。然而，要真正实现公平竞争，绝不是单纯用道德的力量就能够达到的。为了使任何比赛都能在客观条件完全相同的条件下顺利完成，体育竞赛规则应运而生，并以公平为首义不断地进行修改和完善。体育竞赛规则对比赛的公开、公平、公正、公道进行了严密的设计和控制，使运动员只能在允许和鼓励的领域里进行自由的发挥，并杜绝和打击一切不正当行为，从而保证了比赛的获胜者的真实性和纯洁性。长期在封建王朝里穿梭行走的中国传统文化，官本意识强烈，特权思想严重，统治者不愿意将任何法纪凌驾于自己之上，因此“法治”思想的落后性和法制建设的缓慢性就在所难免。面对世界文化进步的潮流，面对以社会化大生产为基础的市场经济，中国文化精神必须在与西方文化的相互激荡中，在与发展市场经济的实践的相互作用中得到拓展、深化和提升。只有在中国文化现代化转型过程中以机制转型为根本保障，弘扬公平正义和民主法制的精神，全面确立市场主体意识，真正淡化政府主导角色，以法制的健全和完善为基本内容，优化公平竞争的环境和条件，努力消除不正当竞争和垄断等行为，中国的现代化目标才能如期、彻底地实现。

（3）坚持体育的开放合作精神，推动中国文化现代化的视野转型。体育是开放与合作的典范。体育的竞技性及永无止境的超越本质，使体育离开了开放就毫无意义可言。任何时候它都需要最强劲的对手的存在和参与，如此，“更快、更高、更强”的价值追求才会被赋予现实的意义。所以从这个意义上而言，体育的眼光必然是世界的眼光，体育的思维必然是全球的思维。体育只能是在国际间交流合作的平台上跳跃舞动才能满足人们对体育的各种期望。中国体育在经济社会整体发展中一马当先、率先突围，在世界体育的舞台上占据重要位置的事实原因，首先应当归根于当代体育文化的这种全球化本质。而以资本主义大工业为开端的全球化，至今已历时一百多年，并完成了从经济层面向政治层面、文化层面的依次演进和变迁。但在全球化浪潮空前汹涌的今天，各种文化价值上的冲突与矛盾越来越明显，中国文化的现代化转型也不可避免地面临着巨大困惑与选择。唯有加深对全球化趋势不可逆转的正确认识，坚持理性批判和吸收、整合与创新的原则，促进中国的全球化从自发向自觉提升、从冲突矛盾向协调整合的方向发展，在更大范围、更大程度上的开放与合作中加快追赶西方现代化中心的步伐，才能确保全球化的机遇中所蕴涵的全部能量在中国的全力释放。必须注重中国文化现代化转型中的世界性眼光和全球性思维的习惯和能力的培养，使其中的人的价值观的转型能真正适应于全球化发展的要求，努力为中国现代化运动提供精神动力和智力支持。

（4）坚持体育的科学发展精神，推动中国文化现代化的范式转型。体育的科学发展之路，最值得借鉴和颂扬的是体育始终保持了科技促进与人文关怀的高度统一。体育是建立在对人体的科学认识之上的。但人类体育的发展轨迹，并没有单纯遵循着英国工业革命发生之前的“生产—技术—科学”及之后的“科学—技术—生产”的人类科学发展的基本线路，而是在依托科学发展的同时始终坚守着慰藉人、促进人、发展人的人文文化价值的底线，一切损害人、毁灭人的体育行为都被人类的高度理性所严正拒绝。

体育界共同行动、长期实施的“反兴奋剂”行为，显性地看似乎仅是保持公平竞争的一种手段，但隐性的层面，则表达了体育所坚持的一种对人类自身保护和珍惜的关爱意识。世界现代化进程的经验早已表明，科学技术是推动经济社会和国家强盛的决定性因素。对于社会主义初级阶段的中国，必须实施科教兴国战略，大力发展科技文化，倡导科学精神，努力提升全民的科学意识和行动。但面对当今由人类科技文明高度发达所衍生出的诸多道德问题、精神问题和生态问题等，我们必须深刻领会体育的科学发展内涵，避免人类科技文化发展的单一倾向，避免以“求真”取代“求善”、“求美”，坚持将科学的工具理性和人文的价值理性统筹兼顾起来，紧紧围绕促进人类健康、持续发展的终极使命，积极推动中国文化现代化的范式转型，努力实现经济、社会、人、环境的协调和持续发展。

中国文化现代化转型的过程，是批判与吸收、综合与创新的过程。唯有在开放流通的文明土壤中，积极吸收各方有益的营养成分，才能培育出富于时代性、先进性和创造性的文化盛果。当代体育文化中所蕴涵的平等、竞争、合作、科学及人文等精神，对中国文化现代化转型的价值取向具有现实的促进意义。因此，作为中国文化现代化内容的组成部分之一，大力培育和弘扬体育文化精神，既是中国文化现代化转型的应有之义，也是为推动中国文化整体转型和进步开创有效载体的重要举措。

第二节 全球化对体育文化的影响

全球化实际上并不是一种怪异奇特的社会文化现象。早在传统的古代社会，国家之间甚至是洲际之间就进行着一定的交往发展。我们可以将此看作是国际化发展的早期阶段。进入21世纪以来，全球化发展到了充分全面的阶段。尤其是经济领域，全球化发展加速推进。伴随而来的文化全球化发展也势不可挡，这其中当然也包括了体育文化的全球化问题。历史地辩证地看，全球化在文化领域的影响有消极和积极两个方面。具体就中国体育文化发展来说，全球化对其前途充满了机遇和挑战。

一、中国体育文化发展在全球化过程中获得机遇

（1）在文化发展领域，全球化的发展使得人们打破了原有的传统思想禁锢，不断消除思想误区，促进观念更新，最终不断接近或形成政治文化民主科学和思想自由理性。新中国成立至1956年，在整个社会主义中国形成了生产资料公有制的体制。虽然如此，但是在思想文化领域，人们对什么是真正的社会主义社会，在认识上还有很多很大的误区或肤浅性。在认识领域，往往以“资本主义”为借口，对立于社会主义，将西方文化整体排挤于思想认识领域之外，自我封闭、自我陶醉。随着改革开放的推进，文化领域开始觉醒繁荣，社会主义新文化发展迎来了空前的机遇和发展空间。人们的思维空前活跃，视野极大地得到活跃。

（2）全球化为中国体育文化走向世界奠定了基础，提供了契机。中国体育文化植根于华夏大地，是中华民族文明的璀璨结晶。中国文化追求人与自然的和谐，“天人合一”、“道法自然”等文化理念是与世界文化、西方文化相一致的，有着殊途同归的人类文化旨趣。中国文化中追求辩证思维、讲求人伦道德等积极内容也给西方文化很好的借鉴，起到了良好的文化发展补充作用。

当然，文化在互通的同时，也形成对比和竞争，彼此促进发展，但这并不影响他们的接触和交流。全球化正是在这样一种平台意义上，为中国文化和体育文化发展奠定了良好基础，提供了有效契机。

（3）全球化过程中增进了体育文化民族主体的自信心和自尊心。殖民地时代的中国，民族主体在文化上更多的妄自尊大，是屈辱的自大；新中国创建初期，我们更多的是忙于百废待兴的文化梳理和初级认知；到了20世纪80年代，不幸又出现了失去理智的文化“狂热”。只有在90年代以后，随着全球化认知的理性化和科学化，人们才充分意识到了自身民族文化的科学定位以及发展趋势。一定意义上讲，全球化不仅为民族文化和体育文化提供平台基础，提升了民族自信和自豪感，同时也为中国文化和具体的体育文化发展指出了一条通天坦途。

二、全球化对中国体育文化的挑战

机遇往往是与挑战并存的，这一点在文化发展领域也不例外。这方面的表现在中国文化和西方文化接触的初期就已经露出了端倪。21世纪初期，全球化发展更多地表现为西方文化对中国文化的挑战，甚至有时候表现为非常不对等的强弱势头对比。究其原因，主要是因为中国文化和体育文化发展没有充足地应对文化挑战，没有做好积极的准备。所以，中国文化和体育文化发展面临的挑战依然是十分严峻的，对于文化建设者而言，所要完成的工作也十分繁重和长远。

（1）全球化对体育思想文化领域的影响和挑战。中国体育文化的传统思想文化背景是中国传统文化，是传统的思想道德观念，其所处的当下时代的社会意识形态是马克思主义思想指导下的社会主义意识形态。意识形态“能够整体反映一个阶级、国家和政党的性质、面貌和利益关系……它能协调文化活动的发展”。随着全球化发展，西方文化中一些自由主义、虚无主义、拜金主义等不良思想观念来到了中国，自然会对中国体育文化和文化整体形成不良影响。突然接触西方文化的中国人，尤其是年轻人，有不少会陷入迷茫，甚至是“全盘西化”的错误抉择之中，由此产生了对社会主义、对中国传统文化的彻底否定，这是很可怕的。这也是中国体育文化发展必须面临的一个极大挑战。

我们在坚持和客观面对全球化的同时，必须积极进行应对和挑战文化发展战略和策略。坚持社会主义和马克思主义指导，立足社会主义中国的具体特殊文化特性，不丧失自我，不自我贬低，坚持文化个性，借鉴吸收西方文化的长处。

（2）如何甄别和剔除全球化带来的西方文化中的糟粕是一个必须思考的重大课题。任何文化都是动态发展变化的，不仅西方文化，中国文化都是如此。我们知道中国文化中有糟粕的成分，我们很容易发现并修正，但是我们也应该意识到，西方文化也同样如此。我们不应该面对西方文化盲目乐观，更不可全盘接受。这就要求我们的文化建设工作者，必须养成科学严谨的文化素养，理想分析，积极谨慎地接受，科学批判地吸收。中国文化的核心是儒释道三家文化的融合发展，同时以马克思主义为当代政治文化的指导，发展具有中国特色的社会主义初级阶段。这就是我们面对的现实，我们只有时刻清醒地保持这一状态，我们将比较容易把握住中国文化和体育文化发展的主流正确态势。我们的文化绝不能被西方文化打着全球化的旗帜所颠覆。在全球化面前，前新加坡总统黄金辉曾经说过："以往支撑我们发展的亚洲传统的道德、责任和社会观念，正在让位于西方文化的个人主义、自我中心的价值观。"黄金辉的话也必须引起我们每一个体育文化建设者的警觉，也必须认真思考如何科学应对。

（3）我们必须面对文化发展中的文化认同危机，积极建立文化安全机制。全球化来了，西方文化霸权也来了。可是并不是每一个中国人都能意识到这一点。俞可平在研究中指出："并没有那么多人意识到西方文化霸权正在支配着我们。"不得不承认的是，在我们的体育文化发展的近些年中，西方体育文化的影子有时候甚至变成了主宰者，我们在努力地寻找着迷失的自己。我们的体育传统在很多时候很多方面被否定被遗忘。传统和特色有时候因为厚重或者过于熟悉而不被重视。当我们一再丢弃传统和自我的时候，我们没有了的不仅是文化，更重要的是我们没有了安全感，没有了文化的安全感，于是有学者开始呼吁建立文化安全机制，以便更好地保护和发展中国文化。在体育文化方面，更是如此。

当文化主体新奇地面对西方文化的时候，很容易被"俘虏"，进而丧失文化主体性。没有了自身主体性的文化，主体很快就会有一种不安全感，一种文化缺失的游离感，没有归依，没有信仰，没有安全。这似乎是一个可怕的恶性循环。"资本主义卖的不仅仅是商品和货物，它还卖标识、声音、图像、软件和联系。它不仅仅将房间塞满，还统治着想象领域，占据着交流空间。"至此，我们不难发现，全球化不仅带给了我们前所未有的新鲜的文化营养，带给了我们开阔的文化视野，同时它也带给了我们烦恼，带给了我们第一次考虑到的"文化安全"这个新名词。中华民族伟大复兴的深层意义中必然不可缺少文化的伟大复兴。作为其中重要组成部分的中国体育文化，如何建立自身的安全机制，为实现民族文化的伟大复兴作出积极贡献呢？每一民族都有着自身独特的"精神家园"，是一个特殊的空间。我们不可以只像精英们说的那样一味"拒绝"，也不能像普通大众一样一味"陶醉"。我们必须时刻保持科学理性地觉醒着，为了自身家园美好，我们的体育文化建设将是一个长远持久的征程。

第三节 体育文化的传承与创新

一、体育文化的继承

体育文化的继承是指体育文化经过不同时代仍然保留原有某些特质的属性。体育文化具有语言、文字、图像等媒体在人们的意识领域和社会价值体系中传承的特性。当然，体育文化是以身体动作为基本表现形式，因此身体是其主要传承形式，但依附于体育文化之上的独特的语言和文字也具有强大的传承功能。体育文化的创新是指体育文化在历史发展的过程中发生内容、结构甚至模式变化的属性。当然，体育文化的创新并非总是积极的。历史发展的曲折性就表现在体育文化创新发展的方向是进步的，但在创新发展的过程中也不是一帆风顺的，是要经历挫折的。中国的文化自殷商以来，代代相传，不断地创新，向前发展，虽多有曲折，却从未中断。世界体育文化如此，我国的体育文化也是如此。

西方体育文化与东方体育文化是两种不同的模式。在西方体育文化中，主要是源于古希腊、古罗马的西欧文化，是以竞技运动项目的竞赛为特征的一种体育文化。到了近现代，由于资本主义的扩张，殖民主义的侵略，这种体育文化逐渐传播到世界各个角落。在奥林匹克运动重新蓬勃发展后，这种体育文化便具有了世界意义，成为当代世界体育文化的主干。而东方体育文化，“在东方大多数民族的体育中，卫生保健术占有重要的地位。这是由于大河流域的民族世世代代生息在可以自给自足的小农经济为基础的社会环境中，已习惯了和谐、宁静、相对稳定的生活方式，因此素以个人的修身养性为主”（颜绍泸，世界体育史研究中的误区——东方体育）。东方体育文化，特别是中国体育文化，具有较强的仿生性。其体育动作多采用简练准确、生动鲜明、便于理解和流传的仿生性名字命名。但我们应清醒地看到，近代以来，东方体育文化由于社会发展迟缓而呈相对停滞状态，与西方体育文化相比，确已处于较为次要的地位，特别是除我国以外的其他东方体育，更是处于衰落的境地。

二、体育文化的创新

当然，体育文化模式也不是一成不变的，它随着社会历史的发展、科学技术的进步以及外来体育文化的影响，也在不断地发展和变化着。最明显的例证就是我国长期以民族传统导引养生、武术技击为主的体育文化模式，在近代欧洲竞技运动影响下所发生的深刻变化。几乎在世界的各个民族、每个历史阶段中，我们都可以发现不同时期存在着各种不同形式的体育活动的记载。而在那些总体文化相对发达的民族和历史时期中，体育更使其焕发奇异的光彩。东方的两大文明古国：中国和印度，各自产生了神秘的健身术。中国的气功、印度的瑜伽的奇异效果令当代自然科学家们大惑不解，要解开这些古典健身术之谜将是自然科学的划时代突破。这些都说明了体育文化的博大精深，人类健身术中的最高成就与这些民族发达的古代文明有关。由于西方人在近代走在了世界发展的前面，他们的体育活动方式也占据了支配地位，现代的奥林匹克运动会虽产生于西方国家，可这一名称和传统却源于古希腊。古希腊的文化、科学、哲学在漫长的古代历史中独步一时，而那绚丽的体育之花恰与其他成果相匹配。“掷铁饼者”的塑像不仅给人以极大的艺术享受，也令我们想象到奥林匹克山下当年的体育盛况。当代世界也是如此，体育文化总是首先繁荣于文化发达的地域，特别是那些当代人发明的非传统体育运动项目赛艇、皮划艇、冲浪、滑雪等。经济贫困、文化发展滞后的地域，往往体育文化的发展也落后于其他地域。体育作为文化的功能总是随着社会总体文化的发展而变化着，在古代，体育是一种自卫的手段，甚至在今天的体育竞赛项目中，我们仍可看到许多历史的影子射箭、掷标枪、击剑、拳击、柔道、摔跤等。随着人类征服自然界手段的提高，文明的进步，体育的功能发生了极大的变化，它成了健全和美化自身的一种文化手段。人类大多数的文化手段是向自然界挑战的，而唯独体育却指向人类自己，挑战自我，冲击极限。当人类美化了自己周围的环境——建起了一幢幢高楼，架起了一座座立交桥，铺盖了一块块草坪，栽种了一排排树木后，再也没有什么比美化自己的体魄更受当代人青睐的了。

综上所述，我们在有选择地继承和发展历史的体育文化和现代体育文化的同时，要对已有的体育文化做出创新的发展，没有创新就等于倒退。

第四节　高校体育文化的传承与创新

进入新时期以来，在高等教育改革过程中推进民族文化的传承与创新不仅体现了实现中华民族伟大复兴的历史要求，更是党和国家在审时度势的基础上根据当代中国和国际形势做出的重要论述，对于传承创新中国传统文化有着纲领性、战略性意义。高校体育教学与高校体育文化、校园文化有着紧密关系，在大学中传承创新中国文化需要与高校校园文化建设以及高校体育文化建设紧密结合起来，从文化的视角探讨我国高校体育教学改革能够加深对高校体育教学的认识，从而树立起高校体育教学改革发展应该以体育课程文化建设与发展为核心的基本思想。

一、文化传承创新与高校体育教学

（一）体育文化探源

体育文化是人类文化的重要组成部分。作为产生于人类早期的一种重要社会活动，体育运动的产生与人类早期的生产生活方式息息相关，与当时当地的政治、经济、文化、军事、教育等因素不断产生交集，从而推动了体育文化产生与发展。

一般来说，体育文化与其他文化一样，有物质和精神之分。体育精神文化既包括了体育发展中所特有的精神内涵，又包括历史发展中体育的相关制度文化和行为文化。体育文化产生于体育实践，同时又能够为体育实践提供有效的指导和约束。在体育发展过程中产生并固定下来的体育运动的竞技性、娱乐性、教育性等正是体育精神文化的核心体现。

（二）高校校园文化与体育文化

高校校园文化是以大学师生为主体，以师生共同参与的课外校园文化活动为主要内容，以构建校园精神为主要特征的一种群体性文化。高校校园文化的发展与高校师生有着直接关系，同样以高校师生为主体的还有校园体育文化建设。校园文化是一所高校历史底蕴、文化内涵的生动体现，在培养高素质现代化人才的过程中发挥着潜移默化的作用，在很大程度上扮演着先进文化传播的角色。缺少丰富校园文化的高校不能称其为一所真正的高校，其培养的人才也必然缺乏丰富的人文内涵。

高校体育文化根源于高校体育事业中，高校体育教学、体育课外活动与体育竞赛共同构成了体育文化的实践基础。新时期培养德、智、体、美、劳全面发展的高素质人才需要高校体育扮演更加重要的角色。体育文化与校园文化的结合落脚在高校广大师生身上。

高校体育文化与高校校园文化的发展面临着同样的问题，特别是传承与创新中国文化的职责始终在二者发展中存在。高校体育文化不仅反映高校师生和一所高校的价值观念、体育精神，同时规范着高校各行为主体的体育行为。体育文化的本质决定了其作用的发挥需要落实到体育精神中来，以竞争、对抗、协作、配合等为主要体现的体育运动形成了追求更高、更快、更强的体育精神，体育精神反过来影响高校师生的体育行为。

（三）高校体育教学现状

当前，以培养全面发展的高素质人才为目标的高等教育改革正在如火如荼地进行着，高校体育教学改革自 2002 年教育部颁发《指导纲要》后掀起了第五次改革的新浪潮，新一轮的高校体育教学改革着眼于学生的终身体育意识，始终以“健康第一”为基本出发点和落脚点，促进学生形成终身体育意识和终身体育锻炼习惯。

高校体育教学改革更加关注学生的心理健康水平与社会适应能力的培养，然而由于在长期高校体育教学中强调学生的“三基”教育，新的教学目标实现起来难度颇大。在当前我国的高校体育教学过程中存在着教学理念与教学实践、教学目标与教学硬件这两组比较突出的矛盾，对我国的高校体育教学改革提出了巨大挑战。一方面，高校体育教学改革所要求贯彻的“健康第一”“终身体育”的教学理念在具体的执行过程中与传统的“三基”体育教学模式产生了矛盾。新的体育教学理念要求对高校体育教学进行全方位的改革，从课程目标到课程时间，从课程内容到课程评价均需要进行以“健康第一”和“终身体育”为指导的彻底改革，但是由于我国当前高校体育教学过程中存在着教学时间短、教学内容单一、教学方法固定等问题，改革难以深入。在多数高校，体育教学集中在大一、大二年级，其中大一年级体育教学重视基础，大二年级开设体育选项课，但是课程内容仍以传统体育项目为主，教学时间得不到保证，教学质量必然受到影响，每周两课时的教学时间造成了教学内容仍然集中在学生的运动技能、身体基础等方面，教学评价过程中的标准也无法与教学改革理念相适应。另一方面，新一轮的教学改革缺乏体育教学硬件保障。高校体育教学改革过程中需要开设更加符合学生需求的新兴体育项目，诸如跆拳道、健美操、网球、台球等，而这些都需要更加专业化的场地、器材作为保障，需要体育教师的专业素质作为保障，这些场地、器材、师资等方面的欠缺也在很大程度上限制了高校体育教学改革的深入可持续开展。

二、文化传承创新背景下高校体育教学改革策略

将高校体育教学改革与校园文化建设、体育文化建设相结合符合新时期体育运动发展的自身规律，符合社会主义精神文明建设的内在要求。文化的传承与创新是一个矛盾的两个方面，文化的以传承为基础开展创新，以创新为动力促进传承，共同完成传统文化在新时期焕发新活力。推动文化的传承与创新，不仅能够为高校体育教学改革提供不竭的精神动力和智力支撑，更能为高校体育教学改革提供载体和途径。

（1）加强校园体育文化建设与体育教学改革的结合。加强高校校园文化建设和校园体育文化建设能够为高校体育教学改革提供精神动力。高校体育教学改革过程中也要加强人文关怀，贯彻落实以人为本的改革理念。加强校园体育文化建设需要不断完善校园体育物质文化建设、校园体育精神文化建设、校园体育制度文化建设和校园体育行为文化建设，多方面综合着手探索校园体育文化发展的新途径，推动校园体育文化建设迈上新台阶。高校在开展体育文化建设过程中要植根于本民族、本地区、本校的现实，从提升大学生身体素质、文化素质、民族

精神的目标出发开展校园体育文化建设和高校体育教学改革。

（2）以文化传承创新推动高校体育教改。不断推动文化的传承与创新能够为高校体育教学改革提供重要助力，这种促进作用主要体现在文化的传承创新能够解决体育教学改革的意识形态领域的指导问题。首先，文化传承创新完善体育教改理念。体育教学改革归根结底是“培养什么样的人才”和“怎样培养人才”的问题，而文化的传承与创新能够为这一问题提供更加符合时代发展需要的答案。在高校体育教学改革过程中更加关注学生的全面发展和终身体育意识，更加重视学生的主体性和创造性，不断培养学生的良好体育行为和体育习惯，从而增强学生的体育精神和文化素养，实现体育教学改革促进学生素质全面发展和身心健康发展的目标。

其次，文化传承创新为体育课改提供理论支撑。以人为本、健康第一的高校体育改革理念归根结底来源于中国文化。高校体育教学改革不断加强学生主体地位与教师主导地位的发挥，为学生提供更加舒适、愉悦的体育学习环境。

（3）高校体育教学改革促进文化传承创新。加强高校体育教学改革工作反过来可以推动文化的传承与创新，这种反作用力集中体现在高校体育教学改革发掘中华文化在体育领域的文化内涵与特性、促进人的全面发展以及整合高校校园文化与体育文化等方面。

首先，体育课程改革发掘中华文化特性。高校体育教学改革在不断探索理论创新、实践创新的过程中树立起符合中国特色的改革目标、改革方法和改革模式，在这一过程中能够更加深刻地探索并体现中华文化的特性，特别是中国体育文化历久弥新的内涵与特性，推动中国文化的传承与创新。

其次，体育课程改革提高大学生文化素质。当代大学生作为传承与创新中国文化的主力军，在高校体育教学改革中不断提高其自身综合素质特别是文化素质，从而增强其在文化传承创新过程中的能力与作用。高校体育教学改革推动体育文化的竞技性、娱乐性、健身性和民族性的统一，促进大学生体育文化素质的发展，从而为文化传承与创新提供坚实的人才基础。此外，将文化传承与创新和高校体育教学改革相结合还要有效地调整高校体育教学改革课程结构、课程目标，加强校园文化建设与体育文化建设的融合，促进民族文化与外来文化的沟通，使传统文化在当代社会迸发更大的活力。

第九章

体育教学未来的发展

第一节　体育教学思想的整合与引领

由于体育教学思想的形成受体育思想的直接影响，有什么样的体育思想就会有相应的教学思想。因此，如果说，体质论可以在“真义体育”观找到思想根源的话，那么，技能论则可以在大体育观那里找到思想源头。因而体育教学思想的演化脉络也有类似的表现，即不同形式的土洋体育之争。各种体育教学思想都是围绕着体育教学目标，即如何对待技术传习和增进健康这两个要点来阐述的，由此产生的技能论、体质论与健康论之间的此长彼消的博弈过程，也就构成了体育教学思想的演化路径。而现实中，并不会出现任何一方绝对存在另一方完全消失的局面，即无论技能论还是体质论与健康论孰强孰弱，其对立面都不可能彻底退出，都会或多或少有所保留。

一、技能论长期占优

在我国学校体育历史进程中，从最初模仿日德的“军国民”主义、到后来引进美国的自然主义、再到全面学习苏联模式，从东到西、从帝国主义到社会主义，大概六七十年的时间，国人一直在学习和引进西方体育模式。巧合的是，这些纷至沓来的外来思想无一不是倾向于技能培养的，因此，在体育教学思想演化进程中就出现了一个虽然西方体育教学思想轮番上场，但是技能论总是占据主角的局面。这也说明，外来的体育教学思想基本是倾向于技能论的，而本土的体育教学思想则是倾向于体质论的，这就是文化的差别造成的。

20 世纪初，在我国学校体育课程开创之际，就是以“军国民”体育教学思想为主导的，虽然这是一种以“强国强种”、“尚武强兵”为目的的教学理念，但也完全可以将其划归为技能论教学思想范畴。当时的学校体育课主要有两项内容，即普通体操和兵式体操。

20 世纪 80 年代以来，政局的宽松使得体育学界关于体育教学思想的争论也活跃起来，体质论思想也重新抬头并扩大影响，为官方所逐渐认同。因此，这时期颁布的体育教学大纲也逐渐倾向体质论教学思想，技能论教学思想的优势地位逐年下滑。这一时期体育教学界也出现了一些新思想。虽然名称多样，但实际上还是可以归为技能论范畴的。比如快乐体育教学思想、培养能力教学思想、终身体育教学思想等。

快乐体育思想。这种教学思想有两种来源。一是来自日本，自 20 世纪 80 年代中后期传入我国。这种教学思想提倡“让学生在从事运动的过程中体验各种运动的不同乐趣，使学生认识这项运动，并热爱这项运动，把运动学习本身作为重要的目的（运动目的）。最终实现每个人都能体验到运动的乐趣，理解运动的意义，为他们终身参加体育锻炼打下基础”。

终身体育思想。这是 20 世纪 90 年代以来产生的一种时尚提法，它的产生与终身教育思想的出现密切相关。终身体育思想，“是指体育教学中以培养学生终身从事体育活动的能力和习惯为主导的一种教学思想”。这似乎并没有准确切入要点，好像只有学校体育才是进行终身体育之处，然而，“终身体育就是人生各时期所接受的体育教学、所参加的体育活动及所坚持的体育锻炼的总和。这就是说‘终身体育’是一个集合概念，不能单称任何一个时段的体育为终身体育，只能说它是终身体育的某一阶段，而最应谈及终身体育的是后学生时代的成年及老年阶段”。

二、体质论后来居上

自我国学校体育推行“军国民”体育以来，西方体操的引进和推广必然激起“土体育”论者的反感和抵触，强烈的民族情感使其总想压制“洋体育”的快速增长，然而由于时运不济只能长期处于弱势地位。可以说，崇尚西方体操的技能论教学思想一登场，推崇“本土体育”的体质论思想也就形影相随，它们之间的明争暗斗就没有停止过。20 世纪二三十年代持续的土洋体育之争后，体质论虽有所增强，但技能论仍是主导。60 年代初掀起的关于体育教学目标的大讨论，体质论思想再次受挫。80 年代初至 90 年代底，体质论思想再次强力反弹，这次终于得到回报。自此体育教学领域中，体质论思想开始逐渐升温，技能论的生存空间逐渐缩小。

体质论占据优势后，为了协调体质论和技能论之间的矛盾，有人认为增强体质和掌握“三基”并没有矛盾，它们互为基础互为依托，体育教学应该将增强体质和技术传习并重，不能忽略任何一方，达到不偏不倚的结合效果。于是就有了结合论教学思想的产生。应该说体质论和技能论同存于学校体育是一种常态，不论是技能论占据主导地位还是体质论处于相对优势，另外一方都不会完全退出，总会有所保留。这可以从各个时期的体育课程标准和体育教学大纲中明显看到。但是同存与结合并不能等同，同存则体质论和技能论各自独立，结合则体质论和技能论合二为一。中国人一向不走极端，总是保持中庸。结合论思想也是国人的思维模式的体现。自20世纪80年代以来，这种结合论就成为一种常态。其实，真正做到一碗水端平是不可能的，也不符合常理。何况，体质论和技能论本来就是不可能结合在一起的，将其捏合一起肯定不可能协调相处的。所以，真正的结合是做不到的，偏向体质论却是常有的事。

成功体育思想就属于一种结合论教学思想。成功体育思想受日本快乐体育的启发较多，其提倡者也曾积极介绍日本快乐体育思想，虽然成功体育思想也在渲染“成功”的内涵，也强调要通过艰苦的努力去获取，但对于获得“成功”体验的主要途径——技术传习，却有不同于日本快乐体育所强调的以运动技能的掌握为主要目的的那种意境，而完全以是否实用来衡量运动技术的价值，经过这样的挑三拣四后，本来要付出相当努力的技术学习最终“比划比划”即可，由此所带来的“成功”体验是多么的易如反掌。学生若在此“成功观”引导下，真不知日后其承受挫折的能力能有几何。总之，成功体育思想虽以结合的姿态示人，以“成功”的名号诱人，不过是以结合之名行削减技术传习之实，明显是偏向体质论。

体质论在20世纪90年代后上升势头明显，这种越来越强的优势一直保持到90年代底。随着新世纪的到来，官方马上以“健康第一”理念作为统领体育教学名号，至此，体质论的优势立时由其后继者健康论承接，成为进入21世纪后的中国学校体育的绝对主导思想。

三、健康论强势推进

进入21世纪，体育教学的主导思想从“增强体质”到“健康第一”的突进，体现了官方意在新世纪进行新课程改革的意志。这是一种行政指令而非学术讨论。借助行政力量，体育教学领域对“健康第一”的推进甚为有力，似乎原有的“体育”教学显得格外陈旧而被列入“强拆”之列，而最能代表世界潮流的“健康”被直接楔入课程名称，以“体育与健康”之名重新示人。不仅如此，新近入驻体育教学的“健康第一”对原来的技术传习格外排斥。21世纪以来，新课程改革的全面推行，学校体育完全以“健康第一”为主导，技能论被压制到史上最低程度。这是体育教学思想演化进程中的重大转变。

在健康论主导下，体育教学越来越偏向健康，而运动技术似乎成了最大的绊脚石。因此，新课程改革对运动技术的删减也是最为有力的。可以说，自20世纪90年代以来，在体质论的影响下，体育教学技能论开始走下坡路。到了健康论时期，其下滑的速度也更快。在技能论与体质论的百年博弈中，技能论长期占优，而21世纪以来的新课程改革，它们彻底转换了主次位置。其实，健康的观念对于体育教学来说并不新鲜，早在民国时期就有健康的呼吁，但体育教学仍然以技术学练为主，这种局面一直持续到80年代。为何在20世纪末以来体育教学中，健康的趋向越演越烈呢？也许中国的人口政策是一个重要的影响因子。自80年代以来实行的计划生育政策对我国未来的人口结构、文化传统产生了巨大影响。可想而知，自国家强制执行这一国策以来，每家每户的一个孩子无不是集万千宠爱于一身的“宝贝儿”，想要让他们自主拼搏、吃苦耐劳，几乎没有多少机会。所以，面对这些娇生惯养的“公主和王子”们，不仅体育教学难以维持原有的技术标准，就连征兵都不得不连年降低身体指标。这种现实问题，反而为健康论的倡行提供了可乘之机。本来，独生子女缺少的就是吃苦耐劳的磨炼，技能论主导的体育教学正可提供这种挫折教育，通过相当的运动技术的学练，必然对改善孩子的精神气质有积极的影响。可是，官方却反其道而行之，一味地迁就迎合学生畏难情绪，一再地降低运动技术的难度，使体育与健康课退化一种嬉戏游乐的课外活动，根本没有发挥体育教学的应有作用。80后的新生代，不仅身体素质有下降的可能，而且更缺乏吃苦耐劳、接受挑战的个性。这时，技能论主导的体育教学正可以在这方面有所作为，可是，在健康论主导之下，非但不被认可反而不断被削弱。殊不知，坚持运动技术的培养对于体育教学来说。也许是最实用的。因为所谓健康等实用功效也必须立足于此才有可能更好地获得。可见，技术传习正是体育教学的立足之本。

从20世纪初至今，我国主流体育教学思想经历了从技能论到体质论再到健康论的演化路径，有一个从长期崇尚技术传习的过程，只是近十年来倒向了健康。其实，不论技能论还是体质论和健康论，无不以健身强体为目标，只不过技能论提倡技术传习之方法，体质论和健康论提倡养生保健之方法。这种实用取向是国人关于体育的普遍观念。即便如此，以技能论为主导的体育教学仍然可以更好地发挥其应有作用，因为，技术传习的成效是其他一切实用诉求可能实现的基本前提。当然，完全以技术传习为目标的教学思想也不是没有，只不过它不可能存在于主流官学体系中，只能作为一种纯学术观念独立于体制之外，它就是技术健身论。

第二节 体育教学目标的落实与统一

新课程的“三维目标”指的是在知识与技能、过程与方法、情感态度与价值观这三个维度方面的目标。知识和技能，过程和方法，情感、态度和价值观，三者有各自的内涵和特性，它们又密切相关、相辅相成。其中，知识与技能是教学目标的核心，它通过过程与方法，情感、态度与价值观目标的实现过程而最终实现；过程与方法是教学目标的组成部分和课堂教学的操作系统，它渗透在知识与能力目标的实现中而实现；情感、态度与价值观是教学目标的组成部分和课堂教学的动力系统，它伴随知识与能力、过程与方法目标的实现而实现。三维目标紧密联系在一起，只能作为一个整体来达成，不能分割。体育与健康课程针对新课程的三维目标，制定了“课程目标—领域目标—水平目标”这样一个三维体系目标，其中课程目标被分解为五个领域目标，每个水平级别，都定义了该水平在五个领域的水平目标，每个水平级别的五个领域都有各自的领域水平目标。领悟了这样一个三维体系目标，也就明确了教学思路，教学的设计、内容的选择与教法的运用也就会更加合理。

一、体育教学三维目标的落实

（1）落实“知识与技能”目标，把“知识与技能”作为学生学习的内容。落实“知识与技能”目标，要求我们必须认真学习体育与健康课程标准，把握所教学生学龄段的学习领域目标、水平目标，根据目标体系及学生的生理心理特点、地区特点、以学生为主体来制定教学目标及教学内容，真正做到目标统领内容。学生在课中能认真学习教学内容，也就能真正落实“知识与技能”目标。

（2）落实“过程与方法”目标，就是要学生了解和体验问题探究的过程和方法，并初步掌握发现问题、思考问题和解决问题的基本方法，真正学会学习即掌握经历的学习过程以及在学习过程中运用的方法。在体育教学过程中，教师起主导作用，学生是学习的主体，教师在教学中要让学生掌握经历的学习过程以及在学习过程中运用的方法，就要充分发挥教师的主导作用，根据学生特点及教学目标、教学内容、场地、器材等来精心设计教学步骤、教学方法，还要考虑课堂中可能出现的生成，并能及时调整教学并加以引导。落实“过程与方法”目标，要注重激励学生自信、提高学生主动参与学习的积极性和创造性学习的能力，尤其要培养学生团队合作的精神，学会合作学习的方法。

（3）落实“情感态度和价值观”目标，把“情感、态度与价值观”作为学生在学习过程中得到的认识和发展。其中培养学生高尚道德情操和健康的审美情趣，形成正确的价值观和积极的人生态度，是体育教学的重要内容。这就要求我们体育教师在教学中要关注每一位学生、关注学生的情绪生活和情感体验、关注学生的道德生活和人格养成。

总之，知识与技能是教学目标的核心，它通过过程与方法，情感、态度与价值观目标的实现过程而最终实现；过程与方法是教学目标的组成部分和课堂教学的操作系统，它渗透在知识与能力目标的实现中而实现；情感、态度与价值观是教学目标的组成部分和课堂教学的动力系统，它伴随知识与能力、过程与方法目标的实现而实现。

二、体育教学目标的统一与协调

三个层面的目标，既要看成独立个体，又要高度统一。看成一个总体体育课上不一定每次课都达到三个层面的目标，但是从一个学习内容或者是一个学习阶段的总体上是一定要达到并实现这三个层次的目标，毕竟有些动作技术的传授必须经过传统直接教授。因此，在每一个学习时期或者每一次体育课中要从实现每个独立层面的目标开始，一个一个地去完成和实现，最终实现三个层面目标的完整统一。总之，三维的课程目标应是一个整体，知识与技能、过程与方法、情感态度与价值观三个方面互相联系，融为一体。在教学中，既没有离开情感态度与价值观、过程与方法的知识与技能的学习，也没有离开知识与技能的情感态度与价值观、过程与方法的学习。因此，要把三个目标看成一个高度统一的总体。

第三节　体育教学内容的选择与开发

一、体育教学内容的选择

体育教学内容是教育内容的有机组成部分，是教育思想得以贯彻的重要载体，对于青少年的成长有着重要的作用，因此体育教学内容具有教育性。体育教学内容在合理选择与良好加工之后，能够促进学生身心健康发展，形成良好的个性心理品质和积极乐观的生活态度，提高学生适应社会的能力，使其成为具有较高科学素养、优质品德和具有进取精神的社会主义建设者。

（一）选择体育教学内容的依据

体育教学内容十分丰富多样，要在纷繁复杂的体育教学内容体系中做出合理的选择，应该考虑以下几点因素。

（1）社会需要。体育教学内容应该体现社会对人才的需求，随着现代社会高速发展，社会对人才的需求也不断变化，因此对体育教学内容的选择应该不断适应社会的需求，如现阶段社会需要身心健康、社会适应能力强、极具创造力的人才。因此，对体育教学内容的选择也就应该围绕这些需求展开。

（2）体育教学的指导思想和目标。体育教学指导思想对体育教学具有导向作用。因此，对体育教学内容的选择要依据体育教学的指导思想和教学目标选择适合学生的丰富多彩的教学内容。

（3）教学对象的特点。选择体育教学内容时要考虑的因素是学生的身心特点，所选内容难易、比重、顺序和定量要求，都应该符合学生的生长发育、身体素质发展和运动技能形成的规律以及学生的认识活动及心理发展的规律。同时，还要考虑到教学对象的健康状况、体育基础等因素。

（4）实施教学的具体条件。我国目前社会发展存在着区域不平衡，不同地区的教学条件存在着较大的差异。因此，在选择体育教学内容时就要考虑到不同地区的教学条件，合理地选择教学内容，以促进学生的全面发展。

（二）选择体育教学内容的要求

（1）健身性与文化性相结合的原则。体育教学内容健身性具有区别于其他教学内容的显著特点，健身性是体育教学的本质属性的反映在体育教学内容的选择时，要以促进学生健康为出发点，内容的组织和编排都要有利于全方位地促进学生的健康。在教学中，应该根据学生的需要，选择能够增进学生健康的教学内容。体育教学内容的文化性就是体育教学的内容要有利于提高学生对体育的认识，促进健康行为的培养，树立体育的价值观和体育思想，使之受到良好的体育道德的熏陶。而健身性与文化性相结合，便可以使体育教学内容既具有良好的健身价值，又具有丰富的体育文化内涵。

（2）科学性与发展性相结合的原则。选择体育教学内容的科学性原则可以从以下几个层面理解：1）要符合不同年龄层次学生的身体健康发育特点，有利于增强学生体质；2）应该符合不同年龄性别学生的心理特点，有利于发展学生心理素质；3）要符合学生认知发展规律和运动技能形成规律，使学生掌握终身锻炼的技能和方法；4）所选内容既要全面和丰富多彩，又要力求精练，重点突出。

（3）理论与实践相结合的原则。体育教学内容主要是以实践内容为主，学生必须反复参加体育活动，才能掌握体育的知识、技能和提高身体素质。但是体育教学的内容是十分丰富的，除了实践的内容外，还包含科学健身的知识、心理健康知识、身体健康知识以及与体育文化素养有关的知识。因此在选择体育教学内容时，要注意理论与实践相结合，以实践为主，理论为辅。

（4）统一性与灵活性相结合的原则。首先，我国幅员辽阔，各地区自然地理和气候条件差异较大，经济、文化和教育发展水平不均衡，体育教学的相关基础、起点也不同。其次，学生的身心发展水平有差异，体育基础、接受能力也不相同，即使是同一个教学阶段的学生，都会表现出明显的不同的特点。最后，要从中国的国情出发，使体育教育内容切实可行，既要有统一性，又要有较大的灵活性。

（5）民族体育与现代体育相结合的原则。传承优秀的传统文化是教学的重要功能。对体育教学内容的选择要吸收我国历史悠久的传统体育内容，使这些宝贵的文化遗产得以继承。民族传统体育的武术、养生等内容是我国人民在长期的社会实践中积累起来的宝贵民族遗产，是广大群众喜闻乐见的体育形式，具有独特的锻炼价值和教育作用。因此在选择体育教学内容时，要将现代体育运动项目与民族传统体育项目相结合。现代体育运动项目生动有趣，极富有竞争力，深受广大青少年的喜爱。因此要充分吸取现代体育的内容，将他们融合在一起，使之形成一个优势互补、功能齐全的体育教学内容体系。

（三）体育教学内容的形式

（1）利用动作教育模式创编体育教学内容。动作教育是出现在欧美的一种体育教育思想和体育教育教材方法论。其特点是按照人体的运动原理将一些竞技体育运动加以归类，要针对青少年特点进行教材设计，比如教育性舞蹈、体操等教材适用于小学中低年级，有利于学生基本活动能力的形成。动作教育不仅要重视身体机能的养成，同时还要重视身心的协调发展与障碍的康复。在动作教育中的游戏，是角色性、竞争性很强的游戏。在游戏中按照动作教育（游戏）规则，凡是参与者一般都要扮演不同的角色，处理不同的人际关系，体验社会互动和游戏结果所提供的价值，并以此对自我和他人在游戏中的行为作出评价。

（2）通过游戏化来创造体育教学内容。这种教学形式多用于改造那些比较枯燥的单一活动，如跑、跳、投、体操、游泳等运动，其特点是将这些单调的运动用“情节”串联成游戏，并强化协同和竞争的要素，这种创编形式有利于提高参加者的兴趣，而练习的性质也没有太大的改变，但可以增强练习效果。如用游戏手段对提高教学内容进行创编，可以运用以下手段：连续跳跃障碍物接力、兔跳接力、跳绳跑接力、跳五边形橡皮筋追逐跑等。

（3）综合体育原理和知识创编体育教学内容。综合体育原理和知识来创编体育教学内容，其特点是挖掘运动“背后”的原理和知识，并将其“编织”在探究式的体育教学过程中，往往与发现式、启发式的教学方法联系起来运用。例如，在体育课上教师组织学生进行拔河比赛，在教授学生拔河技巧、分析胜败原因时可以用物理学中的牛顿第三定律来讲解。通过拔河两队的受力比较可以让学生了解到，只要所受的拉力小于地面的最大静摩擦力，就不会被拉过去。因此，增大与地面的摩擦力就成了胜负的关键。要增大与地面的摩擦力，可以让队员穿上鞋底有凹凸花纹的鞋子。这种创编的优点是有利于提高学生对运动原理的理解和获得举一反三的教学效果，比较适合于高年级的学生。

（4）融入体育文化，创编体育教学内容。融入体育文化创编体育教学内容是从竞技运动中提取各种文化要素，并在教学中让学生来体验运动文化的情调和氛围。如以中国传统体育文化为主题让学生了解传统文化的修身养性基本理论，为自我养身、健身、强身服务，同时加强对中国传统体育文化中舞龙、舞狮、气功、武术等内容的理解，指导学生阅读中英文体育文学作品、欣赏竞技运动比赛，结合学生的兴趣爱好提供获取体育文化知识的渠道，提高体育素养和审美能力，让学生欣赏“米隆”的“掷铁饼者”之雕像，感受“米隆”手拿铁饼做欲掷状，那是对无穷伟力的崇高向往、对更高目标的完美追求，更是力量之美和智慧之美的原始结合。这种形式有利于学生对体育文化的体验和理解，适用于高中和大学的学生。

（5）开发利用民族、民间传统体育内容，发展新兴体育运动项目。民族、民间体育项目也是重要的体育教学内容，它有着广泛的群众基础和深远的社会影响。如内蒙古的摔跤、藏族的歌舞、维吾尔族的舞蹈、朝鲜族的荡秋千、锡伯族的射箭、彝族的射弩、白族的跳山羊以及踢毽子、滚铁环、抽陀螺等。对一些适合教学需要的内容改编后再运用，如跳竹竿等。把这些教学内容引进课堂，不仅有利于民族体育文化的继承和发扬，而且可以培养学生的创新能力。

体育教学的内容是多种内容、多种功能和多种方式组合的综合性教学内容。体育教学的目的是为了培养学生的德育功能，探索学科知识和个人经验、技能学习与健全人格的整合；在具体的教学过程中，教师除了传授体育与健身的基础知识、基本技能和方法之外，还要融入与学生生长发育、健康状况和体育健身有关的健康知识，帮助学生养成良好的锻炼习惯和生活习惯。体育教师在选择体育教学内容时，应该使得体育教学的内容具有教育性、健身性、实践性、综合性。因此，正确选择与加工体育教学内容，对于学生的身心发展都具有长远的意义。

二、体育教学内容的开发

（1）高校体育教学内容开发设计与构建。在对高校体育教学内容体系进行整体设计与构建时，应依据《纲要》提出的五个领域（运动参与、运动技能、身体健康、心理健康和社会适应能力），在大纲的框架内，以增进健康和发展体能为主线，以涵盖体育的知识、技能和人文社会学范畴来设计和构建体育教学内容体系。应注意与高中阶段体育教学内容的衔接性和递进性，既要避免在教学内容上的严重重复和无序现象，又要避免跨度过大超出学生的接受能力。

（2）高校体育教学内容开发的基本要求。选择教学内容时应认真学习《纲要》精神，研究大纲规定的教学任务和教学内容，根据体育与健康标准中的领域目标和水平目标，结合本身所具备的教学条件，从众多的身体练习中筛选出最能完成教学任务的练习内容。根据专家建议，选择高校体育教学内容通常应符合以下要求：1）符合学生的年龄、性别及心理发育特征；2）选择练习形式活泼、能激发学生练习兴趣的内容；3）具有鲜明的知识性和健身性；4）对发展体能和增进健康有显著的效果；5）动作技术简单，易于掌握。

第四节 体育教学方法的运用与创生

一、体育教学方法

（一）体育教学方法的概念

体育教学方法是指在教学过程中实现体育教学任务或目标的方式、途径、手段的总称，是属于体育教学法范畴。但教学方法与教学法是两个不同的概念，教学法是教学方法的上位概念，它包括教学的原理、原则和方法，体育教学法也就是体育教学论。体育教学方法是体育教学论中的一个专门讨论体育教学方式、途径和手段的范畴。体育教学方法包括教师教的方法和学生学的方法，是多种多样的。就其来源说，一方面是普通教学方法在体育教学中的运用；另一方面来源于体育教学实践，是体育教学中特有的，如完整法和分解法、游戏法和比赛法、预防和纠正错误法等。其构成要素有语言、实物和实践，目的和作用都在于实现体育教学任务和目标。

（二）体育教学方法的作用

体育教学是师生为完成一定的体育教学任务、达到一定的目标或掌握一定的教学内容的双边活动。无论是教师教的活动还是学生学的活动，都离不开一定的体育教学方法。而且体育教学方法是多种多样的，每一种教学方法，对完成教学任务提高教学质量都有它的特殊作用，在实现体育教学任务或目标中起着桥梁和中介作用。吴杰教授曾说过："教学方法的主要作用：传授知识、形成技能技巧；指导实践、发展经验、培养能力；提高学习效率；创造新的学习天地；影响世界观的形成。"体育教学方法不仅具有这些作用，还具有促进身体发展的作用。

（三）体育教学方法选择应用的原则

教学方法必须符合六个要求，选择体育教学方法应考虑：（1）教学原则；（2）教学目标；（3）教材特点；（4）学生的学习可能性；（5）教师本身的可能性；（6）学校教学条件和所规定的教学时间。

教师在选择教学方法时，不仅应考虑到这些一般性的要求，还应使之具体化和实际化。例如：同样是教授运动技能，在运动技能形成的不同阶段如何运用语言法、直观法、练习法，应该是有所不同的。又如，同样性质的篮球教材，是采用完整法、分解法，还是采用游戏法或竞赛法也应视具体情况而定。

（1）从教学效果和教学效率最优化着眼。体育教学方法是极其多样的，每一种教学方法，对完成体育教学任务都有它的特殊作用，既有它的积极一面，也有消极一面，"万能"方法是没有的。所以，选择教学方法要从教学效果和教学效率着眼，要以整体观点，从多方面考虑教学方法的职能，使其发挥最优的作用。就是在相等的条件下，把教学任务完成得最好，而教学的时间和精力消耗得最合理，也就是说，让教学效果高效低耗。

（2）教师应对各种体育教学方法有全面的了解。体育教学方法多种多样，教师不仅应该掌握动作技能形成的方法，还应该了解体育知识传授的方法，发展个性和进行思想品德教育及锻炼身体的方法等。只有全面了解和掌握各种不同的体育教学方法，才能根据体育教学的不同要求选择有针对性的体育教学方法。

（3）要从多中选优。各种体育教学方法都有其长处和短处，都有其独特的性能，同时又没有一种体育教学方法是万能的。因此，选择体育教学方法时，应在对体育教学方法全面了解和掌握的基础上，根据体育教学的不同情况，从中选择那些能充分发挥其独特性能的方法，为了便于从多中选优，教师应当建立自己的教学方法“仓库”，把各种体育教学方法按照其不同的性能系列，把性能相同或近似的编成一类，需要时可从中选取。

（4）通过比较选择体育教学方法。不同的教学方法可以实现相同的目标。对于实现同一目标，应用哪一种方法更好些，这就需要对相应的方法进行比较，从中选择。比较同类的或不同类的教法对学生掌握理论知识和运动技能、发展学生运动能力和身体素质以及培养学生个性等方面所发挥的作用大小，比较这些教法适应的范围和条件（即上什么教材最适用，符合什么样的学生，以及它对教师的要求和对物质条件的要求等方面），进行综合比较，选出最佳的体育教学方法。

二、高校体育教学方法创生

体育教学方法是教师和学生在体育教学过程中为了完成体育教学目的而采取的活动方式的总称。很明显，在体育教学方法中，教师的教为外因，而学生的学则为内因，教学方法是教和学的双向互动：教是学的前提，学要靠教来引导；同时，外因要通过内因起作用，教要由学来实现，学是教的落实。体育教学活动就是要帮助学生掌握体育知识和技术技能，发展学生的体力和智力，培养学生的品德，这一系列教学目标的实现都离不开教学方法，所以，创新高校体育教学方法是非常有意义的。

（一）高校体育教学方法存在的问题

目前，受竞技教学思想的影响，许多高校的体育教学方法仍停留在以传授运动技术为目的的层面上，具体方法以讲解、示范、练习为主。这让许多高校体育教师在面对新课程学习目标时感到不适应。具体来说，高校体育教学方法存在以下问题：

（1）重教师，轻学生。长期以来，在我国高校体育教学开展过程中，体育教师习惯于以教师、课堂、教材为中心，强调“教师说、学生练”，强调严密组织、严格纪律。为了实现完整的教学进程，教师传授知识是无可厚非的，所以这种教学模式在某些具体的教学内容和环节上也取得了一定的成效。但是，在如何把教师传授的内容转化为学生积极、主动地学等问题上还存在很大的缺陷。在实际教学过程中，这种重教师、轻学生的方式随处可见，学生一直处于被动、消极、受压制的地位，极易对体育课产生消极情绪，如此一来，学生不再积极主动学习，智能尚得不到发展，又何谈全面发展？而且，这种教学方式还会引起影响恶劣的“并发症”，那就是教师会倾向于学生的共性特征而忽视其个性特征。学生的个性特征是其身心健康发展的客观需要，是新时期社会发展对人才的根本要求。但在高校体育教学中，教师多以学生的共性特征为出发点，能够落实因材施教的情况很少，尤其是当人多、场地和器材少时，发挥学生的个性特征更是难上加难，所以教师在开展体育教学时所选择的教学方法也是更多地倾向于“大锅饭”式的教学，以对大多数学生的指导帮助为中心，忽视了对那些有特殊需求的学生的指导和帮助，这必然影响了学生在体育教学活动中的充分发展。

（2）教学方法单一。目前，许多高校体育教师都不同程度地受到传统落后教育思想的影响，这导致他们在开展体育教学活动时存在教学方法单一的问题，一般表现为继承了讲解、示范和练习等传统教学方法。事实上，面对新时期新形势，体育教学的目标、形式等都发生了改变，这种教学方法也已经落后，存在各种不足，已经不能适应新形势下高校体育教学的要求。有这样的教学方法做指导，教学效果自然不会太高。

（3）重形式，轻实效。为了创新体育教学，高校体育教师采取了很多新的教学方式和手段，从“新”字上狠下工夫、狠抓落实，这固然是对的，有积极的作用，但不少教师为了达到创新，过分强调开展课程的形式，而不注重课的实效，像有些公开课、示范课，为了体现全新的教学，有些教师把平时很少在体育课上出现的高、尖、精道具搬到课中，虽然让人耳目一新，但由于操作不便，可一而不可再，导致实际效果不明显。还有一些教师片面追求技能的传授，过于重视学生对体育动作的完成、对体育技能的掌握，忽视了培养学生观察、自学、创新的能力，使高校体育教学成为为技术而教，教学目标发生了偏差，收效甚微。

（4）重技能、轻能力。传统的高校体育教学是“直线式教学”，掌握规范化技能是其唯一目标，教师的教学方法设计依据就是学生能否在最短时间内掌握技能。这导致教师过分追求完整、系统地传授运动技能，苛求细节，忽略了学生基本运动知识的掌握，忽略了培养学生的个人能力，没有突显出“发现、探究、研究”等认识活动，抑制了学生的主动性、独立性等自主学习能力。

（二）高校体育教学方法的创新思路

具体来说，对高校体育教学方法创新的思考可以从以下几方面入手。

（1）了解高校体育教学方法的制约因素。高校体育教学方法的制约因素主要有以下几点：

首先，高校体育教学方法受到学生自身的制约。学生自身原因是影响高校体育教学方法创新的最主要因素。学生参与体育活动的积极程度、对体育活动的兴趣大小和水平高低以及体育活动能否充分发挥其丰富的想象力等，都会直接影响到高校体育教学的实际效果。如果学生不会积极、主动地参加体育活动，那么即使他拥有再好的天赋，也不会表现出来。兴趣是最好的老师，是学生积极参与体育活动的动力，是学生创新发展的前提，一旦学生身上那种参与体育活动的兴趣被激发出来，那他的注意力就会高度集中，就能全神贯注地学习，就能使自己的意志力得到锻炼和提高，就会不断产生新的思维。

其次，高校体育教学方法受到教师素质的制约。教师在高校体育教学中有着不容忽视的作用，教师能力的高低直接影响着学生创造力的充分发挥。在高校体育教学活动中，教师是调动学生积极性、主动性的引领者，能帮助指导学生发挥自己的创造能力，这就要求高校体育教师必须善于掌握学生的身心情况和学习情况，善于给学生广阔的学习空间，善于指导、帮助学生学习，善于帮助学生将体育活动与自己的爱好相结合，诱导学生潜在想象力和创造力的发挥，形成创新思维。

再次，高校体育教学方法受到教学内容、教学原则和教学目标的制约。不同教学对象的教学内容是不同的，但任何一个教学内容的基本因素都是身体练习，这些身体练习技术动作的结构比较复杂，要求教学方法要与其相适应才能取得良好的效果。同时，高校体育教学的各个环节都要以教学原则为指导，教学方法自然也必须体现出教学原则的基本要求。此外，教学目标是确定教学方法的前提，高校体育教学方法必须与教学目标相互适应，若教学目标改变，教学方法势必也会随之改变。

最后，高校体育教学方法受到具体的场地、设备和器材的制约。体育教学方法不可能离开具体的场地、设备和器材而独自施行，教学密度受到器材设施数量的影响，教学强度和教材难易程度受到器材设施状况的影响，而将多媒体技术等现代教学设备引入高校体育教学中，能够加强直观教学，活跃课堂气氛，提高教学质量。

（2）掌握高校体育教学方法的发展趋势。未来的高校体育教学过程中，教师会以启发式、创造性的教学代替对学生活动过多、过死的限制，将学生的学和练放在主要位置，教学相长，充分激发学生学习的积极性和主动性，引导学生自律、自学、自编、自练，促使学生创造性地完成各项练习内容，保证学生身心健康和谐地发展。而且，未来大学生多为独生子女，备受宠爱，既少吃苦，也怕吃苦，所以教师应该安排一些逆境教育和挫折教育，让学生在磨难中培养起顽强的意志、坚韧的品质、无畏的精神以及百折不挠的毅力，以更好地走向社会、报效祖国。此外，高校体育教学方法还应向科学化和多元化转变，将因人施教与因材施教相结合，注重多重教学方法的交叉结合使用，寓教于乐，让学生在练中乐，在乐中练。

（3）追随新课程改革的步伐。新课程改革中的体育教学方面涉及多种学科，强调学科间的综合，这对养成学生的体育意识、健康意识和体育行为习惯有着积极的作用。为促进学生身心的发展，高校必将开设新的教学项目，这就要求高校体育工作者要转变教学方法，提高教师的综合素质，掌握新的教学技能，以适应新的体育教学项目发展的需求。

（三）高校体育教学新方法的运用

良好的教学方法有助于教学内容的顺利开展，有助于师生之间的良性互动，有助于培养学生的学习热情。所以，为了适应新课程改革的需要，高校体育教师要善于在教学过程中熟练运用各种新教学方法。

（1）自主性教学法的运用。自主性教学法是把积极培养学生的主体意识和创新能力作为目标的新型教学方法，这种方法改变了传统教学中教师占绝对主导地位的教学模式，强调了学生的主体地位，有利于增强学生的进取心。这种方法运用在高校体育教学过程中，就是要教师在向学生传授动作要领时详细讲解各动作相应的技术知识和理论，减少对学生的强制性干预，提高学生的自主性，激发学生的创新能力，从而开拓学生的思维、鼓舞学生的信心。

（2）探究性教学法的运用。探究性教学法即让学生从所学领域或实际生活中自主选择一个主题，然后通过实验、调查等方法进行探索，获得相应的理论知识和实践技能，并养成科学的学习方法。这种方法运用在高校体育教学过程中，就是要教师不拘泥于形式，先积极引导学生自主学习，让学生自由练习动作，引导学生主动探索适合自己的学习方法，最大程度地发挥学生的潜力，然后再灌输理论知识，强化动作的规范性，帮助学生及时发现问题并积极改正，从而形成正确的动作定型。

（3）拓展性教学法的运用。拓展性教学法就是对教学内容和课堂设计进行拓展，培养学生的学习兴趣，调动学生的积极性，挖掘学生的潜力，从而提高学生的综合素质。这种方法运用在高校体育教学过程中，就是要教师精心设计教学内容和课堂细节，注重培养学生领导其他同学进行自主活动的能力，锻炼和提高学生的自信心、团队配合意识、沟通能力、交际能力、领导能力、心理承受能力和责任感等方面的素质。

（4）合作性教学法的运用。合作性教学法是改良创新考核内容和方法的新型教学法，其考核的重要标准是学生创新能力的发挥。这种方法更重视对学生团队意识和合作能力的培养，能够促使学生意识到不同观点间的差别，取人之长补己之短，创造性地完成教学任务。这种方法运用在高校体育教学过程中，就是要教师及时给予学生以指导和鼓励，让学生自主、创新地解决问题，在考核时将学生自己创编的内容和动作也考虑进去，从而促进学生多向思维的发展。

此外，当前部分高校体育教师已经采用了分层教学法、游戏教学法、“俱乐部式”教学法，这些教学方法也要进一步普及，并与学生的个性特点和时代要求紧密结合。总之，为了适应社会发展的要求，确保大学生能拥有健康的身心，能成为国家的栋梁之才，高校体育教学工作者必须要创新高校体育教学方法，并将其落实在具体的教学过程中。

第五节 体育教学手段的使用与创新

一、体育教学手段的使用

（一）体育教学手段的内涵

广义的体育教学手段，包括教学原则、教学内容、教学方法和组织与技术措施。狭义的体育教学手段，特指为了达到教学目标所运用的物质方面的场地、器材、仪器、设备等。就其概念而言，体育教学手段是教师与学生为了实现教学目标用来进行教学活动的，作用于体育教学对象的，具有信息的、形态的、功能特征的媒体。就其特征而言，体育教学手段的质的规定性要素是具有一定的信息、形态、功能特征。信息、形态、功能是体育教学手段所蕴含的相对独立而又相互联系的三个要素特征。任何体育教学手段都包含信息、形态、功能三个方面的特征。就其内容而言，任何体育教学手段都要承载教学信息，不包含教学信息的媒体或工具对教学是没有意义的。就其表现形式而言，体育教学手段的表现形式是某种具体的教学媒体，教学媒体是教学中所使用的存储、呈现教学信息的工具，是教学信息的物质载体。就其功能而言，体育教学手段是具有一定功能的，没有教学功能的体育教学手段对教学是没有存在价值的。为了更好地理解教学手段的内涵，有必要对教学方法与教学手段做一区别，二者同属于方法和条件范畴，是为完成教学目标、取得教学结果服务的。教学方法是指教师和学生为达到教学目的而开展的教学活动的方式方法的总和；教学手段则是指在教学活动中师生间进行教和学，以及相互传递教学信息的工具或设备等。在实际教学中，教学手段是硬件，易见、易做；教学方法是软件，难见、难做，教学方法是对教学手段的运用和组合。

（二）体育教学手段的选择与运用

若想科学地选择与运用体育教学手段，首先要解决体育教学手段的优选问题。对于同一教学任务来说，可采用的教学手段或许很多，但只有少数或个别在此时、此地、此情、此景下是最适合的。那么怎样对众多的体育教学手段做出选择呢？选择与运用传统体育教学手段可从发下几方面来考虑：

（1）体育教学的具体目标与任务。不同的教学目标和教学任务，需要不同的教学手段去实现和完成。

（2）教学内容的特点。教学内容不同，教学手段的选用也应不同，如同是跑的教学，在田径中是以速度提高的教学手段为主，而在篮球中却要结合球的教学，多以侧身跑为主。

（3）学生的具体情况。包括学生的身心发展状况和学生人数的多少。学生年龄小可采用游戏、情境等教学手段，到大学生则可采用探究、拓展等教学手段。学生人数少，班级易于组织，为多样性的教学手段运用提供了可能，学生人数多，一般集体练习多。

（4）场地器材设备。教学物质条件都是“死”的，只有教师正确、准确和创造性地加以组织运用，才能成为“活”的教学手段。

（5）教学手段本身的特性。教学手段总是具体的，有自己的特性，表现在与特定内容的亲和性、对特定设备的要求、对特定对象的要求等方面。

（6）教学时数和效率的要求。在选择教学手段时要注意效率的问题。体育教学手段的选择是否合理，对调动锻炼者的积极性，使之持之以恒并取得良好的锻炼效果，均有着直接的影响。

二、体育教学手段的创新

（一）转变高职院校的体育教学理念

随着我国教育改革的不断深入，转变教学理念成为学校做好教育教学工作的前提条件。传统高职院校体验教学理念认为，体育以健身为主要目的，通过设计课堂运动方式和方法，提高学生身体素质。因此，传统的高职院校的体验课堂设计大多为三点一线：“三点”是老师、学生和教材；“一线”是通过老师的言传身教，将体育理论灌输给学生。这种教学模式由于在知识传播过程中缺乏学生与老师互动，教学方式单一，学生主体地位得不到重视，学生的学习积极性和主动性不高，而且部分学生还存在严重的抵触心理，因此教学效果较差。

转变高职院校体验教学理念就是要转变教学过程中的“三点一线”，增强学生和老师的互动。首先，高职教学目的不只是以健身为目的，而应该是传播健康体育理念。通过增强学生与老师的课堂互动，帮助学生树立健康教育的理念，从“被动体育”转变为“主动体育”。其次，做好老师与学生互动的前提是要尊重学生个性，鼓励学生全面发展。学生的家教背景不同，接触的社会环境不同，因此，学生的个性化需求也不同。教师在教学过程中要充分考虑到学生的个性化需求，对不同学生进行差别化教学，同时也要鼓励学生全面发展，防止出现因为喜欢老师而喜欢体育的情况。

（二）做好高职院校的体育教程备案工作

体育课程也需要备案，备案必须要基于对课本准确把握的基础上。一是做好体育教程备案是对学生负责的表现。高职体育课程教学不能只依靠教师责任感强弱来自主安排，也不能单纯用一套教学模板来教学。高职体育课程教学内容非常丰富，担负着提高学生体育素养的重任，因此要从对学生负责的角度，做好备案工作。二是做好备案工作是对教学目标的负责。高职体育教学的目标具有唯一性，但是教学内容和教学计划富有多样性。做好备案工作就是要通过深入了解课程教学设计，做好基于尊重学生个性化需要基础上的体育教学课程内容与计划的统一性。

做好体育课程备案工作的目的在于：首先，通过设计丰富多彩的课堂内容，满足学生对体育竞技以及体育精神的需要，提高学生身体素质的同时，培养学生“主动体育”的意识。其次，通过体育精神的培养，提高学生对体育的认识，树立正确的体育观念。同时，帮助学生养成欣赏“体育美”的意识。最后，不断充实教学内容和课程设计，利用多种教学器材设计和体育方式设计最大限度地调动学生学习的积极性。

（三）转变高职院校的体育教学方法

当前，低效率的高职院校体育教学方法必须要改变。一是高职院校体育教学倾向形式化。高职院校的课程设计大多重视实践课程，对技能课程关注度较高，课程设计方案比较完善。但是高职院校的体育课堂教学明显形式化，课程设计受到老师主观因素影响较大，虽然有教学计划，但是人为性修改教学计划现象明显。因此，很多高职院校的体育课成为了高职生的“放假课”，学生逃课、缺课的数量较多。二是高职院校体育课程教学的重视程度不够。高职院校体育课程教学的重视程度不够，主要体现为部分高职院校体育课程设计单一、内容单调，篮球和足球偏多，在新兴体育项目的开设方面缺乏建树。三是部分院校的体育设施落后，很多学校都没有室内体育场，甚至有些学校的操场还是土质，缺乏塑胶场地。四是部分高职院校一味追求效益，不断扩招，导致院校的体育设施严重缺乏，无法满足学生对体育锻炼的要求。

转变高职院校的体育教学方法要求：首先，高职院校体育教学要做好教学计划以及教学监督计划。高职院校要根据实际教学情况对体育教学做出学期计划和总计划，并通过采取学生、老师和领导层三方共同监督机制，实现体育课程教学计划的监督落实工作。其次，要提高体育教学的重视。高职院校要加强学校体育教学设施设备的改善，通过新器材、新工具提高学生“快乐体育”的积极性。同时，不断扩展体育教学种类，引进高尔夫、网球以及传统舞龙舞狮等体育项目。

（四）丰富课程设计，做好课程教学设计创新

长期以来，我国高职院校的体育教学以课堂教学与课外实践相结合。这种结合方式从理论上看，具有非常明显的优势，课堂教学有利于普及体育知识，提高学生对体育的审美能力，同时还可以利用课堂对学生体育进行事前教学和示范，帮助学生规范体育动作，避免出现体育意外事故；课外实践有利于丰富学生体育实践经验，提高体育技能水平。但是，这种教学方式在实际操作过程中，理想效果与实际效果有一定差距，主要是因为课堂教学以老师为主、以讲授教材为中

心、以传授知识为根本。课外实践缺乏计划性，体育教学课外实践成为了“放羊式”教学，无法达到教学想要的效果。

因此，高职院校的体育教学手段创新，必须丰富课堂设计，做好课程教学设计创新工作。一是要丰富课堂教学。丰富课堂教学可以利用多媒体、真人示范等教学设计，提高学生学习积极性，比如在多媒体教师教学时播放 MBA 季后赛视频，同时对视频中相关的篮球动作进行解释和分析，并鼓励学生掌握实践技能。二是课外实践过程中，可以通过组织比赛、与高手过招等方式，提高学生参与体育教学实践的积极性。三是要做好学生因材施教计划，有条件的学习应该设立丰富多彩的体育教学课程。同时鼓励学生自主报名方式，这样有利于避免由于学校强制选课带来的学生学习积极性不高的情况。

（五）改革学生评价体系，细分评价标准

长期以来，高职院校体育教学水平和质量不高很大一部分原因是由于学生评价体系不严格、评价标准不细分造成的。一是高职院校体育教学考核大多采用教师分考、学校抽查的模式。这种模式给了体育教学老师非常大的自主性，有利于发挥教师教学能力。但是这种模式也有很大弊端，如果体育教学教师责任心不强，所带班级的体育课质量和水平难以保证，虽然采取学校抽查方式，但是学校抽查方式毕竟选择人数少，没有代表性，而且负责学校抽查检测的老师大多都是体育教师，部门人际关系干扰性很强，测试无法保证公平性。二是高职院校的教学审核标准大多侧重于动作规范性方面，对于学生素质和培养以及学生对体育审美观念的测试基本不涉及或者涉及很少。

因此，提高高职院校体育教学水平和质量，创新教学手段必须改革学生评价体系，细分评价标准。一是学生评价体系进一步细分，加强体育理论考核。体育评价考核要从学生“能进几个球”，转变为“学生知道怎么进球，进球有几种方法”。通过理论和实践两方面做好学生评价体系建设。二是要完善评价体系。体育评价过程不能只是体育老师评价，应该通过引入外部专业人员，利用学校领导参与，提高考核的标准和档次，利用自上而下的方式，提高体育课堂教师和学生的学习紧迫性。

高职院校体育教学手段需要从宏观和微观两方面做好创新，要坚持学校、教师和学生互动的原则，从观念和制度上提高体育教学创新的重视程度。

第六节 体育教学模式的改革与发展

一、传统体育教学模式的特征

（1）技能掌握式的体育教学模式。该种教学模式以运动技能为主，以系统的教学理论为指导，然后根据运动类型的特点来进行教学思想及模式的课程设计。这种教学模式较为注重教学结果，根据学生对技能的掌握情况来进行评价。

（2）体育教师的习惯性思维。每一位教师经过多年的教学，会在潜意识里形成一种具有自己特征的教学方式，这些教师是经过多年积累得来的。虽然在一定程度上会使教学课程顺利展开，然而却让教师的思维固定在一个框架里，限制了教师的想象力，不利于教学模式的改革。这种固定模式还会影响学生的学习积极性，使得学生思维及想象力得不到发展，进而影响教学效果。如在准备阶段，体育教师一般先安排慢跑，然后做徒手操，任何技能教授都遵循这个过程，那么必然会限制学生的积极性。

（3）教学组织一致性。不同年龄、不同身体素质等的学生对教学方法及体系的需求是不同的，然而传统的教学模式注重教学组织的外在一致性，忽略了学生个体的差异和学生的主观能力，学生的情感没有受到重视，学生的自身潜力也没有得到激发，使得学生失去了对体育学习的积极性，不仅影响了体育特点的正常发挥，更是阻碍了学生身心的健康发展。

二、传统体育教学模式的弊端

近年来，传统的体育教学模式与学生需求的矛盾日益显现，导致教育界逐渐将目光转移到了如何创新大学体育教学模式上来。传统教学方法、考核方法及标准存在的弊端，很难引起学生对体育的兴趣。总结经验，重点提出了以下几点不足，望能提供一些帮助。

（1）不适应当代大学生的身心需求。传统教学模式对20世纪七八十年代的学生产生了很大的作用，只能说是比较适应应试教育。然而随着社会的发展、时代的变化，年轻人的心态及性情都产生了很大的变化，他们好奇心强，具有很强的主观能动性，思维活跃，想象力丰富，喜欢体育运动，但又不愿意参加较剧烈的运动，喜欢相对自由的活动环境，这些变化给传统教学模式带来了巨大的挑战。在这种情况下，我们本应根据他们的特点分别进行教学，提供相对自由的环境让学生自由发挥，然而传统教学模式由于其自身固有的特点，框框条条要求太多，束缚了教师的想象力及行动，导致教师的授课形式单一，从而限制了学生的自主学习性及创造性，不利于学生的个性发展。

（2）不能适应素质教育要求。近几年来，国家非常注重素质教育，应尊重学生个体差异，促进其个性发展。大学体育不仅要培养学生良好的体质，还应将技能学习的方法教授给学生，让他们在学习体育技能的基础上培养良好的道德素质，形成良好的行为规范，从而促进学生的身心健康发展。而传统的教学模式长期用于应试教育，早已形成了一套固定的教学思维，注重身体锻炼、忽视整体发展已严重阻碍了学生全面进步。教育应以大多数学生的需求为准，与时代变迁相适应。

三、大学体育教学模式的改革与发展

（一）树立全民健身、全面发展的意识

近几年来，社会发展的步伐加快，科技日新月异，对大学生的要求越来越高，大学生只有全面发展，才能适应社会的需求。国家最近出台了几项政策，其中有一条是“运动参与、运动技能、身体健康、心理健康、社会适应”，由此可总结出三个方面的标准：（1）学习体育知识，着重培养体育一二项技能；（2）体育来源于实践，大学生应将体育锻炼同生活联系起来，加深对体育活动的理解；（3）个人在进行体育锻炼的同时，还应乐于帮助周围的人参与到体育活动中。

此外，大学体育不仅仅是一门学科，还是保障学生身心健康发展的重要工作。学校的体育教育情况能直接反映出这所学校的整体教学思想及教育理念，因此，大学体育必须规划在学校的整体教育中，大学体育教学必须引起高度重视。

（二）调整培养目标、提高体育教育质量

由于传统教学目标的落后，导致高校体育观念无法突破瓶颈，真正融入到社会需求中，因此高校必须调整体育培养目标。目标的实现一般是由课程来完成的，因此体育课程的改革刻不容缓。创新教学模式，将封闭式、竞技达标式的教学转化为开放式的教学，培养学生终身学习理念，尊重学生的个性发展，挖掘学生的体育潜力，确保学生的身心向着健康的方向发展。此外，还应提高体育教学质量，正确处理好“要求与需求、压力与动力、达标与参与、统一与个性、课内与课外”五大关系，充分体现身体教育的“身与心、情与志、苦与乐、得与失”的体育价值。教学质量的考核不能仅根据体质的达标、技能的提高以及知识的掌握程度来判断，而是应顺应时代的要求，以综合素质为主线，在加强体育技能教授的同时，还应紧密与其他学科相联系，努力提高学生的综合素质及技能。在教学过程中，还应注重学生的情感体验，让学生在学习过程中都充满了愉悦感，加强对学生的人文教育，促进学生德、智、体、美、劳的全面发展，才能在以后进入社会后更加顺利地立足。高校体育教学的责任很重，必然深刻意识到体育教学质量的重要性，在实践不断发现问题、解决问题，才能找出一条合适的教学道路。

（三）尊重学生的个性发展

体育教学不仅是教师教、学生学的过程，还是教师与学生情感交流的一个过程。在这一过程中，教师应深入了解学生内心的需求，挖掘学生的潜质，尊重学生的个性发展。作为社会前的最后一站，大学体育教学不仅要加强学生的体质、提高学习技能的能力，还应培养终身体育的理念，加速学生的人格成长。据此，对体育教学提出了以下几个基本目标：

（1）在教学过程中，教师不仅要教会学生运动技能及知识，还应让学生了

解到体育活动的乐趣和价值。

(2) 在帮助学生锻炼身体的同时，还应让学生的日常行为在不知不觉中遵循体育思想来进行，建立和谐而有效的人际关系的能力。

(3) 在学习体育过程中，应逐渐让学生树立终身体育的思想，养成参加体育锻炼、比赛的习惯，并培养团队精神。

(4) 通过对体育的学习，培养学生良好的品质、意志和适应环境的能力。

(四) 构建科学的评价体系

传统的评价标准较为单一，主要是根据学生的成绩来判断，这在很大程度上打击了学生的积极性。个体差异导致其掌握方法的能力也不同，我们应当更多地考虑学生个体原有水平及个体差异，从结果及过程两个方面来进行评价，遵循客观公正的标准来进行。构建科学的评价体系，就要完善指导思想、评价指标和评价标准等。将健康、兴趣培养、身心发展相结合，根据不同的评价主体，制定不同的评价标准，实现评价结果的客观性。

此外，教师也是推动教学模式改革的重要方面，因此学校应做好培训工作，对于不合格的教师应加大培训力度，保证教师的教学工作质量。

总而言之，大学体育教育任重道远，必须将学生的利益放在第一位，尊重学生的主体地位。新时代的教学模式对教师提出了更高的要求，教师必须不断提升自己，及时摒弃不合时宜的传统教学方法及理念，重新学习，充分发挥教师的能动性，有效地成功地进行教学模式的改革。

第七节 体育教学的有效性与正当性

有效教学是近年来教育界各学科教学中一个比较关注的问题，也是引入体育教学课堂的一个新的词语，随着体育新课程的深化改革，有效教学已引起了广大体育教师极大的关注，但由于对它的研究并不深入，在理论上还是比较含糊不清的，同时可能会造成实践中的一些偏差，因此有必要弄清一些有关体育课堂教学有效性的理论问题。本节提出了体育课堂教学的两个核心概念——有效性与正当性。在体育教学中，提法较多的是教学的有效性，很少提及教学正当性。但教学的正当性是一个不可忽视的事实，因为指向某一目的的教学行为通常总会对学生产生其他方面的附带影响作用，教师在教学过程中的任何举动都将不可避免地会对学生产生一定程度的影响：积极的影响或消极的影响，有效性的价值取向往往使得教师只看到教学本身对于实现教学目标的意义，而忽略它所可能产生的附带影响作用，从而使得有效的教学可能转化为不正当的教学，因此讨论体育教学的有效性与体育教学的正当性问题是势在必行。本节运用文献资料法、逻辑分析法针对体育教学的有效性与正当性问题进行了深入分析。

一、教学的有效性与教学的正当性的内涵

一般来说，有效总是指活动的有效，是在对活动的结果判断后作出的结论，反映的是教学实践预期结果的实现程度。如果某项活动实施之后，达到了预期的结果，实现了预期的目的，并且为获得所期望的结果而投入的资源（时间、精力和经费等）较少，则可以说此项活动是有效的；反之，则是低效或无效的。

有研究指出，对有效教学的界定主要有两类：一类是从教学投入（或教学所耗）与教学产出（或教学所得）的关系来界定有效教学。从这个视角来看，有效教学是指在一定的教学投入内（时间、精力、努力）带来最好教学效果的教学；或者是指教师遵循教学活动的客观规律，以尽可能少的时间、精力和物力投入，取得尽可能多的教学效果，从而实现特定的教学目标，满足社会和个人的教育需求的教学。另一类界定，是从学生的学习出发的，在这一意义上，有效教学被界定为促进学生有效学习，教学的目标就是使学生学好；教学成功实现了确定的教学目标，学生愿意学习和在教学后能够从事教学前所不能从事的学习，教学的有效性体现在学生的学习上，体现在学生的进步或发展上。

有效教学的正当性是指教育者的教学行为和教学实践符合人类最基本道德的属性。包括四个方面的含义：

（1）正当的有效教学应该是合乎法律要求的，合法性乃是有效教学的最低限度的要求，不合法便谈不上正当（性），它要求教师在教学过程中应当尊重学生的各项受教育的权利。

（2）正当的有效教学应该是符合伦理道德要求的，每一种社会都对其成员有特定要求，它通常以某些道德原则的形式而表现出来。基本的道德原则，如向善原则、尊重生命原则、诚实原则、公正原则等，应当成为评判教学在道德上的基本准则。教学应当能够促进学生的道德性发展，使学生发展成为一个有德之人。

（3）正当的有效教学应该是公平的，所谓公平的教学，是指教师在教学过程中，面对基础不一、学业成绩不一的学生，能够平等对待、一视同仁，这里所谓的平等对待、一视同仁，并不意味着同等对待，而是说，教师不因学生的学业成绩不良，而放弃对学生的教育；也不因学生的品行不良，而对学生实行差别对待，对于每一名在校的学生来说，应该受到教师一视同仁的教育。

（4）正当的有效教学应当以学生为目的，而不是把学生看做是实现某种外在目的的手段，为此，正当的有效教学应当尊重学生，在教学过程中能够真正体现学生在教学中的主体性地位。

二、对体育教学有效性与正当性基本内容的理解

(一) 体育教学有效性基本内容

体育课程教学的有效性源于教育学中的“教学有效性”概念，但运用教育学中的“教学有效性”概念来理解课程教学的效果是有一定偏颇的；其次，体育课程教学的特殊性也要求体育教学有效性与其他课程教学有效性不同并体现一定的特点。

结合体育教学的特殊性，笔者认为虽然有效性概念从经济学角度沿用而来，但是经济学角度的有效性概念与教学中的有效性概念是有本质区别的，我们不能运用非常精确的公式算法进行计算教学有效性的数值，因为在物质世界概念中，人主要的对象是物质，而教学过程中人（教师）的主要对象还是人（学生），因此区分教学与其他人类物质活动对于研究教学有效性具有重要的意义。而体育课堂教学中的有效性应体现“教与学”的统一，把教与学割裂开来谈论“有效教学”是不够准确的，因此应从教师教学行为实施与学生的运动行为改变两个方面来认识“有效教学”——教师实施教学手段、教学方法、教学策略、教学组织与管理的有效性；学生则在运动技术学习过程中“学会、学懂、学乐”。

(1) 体育教学目标设置的有效性。就体育教学三大目标而言，最重要的也是最能体现体育教学学科特点的目标理应是运动技能目标，其他目标（情感目标、认知目标）也是围绕此目标而展开。

从教学目标体系上分析，体育教学目标具有复杂性，要考虑到各个层面的目标，如学校体育目标、体育课程目标、领域目标、水平目标、单元目标、课堂教学目标等，而课堂教学目标是各个层次目标中的最小单位，笔者认为应以教材性质、课型作为体育教学目标的逻辑起点。

(2) 体育教学方法与方法配备的有效性。由于教学方法具有多样性，因此体育教学方法经常被混淆，即容易把教学方法与教法、学法、练习方法、教学手段等混为一谈。从理论上说，教学活动是教师与学生共同的活动，如在课堂教学中先有教师的示范与讲解；后有学生的徒手模仿练习、初步练习；如果教师发现学生并没有领会动作要领，接着可能又是教师的直观演示；经过演示，再让学生进行练习；学生集中观看正误对比；教师进一步示范等，这些教学过程穿插了学生和教师的各种活动。

体育教学手段则是达成运动技术教学目标在物质方面的要求，因为运动技术教学是课堂教学的重点所在，但由于运动技术难度不同造成了教学手段的复杂性各异，要完成难度较大的运动技术教学目标，就需要体育教师去挖掘运动项目技术的细节，充分了解运动技术的重点与难点，来构思与设计一些特殊的教学手

段。体育教学手段运用的特殊性也是衡量一个教师教学水平、经验、教学效果的很重要的评价因素。

（3）身体练习形式组织的有效性。教学组织的主要目的是合理组织学生进行练习，以减少不必要的队伍调动时间，严密组织与管理，争取更多的时间让学生参与运动技术的学练之中，从而达到掌握运动技能的目的。体育教学组织形式应根据不同的教学内容、班级人数、练习要求、场地器材特点、学生掌握运动技术情况而定。

（4）场地器材布置的有效性。场地器材的布置的最终目的是为有效实施教学内容、完成教学目标服务的，因此不同的教学内容对场地器材的要求也各有所异。首先，需要满足教学内容必需的场地器材，如篮球教学内容需要有篮球场地（篮球架、尽量标准的篮球场等）、若干篮球等；其次，在满足必需的场地器材条件下，还需要一些辅助场地与器材，如在跳远教学中，基本的场地器材满足之后，有的老师还需要低跳箱、标枪与橡皮筋、气球、各颜色线条，有的老师则需要高处场地（空中动作所需）等。

运动负荷预计的有效性有实验证明：心率超过 180 次/分的运动，对增进健康不利。因此，运动生理学家把 180 次/分的运动强度价值阈的上限。由于体育课面对的是大多数普通学生群体，他们的身体状况存在一定差异，因此在运动量的选择上要比 180 次/分低一些。参照体育课生理负担量等级评定的 $K\%$ 值计算：$K\%$ =（体育课平均心率 - 课前安静心率）×100%/（180 - 课前安静心率）。假设某学生的安静心率是 60 次/分，那么该学生（40% ~70%）运动心率指标的参考值为108 ~144 次/分。因此我们可以认为，参考值 110 ~150 次/分既满足实现运动技术学习的需要，又起到持续性增强学生体能的作用。

（5）体育课堂教学气氛调节的有效性。体育教学是教师与学生的双边活动，其中教师与学生皆是教学的主体，失去任何一方都不能构成课堂教学行为。因此，加强师生间的情感交流，建立融洽的师生关系，营造愉悦的教学气氛，形成和谐课堂教学氛围对于提高教学效果具有良好的促进作用。另一方面，学生是否喜爱体育课，在很大程度上取决于学生对老师的喜欢程度，因此一个事业心强、自信乐观、幽默风趣、富有激情、关爱学生的教师必定善于调节和谐、融洽、愉悦的课堂氛围，是实施“有效教学”的又一重要保证。

（二）体育教学正当性基本内容

课堂教学不仅应当是有效的，而且还应该是道德的或正义的，这是 Kenneth Strike 所提出的有关有效教学的正当性问题。然而，教学正当性问题却没有引起人们的足够关注，因“发展至上观”带来的效率、效益和效能取向，使得教学有效性似乎已经足以表明教学的正当性，人们很少去追问，有效的教学是否就一定是正当的教学这样的问题。有效的教学都是正当的教学吗？例如，当教师课堂上以压制和强制的方式对学生施以有效影响时，这样的教学可能是有效的，但能否称得上是正当的呢？或者当教师以损害学生身心健康的方式使学生在课堂上有效地获得教师所期望的教育结果时，这样的有效教学能否称得上是正当的呢？在体育课堂教学中，体育老师往往比较重视体育成绩较好的学生，对于运动成绩较差的学生或者是"体育学习困难生"，则较少去关注或干脆撇开不管。这样的教学可能会提高整体效率，但它是正当的吗？

鉴于以上现象，作者认为有效教学并非正当教学，正当教学也并非一定有效。与其他课程教学相比，体育课程教学有比较鲜明的特殊性，教学的正当性问题就显得更为重要。在教学正当性问题上，体育课程教学的特殊性主要体现在以下几个方面：

（1）每个学生参与体育学习权益的正当性。体育课程是学生的一门必修课程，也就是说每一位学生都具备上体育课的权益，体育老师没有禁止学生参加体育活动的权力，这在相关的体育法规中已有明确的规定。但在实际的教学过程中，特别是师资力量比较薄弱的农村学校，由于体育老师专业化程度不够或因没有对此类问题引起足够的重视，有的老师还以为体育老师在决定学生能否上体育课问题上具有生杀大权，特别是对于一些经常调皮捣蛋的学生，为了提高教学的有效性，就无故停止他们参加体育活动，或由于学生的不守纪律而禁止他们参加教学比赛等，这些情况在体育活动过程中时有发生。

体育教师的职责不是禁止学生上体育课，而是积极鼓励学生参与体育活动，对于那些不愿参与体育活动或不愿参与练习的学生，应积极做好思想工作，对于确有身体原因的学生，也应安排好见习；对于体育活动过程中那些不守纪律的学生，则应耐心劝解，循循善诱，运用自己的智慧与良好的教法去感染与影响学生。

（2）实施差异性教学的正当性。因为同一班级、同一层次的学生可能在智力方面差异不大，但是身体素质、运动技术方面的能力与水平却会相差很远，在课堂教学中势必会造成运动技术学习的快慢问题，如果体育教师为了提高教学的有效性只重视那些学习较快的学生，而忽视那些学生较慢或学习困难的学生，那么这样的教学也是不正当的。要解决这样的问题，就应实施差异性教学，重点关注学习较慢的学生与学习有困难的学生，当然这样做会影响教学的效率，但体育教师需要在教学有效性与正当性问题上把握好一个度，才能既提高教学的有效性，同时也确保了教学的正当性。实施差异性教学的方略主要是根据学生的运动能力、技术水平、身体素质、兴趣爱好等进行合理的分组，实施分层次教学、差异性教学。

教学过程是生成的，教学手段的实施是根据学生在体育教学过程中是否产生问题而展开的，在教学实践过程中并不是所有的学生都会出现同样的技术错误与问题，当体育教师为所有学生施予同样的教学手段与方法时，有些学生运用了教师提供的方法后，改进了运动技术并产生了效果，此时教学是正当的；但是有些学生使用了同样的教学手段后，运动技术不仅没有改进，相反，在理解与操作上却更混乱了，此时的教学又是不正当的了。

（3）体育教师领导作风的正当性。家长的作风会对孩子产生一定的影响。团体动力学创始人、德国心理学家勒温在实验研究基础上，根据行使权利和发挥影响力的方式不同，将领导分为三类：专制型、放任型与民主型。美国心理学家李克特把领导方式分为四类：剥削式集权领导、慈善式集权领导、协商式民主领导、参与式民主领导。以上这些领导的方式是根据领导者的特征来进行划分的，说明了不同人格领导具备不同管理作风。

在体育课程教学中，领导者是教师，教师与企业领导有一定的共性，也有一定差异性，教师虽然是教学的组织者、实施者与管理者，但他们的职权是受限的，并不像企业那样等级分明。其次，由于教学活动是双向的，教师与学生时刻都处于双向的互动之中，而教师是课堂教学的设计者与实施者，体育教师的言行无时无刻不对学生的身心产生影响，这样不经意的影响有的是良好的，有的则是负面的。因此，对习惯于运用强权对待学生的老师应加强自身的修养，善于调整自己的心态与师德，不能动辄施以粗暴的言行，使学生望而生畏，这样的教学即使再有效，也是不正当的，而对过于放任学生的老师则应加强教师的威严与影响力。总之，教学只有宽严有度，松紧有法，才能在保障教学正当性的同时提高教学的有效性。

（4）教学比赛与运动游戏的公平性与公正性。从运动竞技的本质而言，比赛应该是公平、公正的，这也是体育的精神所在，但是体育课堂教学并非竞技运动，它经常处于一种非正式化的情景之中，开展比赛的“运动员”——即每个学生对于竞赛的规则并不十分了解，还经常出现违规的行为，如在接力赛中有的学生还没有等老师发令就抢跑、还没有过线就往回跑，第二位同学没有击掌就开跑。对于这样的教学比赛行为，教师如果不加以纠正，则会场面与次序大乱，比赛也就失去了其公正性和公平性。

再往深层次角度分析，公平性还体现在教学分组方面。如小学水平的教学比赛，四组常规教学分组，男女生各两组，比赛结果早有定论：男生比女生快，素质较好的一组男生第一。这样的教学是通常的，但也是不正当的，因为学生对于这样早已知道结果的竞赛会感到索然无味，这时如果在竞赛过程中增加一个“或然性因素”，如在队伍的对面设置一个猜拳环节，赢了对手才能通过关卡，这样男女各组、素质好差各组的输赢就有了悬念，不仅学生的兴趣会极大的提高，教学的有效性更会得到加强。

三、体育教学有效性与正当性之间的关系及其实施策略

（一）体育教学有效性与正当性的关系

针对目前过于考虑体育教学有效性而忽视体育教学正当性的状况，笔者认为要搞清楚他们之间的关系是纠正这种状况的前提，根据这个思路，把教学有效性与教学正当性的关系用图 9-1 来表示。

图 9-1　教学有效性与教学正当性的关系

教学正当性与教学的有效性是辩证统一关系，教学正当性是教学有效性的前提，教学的有效性是教学正当性的核心，只侧重教学的正当性或有效性都是残缺的、不合理的。在体育教学实践过程中，教学的有效性与正当性可以表述为几种情况：教学有效且正当；教学有效但不正当；教学正当但低效；教学不正当且低效。

（二）实施体育教学有效性与正当性的对策

（1）实施体育教学有效性需以贯彻教学正当性为前提与基础。教学有效性概念过于强调教学的经济学价值，忽略了参与教学实践活动中人的主观能动性。在教学活动中，作为参与活动的主体不只是“一个”，而是有好几个：一个教师、多个学生，这里存在着教师与学生的交往、学生与学生之间的交往，在众多互交过程中，人的主观能动性会有很大的发挥。如果仅仅局限于从经济学角度来认识教学的效果，就会陷入否定“人”在实践过程中巨大作用的错误认识论之中。因此在考虑教学有效性的同时，需要考察人的思想、行为、情感意志等活动的问题，即这些具有人气的活动是否符合建立在人类经济基础之上的社会伦理道德。这就是从教学的伦理性视角来考察教学的有效性问题，即教学的正当性。

在体育课程教学实践中，人的“互交”作用特别明显，教师与学生在语言交流的同时，还具有身体语言的间接与直接的交流，还有学生与学生之间的交流也特别频繁，既有相互观察的学习，又有身体之间的直接的接触，这些在体育活动中特殊的交往形式会导致教学过程的多变性和不可预测性，因此在强调教学有效性前提下必须考察教学的正当性。

（2）实施体育教学的正当性需要上升为教学的有效性层面。在教师、学生、教学内容、运动器材等各种因素互交作用过程中，体育教师首先考虑的是教学的正当性，即以学生主体的角度考察教学的各项活动符合教学的伦理性规律；其次在此基础上，我们要考虑教学的有效性，因为有些教学行为是正当的，但是不一定高效，如新课程改革以来，我们需要关注学生的兴趣爱好，即课程内容的选择要考虑到学生的兴趣，这就产生了高中阶段的选项课程教学。但是这种单从学生的兴趣出发的选项教学也导致了近年来学生选择内容单一、锻炼身体不足等状况，例如某同学在高中三年内都选择篮球作为教学内容，那么这样的选择也是有问题的，虽然篮球能发展各项身体素质，例如耐力、力量等素质，但是与专门性的力量练习和长跑练习所发展的力量与耐力是有本质区别的。因此有些看似正当的教学行为，却不是高效的行为，需要在关注体育教学正当性的前提下，努力提高教学的有效性。即教师在贯彻课堂教学思想、制定教学目标、选择教学内容、选用教学方法与评价方法等方面要考虑是否符合学生学习的基础、学习的动机、学习的兴趣，在实施教学过程的正当性前提下，充分发挥教学的效率，提高教学的有效性。

（3）把握体育教学有效性的达成途径。影响体育教学有效性的因素众多，如前所述，主要有教学目标制定的科学性、可操作性；教学内容选择的适应性；教学方法与手段配置的合理性；组织学生练习的高效性；场地器材布置的美观性；运动负荷安排的适量性；课堂气氛调节的艺术性等，在关注众多因素的前提下，体育教师应充分结合教师自身的特点，发挥个人的教学机智，找到一个能充分表现且符合教学正当与有效性的个性化途径，为体育教学服务。

（4）把握体育教学正当性的达成途径。教学的正当性与教学的伦理价值相关，因此我们思考正当性的逻辑起点是学生的主体性与师生交往的互动性。首先，学生在体育教学实践活动中，由于不同的情感与情绪，会对教学的效果直接起到不同的甚至相反的作用，因此我们在教学过程中需要根据学生的特点安排正当的教学行为；其次，在教学活动中教师与学生的交互作用每时每刻都在进行之中，教师在指导学生、学生反馈等过程中，需要注重自身的言行举止，既不能放纵学生，让学生为所欲为，成为“放羊式”的教学课堂，更不能谩骂、侮辱、殴打学生，使学生遭受阴影甚至身心摧残。

教学有效性与正当性是体育课程教学中两个不可或缺的因素，教学的正当性是教学有效性的前提，教学有效性是教学正当性的核心，这个辩证的关系为目前教学只重视教学有效性的现象给予一个警示：在追求教学经济学效益的同时，不能违背教学的伦理性规则。贯彻既正当又有效的体育教学是体育课程教学的一种至高境界。

第八节 体育教学评价的规范与落实

体育教学评价方案是根据教学评价目的和教学活动及评价活动的一般规律，对评价的内容、范围、方法、手段、程序和组织领导等加以规范，并作出规定的基本文件。这个文件必须注重评价的规范性和可操作性，应具备简易、方便的特性，以保证评价工作能够顺利进行。

一、体育教学评价的规范

根据第六章体育教学评价指标体系的分析可以得知，学生体育学习评价指标体系具有四个一级指标，教师教学评价指标体系具有四个一级指标，即可分为独立的四个类别，体育教学评价方案可以依据指标分类确定评价指标的取舍、权重，同时又可以依据评价指标的类型特征确定不同测量标准和测量方式，使体育教学的评价方案的指标选择具有科学性和系统性，为教学评价方案的规范及落实提供了支持。

（1）情感态度评价目标的质性标准——行为发生率评价。根据第六章确立的体育教学评价指标体系，将情感态度目标以学生在体育活动中所能表现出来的运动参与、学习兴趣、合作与交往、情绪调节等各种外显的行为作为质性评价的依据，这些行为在所有的体育活动中都能或多或少地予以体现。教师可以根据这些可观察的外显行为发生率判断学生情感目标的达成度。实际上，学生在一节课或短时期内是难以达到情感态度目标要求的，其情感态度也不会在短时间内产生较大的变化。故在进行教学设计和制定评价目标时，教师要适当使用相应的“目标动词”，准确地描述学生在一个课时内或一个教学单元、一个学期、一个学段等可以达到的情感目标，并采用质性的评价进行描述。体育教学评价中的情感态度的评价不是为了甄别和评定等级，而是为了促进学生的发展，而且质性评价较量化评价能够更真实地展示学生情感态度和价值观的取向和变化，最后教师以相应的等级统一地评价学生对情感态度评价目标的达成（或具有）程度，如：总是、经常、一般、有时、偶尔、从无等。

（2）技术技能评价目标的量化标准——掌握程度与表现型评价。所谓表现型评价就是让学生通过实际动作来表现知识和技能成就的评价。对技术技能教学目标的评价，可以依据学生的对技术技能的掌握数量或正确程度进行量化评价，用分数、百分比或等级表述。确定运动技术技能掌握程度的评价标准如下：独立完成基本动作的能力（是否具备了能力?）；动作规范正确、结构合理（是否掌握了方法?）；动作舒展流畅姿态优美娴熟（熟练程度或自动化?）；能否以理论指导实践活动（脑体并用）。并用这些标准去量化评价学生体育学习中运动技术技能教学目标，以学生的实际表现评价学生对各项运动技术技能的掌握程度。在技术技能评价指标体系中动作技术规范正确、结构合理具有较高的权重，应成为主要标准参照指标，然后再对应具体的教学目标，判别学生的体育学习目标的达成度。

（3）体质健康评价目标的量化标准——测量参照。有关体质健康的评价的内容，包括了机能、素质和形态，均是可以测量的内容指标。2002 年 8 月教育部、国家体育总局联合颁布、从 2004 年开始实施的《学生体质健康标准（试行方案)》，应成为体质健康指标测量数据的参照。因此，对体质健康评价目标的标准可参照《学生体质健康标准》的要求进行测量，并结合每一位学生的基础及提高的幅度进行评定，也可以依据《学生体质健康标准》，对学生的各项体能发展水平作绝对的量化评价，用优、良、及格或分值等来表述学生的体能发展水平，然后将学生的体质健康测量数据与《学生体质健康标准》进行比较，并依据要求进行评分或评级定等级。

（4）知识认知评价目标量化标准——测验与观察。体育知识认知的内容包括体育理论知识、人体科学知识、心理学知识和社会学与美学知识等，对以上内容的认知，可以是理论课的形式，也可以将理论知识的内容渗透在体育技术技能的教学之中。体育认知的评价目标包含对体育知识的理解、记忆和应用。如理解体育的本质和作用，懂得体育锻炼的目的意义，认识体育对人生的影响和社会价值等。这是主动进行体育锻炼的重要思想条件，由此构成一种体育认知的建构能力。对体育知识评价目标的量化标准也要从如上三个层面进行评价，并通过试卷知识测验、语言表述、实际应用行为等考核和表现性评价方法进行测量，采用分数、百分比或等级来评定学生知识认知的水平。

二、体育教学评价的落实

（1）在学期开始时由教师对学生进行初始评价（诊断性评价），评价内容、标准由教师自行设置。可以根据即将要进行的教学内容摸底，或根据上学期已经学习的运动技术或身体素质进行检测，目的在于了解学生的基础情况。

（2）根据初始评价的结果将学生分成优、良、一般三个层次，再按照水平均等的原则分成学习小组，按照我国各级各类学校学生的班容量计算，每组人数在 8 ~ 10 人左右，并任命或选举小组长。学习小组的设置为学习评价方案中学生互评奠定基础。在体育教学过程中，教师要充分发挥学习小组的作用，在分组练习、课外锻炼等活动中给以适当的机会。同时要关注属于一般层次的学生，使他们小组人员能够互相帮助，形成互助合作的氛围。

（3）在情感态度评价中，教师应将评价体系中的三级指标进一步分解为学生能够理解的语言，以便学生能够很好地发表自己的意见。在这一环节，《简单评价方案》中教师评价可占80%，学生自我评价可占10%，学习小组间的互评占10%的权重。在《一般评价方案》和《综合评价方案》中学生评价的比例可以适当增加，根据研究小组的意见，最多可以增值40%，即个人自评20%，小组互评20%。评价方法采用行为发生率的观察和记录形式进行。

（4）技术技能评价以教师评价为主，教师根据学生对于技术技能的掌握程度，与正确技术动作进行对照，采用参照评价的方式予以评分。在评分的过程中，教师对学生技术技能的掌握情况既要有统一的尺度去衡量，还要考虑学生原有水平的差异，特别是在技能达标的评价中，更应在评定学生的进步幅度上予以倾斜。

（5）根据不同评价方案的指标设置，如《简单评价方案》仅两项，《一般评价方案》有三项，《综合评价方案》有四项，且权重值不同，将不同评价指标的评分予以不同的权重系数并相加，得出综合得分。但得分不等于评价的最后结果，教师应该根据评分结果的倾向进行分析。重点要对照本阶段教学目标的达成情况，分析学生学习中存在的问题，教师在教学环节中还没有很好地处理的问题，学生在体育知识、情感态度和技术技能学习中出现的问题是属于教学方法问题还是内容选择问题或是目标设置问题，进而为教师教学设计的调整提供参考。

（6）将评价（分数和分析）的结果及时向学生公布，使学生及时了解自己的学习状况，一方面会提高自信心，另一方面为学生设置新的学习目标提供参考。

参考文献

[1] 张洪潭．体育教学概念考释[J]．上海体育学院学报，1994，18(4):1-5.

[2] 王淑英．学校体育课程研究[D]．河北：河北师范大学，2012.

[3] 张学忠，毛振明，崔颖波，等．体育教学论的概念、性质、对象和任务的研究[J]．成都体育学院学报，2005，31(4):108-111.

[4] 张翔．普通高校体育教学评价的现状及对策研究[J]．天中学刊，2005，12(3):73-74.

[5] 李花．大学体育教学特点及规律研究[J]．当代体育科技，2014，4(23):78-80.

[6] 叶定乐．从学校体育教学功能思考体育后进生转变的策略[J]．铜陵职业技术学院学报，2007，1(13):81-83.

[7] 梁立启，栗霞，刘振坤．"三段式"体育教学结构辨析[J]．山东体育学院学报，2009，25(12):86-88.

[8] 尹秀峰．体育教学目标的习得性能本质类型和结构体系的研究[D]．上海：上海师范大学，2003.

[9] 李鹏．我国学校体育中体育教学的结构要素及其理论基础研究[J]．南京体育学院学报，2001，15(2):27-28.

[10] 李建军．从传统教案走向现代体育教学设计——对新课程理念下的体育课堂教学设计的思考[J]．北京体育大学学报，2006，29(1):97-99.

[11] 李杰凯．运动项目广义进化规律与体育教学原理[D]．北京：北京体育大学，2006.

[12] 徐全忠，郝玉梅．大学课堂教学设计的理论思考[J]．内蒙古财经学院学报（综合版），2006，4(3):48-51.

[13] 梁占歌，汪美芳．论体育教学设计的理论体系[J]．阴山学刊，2015，29(1):81-84.

[14] 刘延春．体育教学设计的一般理论探析[J]．湖北广播电视大学学报，2013，33（6）：154-155.

[15] 刘刚．论体育教学中的行为强化[J]．沈阳体育学院学报，2001，4(3):47-48.

[16] 徐建军，孙兆峰．试论体育认知结构与体育学习的基本过程[J]．山西体育科技，2002，22(2):27-29.

[17] 孙立红．体育主体内涵的演进分析[J]．体育文化导刊，2014，7(1):12-15.

[18] 黄亮，廖琴．以建构主义指导体育教学设计[J]．天津市经理学院学报，2013，4(48)：97-98.

[19] 李士刚．建构主义学习理论指导下的体育教学设计[D]．大连：辽宁师范大学，2009.

[20] 闫升．人本主义论在体育教学中的运用[J]．湖北体育科技，2011，30(5):511-513.

[21] 方微，程龙海．浅谈建构主义学习理论在体育教学中的应用[J]．内蒙古体育科技，2012，25(3):84-86.

[22] 蔡士凯．基于3种学习方式构建新型体育教学方法的理论[J]．首都体育学院学报，2010，22(2):74-77.

[23] 丁宝龙．体育教学模式建构之理论探究[D]．南京：南京师范大学，2006.

[24] 张海景．新型体育教学方法研究[J]．体育研究与教育，2012，27(3):99-100.

[25] 姜志名．中国体育教学的文化反思[D]．北京：北京体育大学，2009.
[26] 刘曼航．我国现代体育课程改革的文化审视[D]．南京：南京师范大学，2008.
[27] 杨栋，熊曼丽，谭志刚，等．2000-2009 年十年间我国高校公共体育教学改革研究述评[J]．吉林体育学院学报，2010，26(3)：128-129.
[28] 陈小蓉．普通高校体育教学改革的理论思考[J]．体育学刊，1995，23(4)：41-43.
[29] 刘蓟生．2000 年我国大学生体质现状与高校体育教学改革[J]．西安体育学院学报，2004，21(1)：101-107.
[30] 陈剑锋．对我国大学生体育教学改革的思考[J]．当代体育科技，2013，3(4)：65-67.
[31] 刘志红．学校体育教学评价体系构建与可操作性研究[D]．石家庄：河北师范大学，2009.
[32] 张建文．体育教学评价研究综述[J]．襄樊学院学报，2008，29(8)：78-81.
[33] 李斌，吕利平．体育教学评价功能的探析[J]．南京体育学院学报，2003，2(2)：88-89.
[34] 何轶．我国高校体育文化建设研究[D]．长沙：湖南农业大学，2008.
[35] 余小平，李率文．我国少数民族传统体育文化的现代化转型研究[J]．河北体育学院学报，2010，24(5)：87-89.
[36] 白晋湘．全球化视野下中华民族传统体育文化的传承与发展[J]．南京体育学院学报，2011，25(3)：34-37.
[37] 左新荣．学校体育教学思想的社会学认识[J]．北京体育大学学报，1999，22(2)：97-99.
[38] 舒盛芳．从教育改革的历程看体育教学目标的发展[J]．山西师大体育学院学报，2001，16(1)：39-42.
[39] 黄渭铭．关于普通高校体育教学目标的探讨[J]．哈尔滨体育学院学报，1990，4(8)：41-44.
[40] 于河．浅谈高校体育教学内容的选择[J]．辽宁行政学院学报，2008，10(1)：132-134.
[41] 麦粤徽，刘苹．对我国普通高校体育教学模式改革与发展研究[J]．安徽体育科技，2005，26(3)：97-100.
[42] 张秋阳．大学体育教学模式的改革与创新[J]．学校体育学报，2013，3(19)：79-80.
[43] 李笋南，彭小伟，杨国庆．对体育教学手段的本质、内涵及特征的再认识[J]．成都体育学院学报，2010，36(10)：77-80.
[44] 孔祥志．浅论高职院校的体育教学手段的创新[J]．学校体育学报，2014，4(1)：67-69.
[45] 王金保．体育教学方法的选择和运用[J]．渭南师专学报，1999，14(5)：60-61.
[46] 施晓鸿．试论高校体育教学方法的创新与实践[J]．湖北体育科技，2013，32(9)：819-820.
[47] 茹佳佳．高等医学院校职业实用性体育课程内容的选择与开发[D]．新乡：河南师范大学，2011.
[48] 范爱苓，杨诺彤．构建“体、美、劳”一体化模式的高职院校体育教学内容的选择与优化探讨[J]．哈尔滨职业技术学院学报，2014，2(3)：8-9.
[49] 翟金华．体育教学的内容的选择与加工[J]．学校体育学报，2013，3(25)：84-85.
[50] 刘增奇．高师院校体育教育专业顶岗实习体育教学内容开发研究——以河北师范大学体育学院为例[D]．石家庄：河北师范大学，2011.

[51] 徐大成．体育教学思想的反思与体育教学目标的确立[J]．南京体育学院学报，2011，10(2):123-124.

[52] 陈志丹，宋建华．高校体育教学目标的多维审视[J]．中国成人教育，2005，3(12):86-87.

[53] 段嵬．学校体育教学中如何落实三维教学目标[J]．读与写，2010，7(6):143-144.

[54] 赖炳森．新《纲要》下的高校体育思想和体育教学指导思想[J]．体育学刊，2005，12(3):89-90.

[55] 周春芬．论体育文化精神在中国文化现代化转型过程中的现实意义[J]．浙江体育科学，2008，30(4):12-14.

[56] 金光辉．从体育教科书和专著的立论基础看体育思想的演化[D]．上海：华东师范大学，2012.

[57] 李启迪，邵伟德．体育教学基本理论研究[M]．北京：北京师范大学出版社，2014.

[58] 张振华．体育教学策略与设计[M]．北京：北京师范大学出版社，2012.

[59] 刘昕．现代国外教学思想与我国体育教学[M]．北京：教育科学出版社，2011.

[60] 刘旻航．无序中的有序：现代体育课程改革的文化审视[M]．南京：南京师范大学出版社，2009.

[61] 孙大光．体育文化概论[M]．北京：高等教育出版社，2013.

[62] 邹志兵，覃立成，蒋东升．新编大学生体育文化与健康教程[M]．北京：北京理工大学出版社，2013.

[63] 周丽君．我国大学体育文化演变的解释性模型研究[M]．杭州：浙江大学出版社，2011.

[64] 李繁荣．民族传统体育文化及其传承研究[M]．济南：山东山大图书有限公司，2014.

[65] 方爱莲，赵晓红．体育文化导论[M]．北京：高等教育出版社，2009.

[66] 郭瑞珍．教育心理学（修订本）[M]．上海：上海教育出版社，1997.

[67] [苏] 巴班斯基．吴文侃译．论教学过程最优化[M]．北京：教育科学出版社，2001.

[68] 颜绍泸．世界体育史研究中的误区——东方体育[J]．体育文史，1990(03).